U0531016

陈鼓应 宋洪兵 编

王晓波文集

第2卷

韩非思想的历史研究

张纯 王晓波 著

商务印书馆
The Commercial Press

图书在版编目（CIP）数据

韩非思想的历史研究 / 张纯，王晓波著；陈鼓应，宋洪兵编 . -- 北京：商务印书馆，2024. -- （王晓波文集）. -- ISBN 978-7-100-23929-5

I. B226.55

中国国家版本馆CIP数据核字第2024LH5827号

权利保留，侵权必究。

本书据联经出版事业公司 1983 年版排版

陈鼓应　宋洪兵　编

王晓波文集

第 2 卷

韩非思想的历史研究

张纯　王晓波　著

商 务 印 书 馆 出 版
（北京王府井大街36号　邮政编码100710）
商 务 印 书 馆 发 行
北京通州皇家印刷厂印刷
ISBN 978 - 7 - 100 - 23929 - 5

2024 年 12 月第 1 版　　　开本 710×1000　1/16
2024 年 12 月北京第 1 次印刷　印张 20¼

定价：98.00 元

编辑说明

一、本文集以作者在中国台湾地区出版的著作为底本。原书人名、地名、术语等译名与今不统一者,在正文中均不做改动,书后另附名词对照表。如确系作者笔误、排印舛误与外文拼写错误,则予径改。

二、文中所引古籍,时有省略更改,若不失原意,则不予改动引文;如确需校改,则以"编者注"形式说明。

三、本文集各卷脚注中有部分文献信息著录不完整,但因编者无据补全,故从其原貌,只稍做调整与统一。

目　录

古代民主与民本思想（序）……………………………… 1
第一章　中国古代的变局与韩非 ………………………… 31
第二章　韩非思想的哲学基础 …………………………… 60
第三章　人性论社会论与历史论 ………………………… 95
第四章　专制主义之政治哲学 …………………………… 127
第五章　秦的兴亡与法家之治 …………………………… 171
第六章　汉初的黄老之治与法家思想 …………………… 218
第七章　汉代阳儒阴法的形成和确立 …………………… 265

名词对照表 ………………………………………………… 316

古代民主与民本思想（序）

古代传说的批判

人类的思想有最素朴的图像反映，也有想象和抽象等高级思想。尤其是具有经验内容的思想，无论是偏向于主观或偏向于客观，必然包含二项要素：一为能思之主体，一为所思之客体。即使是神话或传说，曾经以讹传讹，但也不能脱离其所思之客体，必然会或多或少地反映其所处的时代和环境。所以，在被迷雾所笼罩的神话和传说中，也存在着真实的和合理的核心。

在漫长的中国历史中，被知识分子在文化理想上所鼓吹的民本思想，并没有现实政治的根据，而是根据于古代的传说。将有关民本思想的古代传说提升到文化理想的层面来强调，当由先秦诸子始。由春秋而战国，是中国古代政治由宗法封建进入专制主义的转型期。中国的专制主义甫一登上历史的舞台，就在思想上受到了强烈的抵抗。当时抵抗新起的专制主义的学说是从古代传说中去寻找合适的武器的。于是，思想史上发生了"法古"与"变古"之争。"法古"成为抵抗专制的历史哲学；反之，"变古"也就成为支持专制的历史哲学。

"法古"的根据是一些古代的传说。和其他民族一样,中国史前的传说是充满神话和渲染的。又由于寄理想于古代,故转述古代传说时又免不了有选择和夸大。在权力日益集中的情形下(例如,公布法和郡县制),古代的"平等社会"(egalitarian society)被渲染成"天下为公"的"大同"。在政治权力上的"天下为公",有传说中的尧舜禅让,尖锐地对比了专制君主对权力的贪婪和自私,也是当时对专制主义的批判。

但近代学者自胡适起以疑古为尚,大胆假设,对古代传说未经史料批判的工作就一概予以否定之。胡适曾将此心比古人地说过:

> 有一种人实有一种主张,却恐怕自己的人微言轻,不见信用,故往往借用古人的名字。庄子所说的"寓言",即是这种借重古人的主张。康有为称这一种为"托古改制",极有道理。古人言必称尧、舜,只是因为尧、舜年代久远,可以由我们任意把我们理想中的制度一概推到尧、舜的时代。①

无人可以否认有庄子的"寓言",但"寓言"与许多先秦诸子之严肃讨论古史却不可同日而语。也无人可以否认先秦诸子有借古人酒杯浇自己块垒的"托古改制"。诚然"托古"不是完全真实的古代,但是"托古"亦须有所托之古——传说。传说中有种种之附会并不完全真实,然其中岂无真实的与合理的核心?

但是近代学者顾颉刚也认为,先秦诸子自认为锋锐的反专制

---

① 胡适:《中国古代哲学史》卷一,台湾商务印书馆1961年版,第17页。

主义的武器——禅让说,根本是无稽之谈。他说:

> 但自古只有父兄传子弟的局面,而没有先圣传后圣的局面,他们鼓吹禅让说是得不到证据的。没有法子,就拉两个"无能名"的古帝——尧、舜——和一个传说的系统上列于夏初的古王——禹——做他们鼓吹学说的凭藉。好在这几个人的事迹是没有什么确实的记载的,你要那么说就可那么说,你爱那样造就可那样造。尧、舜、禹的关系就因了禅让说的鼓吹而建筑得很坚固了。[①]

史前的禅让说,除了传说外,确实是"得不到证据"的。但是在正史记载之中"得不到证据",并不表示传说中的禅让说没有真实的和合理的核心。否则,中国的民本思想只是存在于人脑中的空想,而没有任何客观事实的根据。

今天已无人能由"时光隧道"回到古代去取得确实的证据,但是现代的人类学对初民社会的研究却提供了我们有力的参考。

古代民主与平等社会

从人类学的研究报告视之,人类最初的团体是一种采食"游群",并非政治组织。时人类处于一种"杂交"的情况,即"天地设而

---

① 顾颉刚:《讨论古史答刘胡二先生》,《古史辨》第一册中编,明伦出版社1970年影印版,第130页。

民生之,当此之时也,民知其母而不知其父"(《商君书·开塞》),由一个母亲带着一群孩子四处觅食。南美洲印第安的Fuegia人很少有超过12个人聚集在一起。澳洲的原始游牧民族群体很少超过60人。中国东北的通古斯人*很少有10个帐篷聚在一起的。锡兰的Veddah人只有家庭关系的团体,没有政府组织。苏门答腊的Kubus人每家各自为政,无人管辖。非洲的Bushmen也是只有家庭。澳洲Tasmania岛上,没有酋长,没有法律,更没有政府组织。非洲的Pygmy矮黑人和澳洲最单纯的土著只有临时的政府组织,以后就分散到各家族团体。在这种情形下,人没有统治与被统治的关系,人与人之间是平等的。

后来,由于行猎、战争渐渐形成了政治的组织。如婆罗洲的Dyak人,在战争时就选出一些勇敢的战士来领导他们,战争一结束,这些战时的领导人就被解雇了。在家族中或有一些长老们出来管理家族的事务,但他们并无专断的权力。

人类学家福瑞德尔(John Friedl)说:

> 在这样一个团体中,所有的分子在基本上是平等的。这并不是说他们之间是没有区别,每一个分子是按照他(或她)打猎、说故事、医疗或其他身份的技巧而分级的。但当决定一做成,便可影响大家团结一致,他们是基于共识,而非由于有力的国王或首领的强制。合作是保证生存的最佳之道。如果一个猎人成功了,他会把猎获物分给团体中的其他分子。因为他知道,他也有匮乏的时候会来到,届时其他的人也会分给

---

* 即鄂温克族,旧称通古斯人。——编者

他。这种合作的形式不仅影响着食物的分配,且涉及所有权本身的概念。这种游猎氏族(band)的资源是平等地属于每一个人的,也是由大家共同分配的。在这么一个社会中,如果有领袖的话,其地位是基于个人的能力和其他成员的尊敬。这种领袖们不能将自己的所欲强制团体中的其他人和反对彼等的意志。他们一定要独行其是,则将可能失去领袖的地位。[1]

这种氏族社会也是一种"平等社会",福利得(Morton H. Fried)在界定这种"平等社会"时说:

> 一般地,无论如何其成员之间的差异是由性别和年龄来区别的,并且是偏向于暂时性的。气力、敏锐及优异的力行——这些强有力之点,在所有的简单社会中,都构成其社会之理想;不幸、噩运、疾病——这些事物非能力所能致,并造成他们暂时的依赖或破坏他们的团结。再者,大部分的平等社会有强力促使其平等的机械主义*,以防止过度差距出现于有能者与其他成员之间。纵使此社会可能为了保护残弱分子,和与恶劣的环境条件而奋斗,常常遇到几乎直接的、有规律地削低其等级,特别在青年之间。但这社会有其自身的机械主义,给予了变化的限制,使产生相等更大的同质性。[2]

---

[1] John Friedl, *The Human Portrait*, New Jersey: Prentice-Hall Inc., 1981, pp. 285-286.

* 原文为 mechanism,今常译为"机制"。——编者

[2] Morton H. Fried, *The Evolution of Political Society: An Essay in Political Anthropology*, New York: Random House Inc., 1967, p. 34.

人类由"游群""氏族""部落"(tribe),至有部落的联合,是为国家雏形,或有世袭制度产生,渐渐不再是平等社会,而进入等级社会(rank society)。等级社会有了初步的政府形式,由于具体发展的条件不同而有不同的模式。

(1)印卡(Inca)帝国——建立于白人发现美洲之前的400年,这是古秘鲁人所建立的国家,后被西班牙人摧毁。其国内有许多独立的部落,印卡只是其中一个部落,其后联合起来,奉印卡为盟主。印卡势力日益扩张,压服诸部落,实行中央集权。其后渐形成世袭的贵族阶级,有强烈的阶级意识,但一般人民的生活由国家供给且相当平等。

(2)乌干达(Uganda)——全国分33个父系氏族,各氏族须向国王进贡,全国权力集中于国王。全国分10区,由10个酋长统治,但酋长们经常在京师,不得国王允许不得回辖区,国王有任免酋长之权,国王为世袭,但由各王子之间决斗,胜者任之。

(3)澳洲的长老政治(gerontocracy)——权力掌握于部落会议,部落会议分子为各地方区域的首领、医、巫、有势力的老人和战士。会议内容不得泄露,违者处死,具有秘密社会性质。会议不行投票,大家同意才算决定,否则另日再议。

(4)坡里尼西亚的贵族政治——在新西兰和三毛亚,阶级观念发达,有贵族、平民和奴隶之分。最大的贵族即君主,君主不合贵族之意会被罢黜,甚至被杀死。这是一种贵族共和的形态。

(5)伊罗葛联邦(Iroquois Confederacy)——此联邦原在美国东部,大约始于1570年,先由五个部落联合而成,其目的是对抗亚尔贡钦人(Algonkin)。各部落独立处理境内之事。部落内部有部落会议,由各氏族领袖组成。联邦有联邦会议,由各部落之氏族选出50个"沙监"(Sachem),即代表。每部落为一单位,议案经由票决。

历史学家杜兰(Will Durant)说:

> 在北美洲印第安族的伊罗葛与德拉瓦州的印第安人,都认为在家庭与家族自然的习惯法之外,不须要有任何的法律,与受任何的拘束。他们的酋长们有适当的权力,而这些权力随时都可以由部落里的长老予以解除。Omaha印第安族是由七人组成的议会来统治,他们决定一事,必须经过详尽的讨论,获得大家一致的同意,再将此一决议提诸负有盛名的伊罗葛联盟,经由这一组织,使各部落联结在一起,并以尊崇其决议为荣,且藉此来维护部落的和平。①

以上五种"初民政府",在欧洲人看来几乎是同时存在的,但以其自身之发展来看,可能还有阶段性的不同。伊罗葛、印卡、乌干达也许可以是三个阶段的不同形态,由平等的民主的部落联盟(伊罗葛),到一部独大(印卡),再到国王集权(乌干达)。然而,由此可知,至少人类有"初民政府",不是"自古只有父兄传子弟的局面,而没有先圣传后生的局面"。

人类的"初民政府"之所以有平等和民主,中国人类学家林惠祥曾言:

---

① Will Durant, *The Story of Civilization*,中译本第一册,幼狮书店1972年版,第30页。

低级的蛮族何以盛行平民主义的政治？这是因为经济上大都相同，因之社会上也相同，而个人创作也不发达，才能也近平等，以此自然发生平民主义的原则。①

人类社会之所以会产生统治与被统治的政治关系，实与民生有关。在生产力极落后的初民社会中，每个人为自己和家属之生存觅食已经很困难，并无余力提供剥削。故原始人部落之间斗争经常是杀俘，而有食人族。到生产力有一定的发展，一个人的生产可以养活自己之外而有余之时，战俘才成为奴隶，而非果腹之物。一般人的生产自食有余，才提供了让少数人脱离生产而为专业统治的条件。

由氏族联合而成部落，各氏族有其独立的力量，相互有制衡，酋长难以有绝对之权力。部落联盟，各部落亦有独立的力量以相互制衡，部落盟主亦难有绝对权力。然后到封建、到专制，初民的古代民主才逐渐消失。但古代民主的成分还是或多或少地遗存在思想和制度之中。

三皇五帝与古代中国

中国古代传说有神话的盘古开天，后有三皇五帝。太史公著《史记》则以五帝为始，五帝中又以黄帝为首，后代中国人则皆自称黄帝之后。

---

① 林惠祥：《文化人类学》，台湾商务印书馆1966年版，第244页。

五帝之前的三皇传说纷纭,或以天皇、地皇、泰皇为三皇;或以伏羲、神农、祝融为三皇;或以伏羲、女娲、神农为三皇;或以燧人、伏羲、神农为三皇;或以伏羲、神农、黄帝为三皇。三皇之说之所以如此分歧,其真实原因已不得而知。以上伏羲、神农、燧人……之称亦应为氏族之名称。如谓:"神农氏十七世有天下。"(《吕氏春秋·慎势》)此太史公亦知之,如"神农世衰"(《史记·五帝本纪》)[①]。

福瑞德尔说初民社会的领袖"其地位是基个人的能力和其他成员的尊敬"。传说中的三皇五帝正是如此,以三皇而论,如:

> 上古之世,人民少而禽兽众,人民不胜鸟兽龙蛇。有圣人作,构木为巢,以避群害,而民说之,使王天下,号曰有巢氏。民食果蓏蚌蛤,腥臊恶臭,而伤害肠胃,民多疾病。有圣人作,钻燧取火,以化腥臊,而民说之,使王天下,号曰燧人氏。(《韩非子·五蠹》)
>
> 古者包牺氏之王天下也,仰则观象于天,俯则观法于地,观鸟兽之文,与地之宜,近取诸身,远取诸物……以通神明之德,以类万物之情,作结绳而为网罟,以佃以渔,盖取诸离。包牺氏没,神农氏作,斫木为耜,揉木为耒,耒耨之利,以教天下,盖取诸益。日中为市,致天下之民,聚天下之货,交易而退,各得其所,盖取诸噬嗑。(《易·系辞传下》)

以"而民说之,使王天下"及"之王天下也"而言,似乎三皇时代

[①] 《史记索隐》谓:"世衰,谓神农氏后代子孙道德衰传,非指炎帝本身。"

已有氏族联盟,但这种联盟的规模如何,已不得而知了。

当时的社会状况,传说为:

> 昔者容成氏、大庭氏、伯皇氏、中央氏、栗陆氏、骊畜氏、轩辕氏、赫胥氏、尊卢氏、祝融氏、伏羲氏、神农氏,当是时也,民结绳而用之,甘其食,美其服,乐其俗,安其居。邻国相望,鸡狗之音相闻,民至老死而不相往来。若此之时,则至治已。(《庄子·胠箧》)

> 神农之世,卧则居居,起则于于。民知其母,不知其父,与麋鹿共处,耕而食,织而衣,无有相害之心,此至德之隆也。(《庄子·盗跖》)

庄子虽是寓言,但正是"平等社会"的描述。庄子离上古已远,又没读过现代的人类学,如何知道初民社会的情况。如果这只纯粹是个人的想象力,其想象又为何能恰如现代人类学之所述?由此可见,庄子的"寓言"也必有传说之本。古代的传说,考之现代人类学,又有相当的可靠性。只是"平等社会"中虽然是自由的,没有人压迫人,但是生产力极低,极为匮乏,而绝非庄子所描写的那么美好。

韩非也真的以为有这么美好的古代而谓:

> 古者丈夫不耕,草木之实足食也;妇人不织,禽兽之皮足衣也。不事力而养足,人民少而财有余,故民不争。(《韩非子·五蠹》)

以现代人类学视之,韩非所述当为"游群"的状况;庄子所述当为氏族或部落的情形。且其所列之氏族,如轩辕氏、祝融氏、伏羲氏、神农氏,都被传说为三皇,而又同时可以并存,如果三皇是氏族或部落联盟的领袖,显然领袖地位的取得并不是以后一个领袖消灭前一个领袖为方式。

五帝也有各种不同的传说,太史公则以黄帝、颛顼、喾、尧、舜为五帝。据说:

> 轩辕之时,神农氏世衰,诸侯相侵伐,暴虐百姓,而神农氏弗能征。于是轩辕乃习用干戈,以征不享,诸侯咸来宾从。而蚩尤最为暴,莫能伐。炎帝欲侵陵诸侯,诸侯咸归轩辕。轩辕乃修德振兵,治五气,蓺五种,抚万民,度四方,教熊罴貔貅䝙虎,以与炎帝战于阪泉之野。三战,然后得其志。蚩尤作乱,不用帝命。于是黄帝乃征师诸侯,与蚩尤战于涿鹿之野,遂禽杀蚩尤,而诸侯咸尊轩辕为天子,代神农氏,是为黄帝。(《史记·五帝本纪》)

这段描述,似乎是作为盟主的神农氏族,欲一族独大("侵陵诸侯"),且不能维系氏族之间的和平("诸侯相侵伐"),且又有对外战争("蚩尤作乱"),于是一些氏族拥护黄帝驱逐炎帝之盟主,并且击败蚩尤,另以黄帝为盟主。由"征师诸侯"来看,已渐有统一的军事指挥。这与伊罗葛联邦产生的情形相近。

后面的颛顼、喾、尧、舜据说都是黄帝的后裔。但其中无一父子相传,也无一兄终弟及。此四帝很可能是四个不同的氏族而为盟主。之所以有黄帝后裔之说,也许有二种可能:(1)至黄帝各氏族渐形统合,血统相混,不管原氏族为何,都是黄帝之后;(2)夏后为世袭,以今视古,而在五帝的传承关系上附会血缘关系。

还据说黄帝时,"天下有不顺者,黄帝从而征之,平者去之。……置左右大监,监于万国,万国和。……举风后、力牧、常先、大鸿以治民"(《史记·五帝本纪》)。这与印卡压服诸部落及乌干达将全国分区统治各有相类之处。

颛顼之所以继位据说是"动静之物,大小之神,日月所照,莫不砥属";帝喾是"溉执中而遍天下,日月所照,风雨所至,莫不从服";帝尧也是"帝喾崩,而挚代立,不善,而弟放勋立,是为帝尧"(同上)。尧之继位,既非帝喾之传位,也非挚之让位,而是各氏族拥立的。其施政则"九族既睦,便章百姓。百姓昭明,合和万国"(同上)。当时是否有如坡里尼西亚之贵族政治,已无法考究,唯贵族政治之贵族有权罢黜君主,也有权拥立君主。其实,尧舜禅让的传说亦不过如此。

禅让之说见于《尚书》。《尧典》中说,尧向四岳诸侯要求推荐继承人,而有舜的被推荐;同样的,舜将王位禅让给禹。由此可见,舜、禹之承位是由诸侯推荐,并得诸侯同意的,这是初民政治的特征,又何奇之有?

在《论语》中,有关尧、舜、禹的禅让故事有一段记载谓:"尧曰:'咨!尔舜!天之历数在尔躬,允执其中!四海困穷,天禄永终。'舜亦以命禹。"(《论语·尧曰》)

尧、舜、禹的禅让,在《孟子》中有较详细的叙述:

昔者尧荐舜于天而天受之,暴之于民而民受之。……舜相尧二十有八载,非人之所能为也,天也。尧崩,三年之丧毕,舜避尧之子于南河之南。天下诸侯朝觐者,不之尧之子而之舜;讼狱者,不之尧之子而之舜;讴歌者,不讴歌尧之子而讴歌舜;故曰"天"也,夫然后之中国践天子位焉。

昔者舜荐禹于天,十有七年;舜崩,三年之丧毕,禹避舜之子于阳城;天下之民从之,若尧崩之后不从尧之子而从舜也。禹荐益于天。七年,禹崩,三年之丧毕,益避禹之子于箕山之阴。朝觐讼狱者,不之益而之启,曰:"吾君之子也。"讴歌者不讴歌益而讴歌启,曰:"吾君之子也。"丹朱之不肖,舜之子亦不肖;舜之相尧,禹之相舜也,历年多,施泽于民久。启贤,能敬承禹之道;益之相禹也,历年少,施泽于民未久。(《孟子·万章上》)

在《孟子》的叙述中,强调了舜、禹、益之获得政权有二点:一是贤而施泽于民;一是天受之,民亦受之。

谢扶雅指出:

部落社会开始有氏族之组织,同时必有一勇武智能特别超众者为全族之代表,取得首领地位。首领之号称,因各地民族而殊,条顿人呼曰"申宁"(Cyning),爱尔兰人称之为"垒"(Ri),巴登人(Pathans)又名"汗"(Khan),吾族则曰"后",或"元后",此即"君"字之前身也。大抵大部落之首领被称元后,而受部落群后之拥戴奉为共主,其人必为出类拔萃,具非常之性格及能力。若干社会学者常言酋长系由"选举"产生，实因族中如另有特殊才能表现之人，在旧酋长未死之前，亦每可入承大统，我古史上艳称尧舜"禅让"，当系指此，特通常酋长固为世袭制也。①

顾颉刚受胡适影响，以今论古而不知古，故以禅让之事不存在，而只有"父子相传"或"兄终弟及"。

古代民主的政治与经济

有了居室（有巢氏），有了火用（燧人氏），有了渔猎（包牺氏），有了农耕（神农氏），甚至有了简单的交易（"日中为市"），古代中国的氏族社会也由三皇迈向五帝。据称这个时候是：

> 大道之行也，天下为公，选贤与能，讲信修睦。故人不独亲其亲，不独子其子；使老有所终，壮有所用，幼有所长，矜、寡、孤、独、废疾者皆有所养；男有分，女有归。货恶其弃于地也，不必藏于己；力恶其不出于身也，不必为己。是故谋闭而不兴，盗窃乱贼而不作，故外户而不闭，是谓大同。（《礼记·礼运》）

这就是著名的《礼运·大同》篇，一向被认为这只是战国时期

---

① 谢扶雅：《中国政治思想史纲》，正中书局1953年版，第29页。

儒家所杜撰的政治理想,殊不知这也是古代氏族的"平等社会"的可靠传说。在这段叙述中,除了"天下为公,选贤与能"的古代民主外,值得注意的还有二点:一是"矜、寡、孤、独、废疾者皆有所养",前引福利得对"平等社会"的定义中,也包括对"保护残弱分子"。二是"货恶其弃于地也,不必藏于己;力恶其不出于身也,不必为己",这正涉及福瑞德尔所言"所有权本身的概念"问题。老实说,《礼运·大同》篇所描写的是"平等社会"的景象,只是抹煞了生产力极低的事实,而冠之以"大道之行"。

从具体的经济条件来看,五帝时代比三皇时有些进步,但进步是极有限的。据说当时有几项重大的经济社会措施如下:

> 黄帝、尧、舜垂衣裳而天下治。……刳木为舟,剡木为楫,舟楫之利,以济不通,致远以利天下。……服牛乘马,引重致远,以利天下。……重门击柝,以待暴客。……断木为杵,掘地为臼,臼杵之利,万民以济。……弦木为弧,剡木为矢,弧矢之利,以威天下。……上古穴居而野处,后世圣人,易之以宫室,上栋下宇,以待风雨。……古之葬者,厚衣之以薪,葬之中野,不封不树,丧期无数。后世圣人,易之以棺椁。……上古结绳而治,后世圣人易之以书契,百官以治,万民以察。(《易·系辞传下》)

从以上所述,可知五帝时代是渐向农业社会的方向发展,有了农业才有人类的文明。至于传说中的黄帝时代的文字,至今在考古学上并无所获。

至于政治方面,墨子说:

> 故古者圣王之为政,列德而尚贤。虽在农与工肆之人,有能则举之,高予之爵,重予之禄,任之以事,断予之令。曰:"爵位不高,则民弗敬;蓄禄不厚,则民不信;政令不断则民不畏。"举三者授之贤者,非为贤赐也,欲其事之成。故当是时,以德就列,以官服事,以劳殿赏,量功分禄。故官无常贵,而民无终贱。有能则举之,无能则下之。举公义,避私怨。此若言之谓也。故古者尧举舜于服泽之阳,授之政,天下平。禹举益于阴方之中,授之政,九州成。汤举伊尹于庖厨之中,授之政,其谋得。文王举闳夭、泰颠于置罔之中,授之政,西土服。(《墨子·尚贤上》)

墨子所言之爵禄当为后来之事。在一个生产力极低而平等的社会中,基本上每个人都不能脱离生产,即使可以有少数人能脱离生产,其所得之供养也极有限。例如:

> 尧之王天下也,茅茨不翦,采椽不斫,粝粢之食,藜藿之羹,冬日麑裘,夏日葛衣,虽监门之服养,不亏于此矣。禹之王天下也,身执耒臿以为民先,股无胈,胫不生毛,虽臣虏之劳不苦于此矣。(《韩非子·五蠹》)

诸如此类的传说,韩非之言也非孤例。

在古代民主的社会中,人民的言论是自由的,如《传》言:"尧有

欲谏之鼓,舜有诽谤之木,汤有司过之士,武王有戒慎之鞀。"(《吕氏春秋·自知》)或曰:

> 黄帝立明台之议者,上观于贤也。尧有衢室之问者,下听于人也。舜有告善之旌,而主不蔽也。禹立谏鼓于朝,而备讯唉。汤有总街之庭,以观人诽也。武王有灵台之复,而贤者进也。(《管子·桓公问》)

关于大禹,还有如下之传说——

> 禹之时以五音听治,悬钟、鼓、磬、铎,置鞀以待四方之士。为号曰:教寡人以道者击鼓,论寡人以义者击钟,告寡人以事者振铎……有狱讼者摇鞀。(《淮南子·氾论训》)

当时的情形,一些政事是要经过民众讨论和同意的,故言"谋及庶人"(《书·洪范》)及"询于刍荛"(《诗·板荡》)。此外,《诗》反映着民意对执政的批评,经常是"上以风化下,下以风刺上。主文而谲谏,言之者无罪,闻之者足以戒"(《毛诗·序》),故言"古者有采诗之官。王者所以观风俗,知得失,自考证也"(《汉书·艺文志》)及"命太师陈诗以观民风"(《礼记·王制》)。

所以,传说中的先圣古帝多是博采众言的。如:

> 故天子听政,使公卿至于列士献诗,瞽献曲,史献书,师箴,瞍赋,矇诵,百工谏,庶人传语,近臣尽规,亲戚补察,瞽、史教

诲,耆、艾修之,而后王斟酌焉。是以事行而不悖。(《国语·周语上》)

吾闻古之王者,政德既成,又听于民,于是乎使工诵谏于朝,在列者献诗使勿兜,风听胪言于市,辨袄祥于谣,考百事于朝,问谤誉于路,有邪而正之,尽戒之术也。(《国语·晋语六》)

氏族的内部是具有民主性的,氏族与共主之间的关系也是一民主的关系。主要是因为各氏族是自然形成的,其权力并不来自于共主,故实际上具有独立性。有独立性就有某种制衡的力量,有制衡的力量才有制衡,有制衡才有民主。黄帝"置左右大监,监于万国,万国和",黄帝显然无以分封"万国","监于万国"是为了"万国和",即"天下有不顺者,黄帝从而征之,平者去之",最多相当于今日之"国际警察"是也。尧的"协和万邦"也是同样的意义。虽然共主有较大的权力,但并无绝对的权力,所以联盟的共同事务还是要各氏族,至少是主要有力的氏族,共同讨论决定的,所以才有尧询及"四岳"以推荐舜。

这种古代民主必然会反映到思想上去的,所以出现了"在知人,在安民""安民则惠,黎民怀之"及"天聪明自我民聪明,天明畏自我民明威"(《尚书·皋陶谟》)的民本思想。

自夏虽"家天下",但氏族联盟的本质未有太大改变,不过是共主成为世袭,并至中康亦失国三十几年,后才有"少康中兴"。在失国期间,据说反省失国之痛而重新有"民为邦本,本固邦宁"(《尚书·五子之歌》)的觉悟。

这种古代民主的民本思想成为历代统治者相互之告诫而流传

下来。例如：

> 上下交而其志同也。(《易·泰卦》)
> 上下不交而天下无邦也。(《易·否卦》)
> 唯君子能通天下之志。(《易·同人卦》)
> 君子以虚受人。(《易·咸卦》)
> 损上益下，民说无疆，自上下下，其道大光。(《易·益卦》)

近代学者刘师培在《中国民约精义》一书中论及《商书》所透露之民本思想时说：

> 上古之时，一国之政悉操于民，故"民为邦本"之言载于禹训。夏、殷以来一国之权为君民所分有，故君民之间有直接之关系，所谓"后非民罔使，民非后罔事"也。降及周初，民权益弱，欲伸民权，不得不取以天统君之说，所谓"天视自我民视，天听自我民听"者也。故观《尚书》一经可觇君权专制之进化，然后君权益伸，民权益屈。①

刘师培所言大体确实，唯周行封建，真正中国的专制当萌于春秋战国之时，而确立于秦汉。虽后来"君权益伸，民权益屈"，但古代民主的遗风终周代封建仍犹存在，民本思想则贯穿整个中国历史，一直是中国文化中的理想之政治形态。故近人柳诒徵谓：

---

① 刘师培：《刘申叔先生遗书》第一册，华世出版社1975年影印版，第677—678页。

敬天爱民之义,为后世立国根本。虽有专制之君,暴虐之主,刚愎自用之大臣,间亦违反此信条,而自恣其私意。然大多数之人,诵习典、谟,认为立国唯一要义,反复引申,以制暴君污吏之毒焰。于是,柄政者,贤固益以自勉,不肖亦有所惩,即异族入主中国,亦不能不本斯义以临吾民。故制度可变,方法可变,而此立国之根本不可变。①

三代遗风和古代民主的渐失

　　因人的生活行为有其习惯性,所以一些古代社会消失了,但其文化元素并未立即消失。故在后来的风俗中仍可保留有若干古代社会的文化遗迹(cultural survival)。

　　氏族的"平等社会"消失了,但是古代民主的形式却并未立即消失,在古希腊的奴隶社会中,还有过奴隶社会的民主。并且,英文中的"democracy"一字,正是由此时之希腊而来。

　　古代希腊和一般氏族社会一样,平常都只有家庭的生活,只有在遇到特殊危急时由部落统治。这部落是由一群遵从同一祖先及共同族长的人组成。部落扩大,城市出现,当有重大事件时,召集所有的自由民中的男人集会,由族长提出建议,经大会表决,故雄辩的演说是争取表决胜利的重要因素。当所有各族必须行动一致时,各族长中最强者便被尊为王。族长有贵族会议,会中有充分的言论自由,国王只是暂时的主席而已。

---

① 柳诒徵:《中国文化史》,正中书局1954年版,第97页。

至伯里克里斯统治时的雅典,全部人口约 315000 人,奴隶有 115000 人,非雅典人有 28000 人,除奴隶、非雅典人和女人外,有 43000 名自由民的男子是享有民主权利的公民。政权对他们是一律平等的,每个公民在法律上,在议会中是平等的。此乃雅典之民主。奴隶制度下的雅典有民主,奴隶制度下的古罗马也有议会。

　　在奴隶制度下有民主,在欧洲封建制度下也有民主。例如,意大利的威尼斯、佛罗伦斯、热那亚及俄罗斯境内的诺夫哥罗德等等。这些城邦一般而言是由选举产生的议会领导,及领导议会选任的公职人员。城邦有自己的陪审法院,陪审员由市民选举产生。其政权是由封建贵族和市民通过议会和选任国家领袖的方式组织的。其实,政权实际上是操之于一些主要的封建贵族手中。

　　另外又如蒙古人的"忽里勒台",东斯拉夫人的"谓彻",盎格鲁-撒克逊人的"贤知会议"及法兰克人的"民众大会",也都是古代民主的遗迹。

　　法兰克王国建立之后,"民众大会"还保持了好几世纪。王位的继承仍保留古代民主的遗风。如洛林王朝的查理丕平*死后,经"民众大会"认可,其儿子才分别成为王国各半领土的国君。后来,卡洛曼逝世,查理也是经全体法兰克人拥戴才成为统一后的国王。988 年,休加佩之继任王位也是诸王子开会推选出来的。

　　在希腊之前,古代西亚或美索不达美亚,也有古代民主,在苏美尔,有历史上最早见于文献的两种议会,古亚述虽王位世袭然仍有元老院。在安那托利亚(吉赫梯)、叙利亚(腓尼基)、巴勒斯坦

---

* 此处的查理丕平应指洛林王朝的创建者矮子丕平,或称丕平三世。——编者

(以色列)、米底、波斯、埃兰,都有两种议会或仅贵族会议,有选王制,至少是一个贵族共和的政治形式。

印度的吠陀时代,王的权力并不大,另有"萨米提"和"萨布哈"两种代表民意的议会。至奴隶制的列国时代,较大的列国中有君主国,也有共和国;至于小邦则多为共和国,有两种议会、选王制,及由公民组成的兵制。直至孔雀王朝(前4世纪)统一的帝国出现,古代民主才渐消失。

中国至夏,基本上禅让绝,究其原因,唐代韩愈曾有言:"尧舜之传贤也,欲天下之得其所也。禹之传子也,忧后世争之之乱也。尧舜之利民也,大禹之虑民也深。……传之人则争,未前定也。传之子则不争,前定也。前定虽不当贤,犹可以守法,不前定而不遇贤,则争且乱。"(《韩昌黎集·对禹问》)世袭是一种制度,可以止争弭乱,但后来之所以会"忧后世争之之乱也",也不是没有原因的。是以韩非指出:"夫古之让天子者,是去监门之养,而离臣虏之劳也,故传天下而不足多也。……轻辞天子,非高也,势薄也;重争土橐,非下也,权重也。"(《韩非子·五蠹》)

虽然夏之后天子世袭,但基本上还是共主的状况。刘师培谓:"降及周初民权益弱。"是因为周行封建,进一步脱离了古代民主的形式。原来"协和万邦"之"万邦"是由氏族自然形成的;后来渐有天子所册封的诸侯。又由于战争或其他因素长期的演变,许多自然的氏族被征服及兼并而不存在了。天子(共主)的权力是来自"万邦",故有古代氏族联盟的民主;然而后来之封侯其权力来自天子,上不能对天子独立,下不必得人民同意,于是古代民主渐失。

周初之时,据李源澄云:依《春秋》及《左传》所载,共一百七十国,唯其中三十一国,尽亡其处。[①] 另历代之说,还有一百二十四及二百零九之说。由天子所册封之国,有二说,一为"武王克商,光有天下,其兄弟之国者十有五人,姬姓之国者四十人"(《左传·昭公二十八年》);一为"周公兼制天下,立七十一国,姬姓独居五十三人"(《荀子·儒效》)。无论如何,至周初,除了天子册封的姬姓之国外,仍有氏族之国,如夏、商之后,至春秋时其国仍存。氏族社会是基于血缘关系,而有古代民主。

夏后,天子不再禅让,但在诸侯的国中仍闻让国之事。

周应当是"协和万邦"中的一"邦",创立周王朝的周武王,就是由让国而继位的。其故事如下:

> 吴太伯,太伯弟仲雍,皆周太王之子,而王季历之兄也。季历贤而有圣子昌。太王欲立季历及昌,于是太伯、仲雍二人乃奔荆蛮,文身断发,示不可用,以避季历。季历果立,是为王季,而昌为文王。(《史记·吴太伯世家》)

和太伯、仲雍同时的伯夷、叔齐,也是让国之君子。其事曰:

> 伯夷、叔齐,孤竹君之二子也。父欲立叔齐,及父卒,叔齐让伯夷。伯夷曰:"父命也。"遂逃去。叔齐亦不肯立而逃之。周人立其中子。(《史记·伯夷列传》)

---

① 李源澄:《先秦史》,开明书店1974年版,第150页。

其实周以前的世袭制度不见得都是父子相传,也有兄终弟及的情形,因此王位的继承,族人亦有一定的影响力。严格规定嫡长子的封建制是周公。有言:

> 昔殷纣乱天下,脯鬼侯以飨诸侯。是以周公相武王以伐纣。武王崩,成王幼弱,周公践天子之位,以治天下。六年,朝诸侯于明堂,制礼作乐,颁度量而天下大服。七年,致政于成王。(《礼记·明堂位》)

周公征管、蔡,实为以武力争夺王位的继承权,但仍需"朝诸侯于明堂",也就是要诸侯承认其政权的合法性。或言"明堂"起于黄帝,无论是否可靠,黄帝为共主总有供各氏族代表议事之处,但至周公,"明堂"显已不具古代民主之性质,而为天子颁政之所了。

中国古代民主("天下为公")的特征,一为"选贤与能",一为"询于刍荛"。"选贤与能"因"家天下"不再禅让。"询于刍荛"则仍继续了很久。

在先秦时代最有名的二个故事,一是召公谏厉王,厉王不听;一是子产不毁乡校,以言为药,以治郑国,获史美称。此外,春秋时有卫武公下令求言曰:

> 自卿以下至于师长士,苟在朝者,无谓我老耄而舍我,必恭恪于朝,朝夕以交戒我;闻一二之言,必诵志而纳之,以训导我。(《国语·楚语上》)

战国时的齐威王亦曾下令求言谓：

> 群臣吏民，能面刺寡人之过者，受上赏；上书谏寡人者，受中赏；能谤议于市朝，闻寡人之耳者，受下赏。(《战国策·齐策一》)

但是这种下令求言，乃因民不敢言而起，与古代民主的"询于刍荛"或"谋及庶人"已有了本质上的不同。至战国开始有专制主义的萌芽，进一步，在政治上则是钳制人民的言论自由了。商鞅有言曰：

> 且夫有高人之行者，固见非于世；有独知之虑者必见敖于民。愚者暗于成事，知者见于未萌。民不可与虑始而可与乐成。论至德者不和于俗，成大功者不谋于众。(《史记·商君列传》)

专制主义中的民本思想

古代民主是为一项历史的事实，这项事实免不了会反映到思想上去的。尤其经过墨家和儒家的大事宣扬，尧舜禅让及古代民主的思想盛行于春秋战国时代。这项思想运动的对立面就是法家所主张的专制。

由于思想是反映客观事实的，又各种不同的思想是相互激荡和相互渗透的。法家固然为儒、墨所倡的古代民主之反动，但对于古代民主的合理核心——民本思想——却是否定不了。既否定不了，法家也接下了这些民本的概念，而添加了自己新的内涵。

从欧洲的思想史来看，在中世纪的"黑暗时期"，古代希腊罗马文明为之中断，基督教独霸欧洲。至霍布士（Thomas Hobbes, 1588-1679）著《利维坦》（*Leviathan*, 1651）一书，将统治权之方式分为三种，即君主制、全民制、议会制。霍布士本人虽为君权论之主张者，但因讨论全民制和议会制，重新认识了希腊罗马的古代民主，而开近代欧洲民主思想的先河。继之有洛克（John Locke, 1632-1704）之《政府论》（*Two Treatises on Government*, 1690），其讨论涉及当时欧洲人所发现的氏族社会。后来至卢梭（Jean Jacques Rousseau, 1712-1778）之《民约论》（*The Social Contract*, 1762）*，其中讨论除原始社会外，另特讨论了古罗马的议会制度。

从古希腊罗马的典籍和原始氏族的发现，欧洲人知道了专制君主制不是唯一的人类政治制度，而启发了近代欧洲的民主思潮。

中国没有中世纪，古代典籍经儒家之整理得以流传不断，秦始皇的"焚书坑儒"为时甚短，并很快得以恢复，何况在春秋战国时代"百家争鸣"，法家专制思想的出现，也不能不受到民本思想的影响。

再者，中国专制主义的出现，也不是仅凭人的主观愿望可以建立的，而亦有其政治和经济的需要。为适应新的生产力，井田制度必须打破，"辟草莱"才得自由。"辟草莱"不靠封建特权，而靠个人的勤奋。所以，秦变法之后，不但"秦民大说"（《史记·商君列

---

* 即《社会契约论》。——编者

传》),并且可以徕三晋之民(《商君书·徕民》)。在政治上,新兴的私田主要求法律上的平等,在没有其他社会阶级的兴起之前,私田主的这项法律平等的要求,当可代表全民的愿望。因此,在思想上,先秦法家除了高举反封建特权的旗帜外,也自认为代表了人民的利益。

宗法封建至春秋开始出现"变法"而向专制的中央集权转变,最早大概可以追溯到管仲,然管仲相齐,"俗之所欲,因而予之;俗之所否,因而去之"(《史记·管晏列传》),且"赡贫穷,禄贤能,齐人皆说"(《史记·齐太公世家》)。管仲所为固未背离"民为邦本"的原则。

子产是中国第一部公布法("刑书")的创立者,有了由中央统一公布的法律,专制才算有了有力的工具。子产诚然曾不顾郑人怨埋"取我衣冠而褚之,取我田畴而伍之",而强行"都鄙有章,上下有服,田有封洫,庐井有伍"的政策(《左传·襄公三十年》)。然此政策实践的结果,却受到人民的拥护。由此可知,人民不一定在起初之时就能判断有利于自己的政策,虽然如此,子产还是让人讲话,不毁乡校,子产也没有不民本啊!

商鞅虽然强烈地主张"民不可与虑始而可与乐成",但他变法的理由也包括"苟可以利民,不循其礼"(《史记·商君列传》)。《商君书》说:"故尧舜之位天下也,非私天下之利也,为天下位天下也。"(《商君书·修权》)甚至,连主张严刑峻法的理由都是:"以刑治则民威,民威则无奸,无奸则民安其所乐。以义教民则民纵,民纵则乱,乱则民伤其所恶。吾所谓刑者,义之本也;而世所为义者,暴之道也。"(《商君书·开塞》)同理,还说:"重罚轻赏,则上爱民……重赏轻罚,则上不爱民。"(《商君书·去强》)《商君书》显然把儒家的"义"赋予了他自己的新意。但是,他仍没有脱离"民为邦本"的范畴,否则不必言"利民""上爱民",或"民安其所乐"和"民伤其所恶"。只是商鞅不承认"天视自我民视,天听自我民听"(《尚书·泰誓》)了,而是"智者作法,愚者制焉"(《史记·商君列传》)。

"天下为公"是古代民主相传下来的政治理想,申不害言:"凡因之道,身与公无事。无事而天下自极。"(《申子·大体》)还说:"天道无私,是以恒正。"(《太平御览》卷二)法家虽主张专制,原亦是以正义的代表自居,大倡"大公"和"无私",并以此攻击封建特权的。

以"重势"著名的法家慎到也说:"古者,立天子而贵之者,非以利一人也。曰:天下无一贵,则理无由通,通理以为天下也。故立天子以为天下,非立天下以为天子也。立国君以为国,非立国以为君也;立官长以为官,非立官以为长也。……法制礼籍,所以立公义也。凡立公,所以弃私也。"(《慎子·威德》)以政府的目的而论,慎到所述应更接近于原始的古代民主,而将"天下为公"之民本理想落实到"法制礼籍"上。

韩非为先秦法家之集大成者,博览群籍,熟悉各家学说,当然不会不知道当时的民本思想。先秦儒家虽"言必尧舜",但其实际是主张"文武之道"。尧、舜是"公天下"的古代民主,文、武是"私天下"的宗法封建。尧、舜与文、武之间不是没有矛盾的,儒家的学说也不是没有破绽的。因此,究竟是封建的文武之道有利于人民,还是专制的法家之道有利于人民,这也不是不可争议的。所以,韩非说:"然所以废先王之教,而行贱臣之所取者,窃以为立法术,设度数,所以利民萌便众庶之道也。故不惮乱主暗上之患祸,而必思以

齐民萌之资利者,仁智之行也。"(《韩非子·问田》)

韩非强调"公""私"的对立,言:"古者仓颉之作书也,自环者谓之私,背私谓之公,公私之相背也,乃仓颉固以知之矣。"(《韩非子·五蠹》)并且主张"夫立法令者,所以废私也;法令行,而私道废矣"(《韩非子·诡使》)。

只是韩非和商鞅一样,认为民智不足恃,当然也就没有"询于刍荛"或"谋及庶人"的必要,而是"圣人之治民,度于本,不从其欲,期于利民而已"(《韩非子·心度》)。

法家之所以把"利民萌、便众庶"或"利民"的理想寄托于专制,固有其针对封建特权的现实性。另一方面他们错误地认定了国君是国家公利的代表,而将立法权和行政权都交给了国君,致使司法权也不能独立,终于事与愿违,法也变成了专制国君逞一人私欲的工具而已。所以,黄宗羲持古代民主之观点批评专制之法谓:"三代以上有法,三代以下无法。"(《明夷待访录·原法》)三代以上的制度尚有古代民主之遗风,然三代以下,自秦以后的专制之法,只是统治之工具,并无人民的认可。

法家专制之弊至秦二世而亡即已暴露,但中国的专制制度并未因此中断,至汉初行黄老,武帝崇儒术。儒家言称尧舜,实际倡文武之道。文武之道为宗法封建,而有亲亲之仁的道德观念,有助于统治阶级的内部团结,也对专制政治之酷烈有一定的缓和作用。尧舜之道的古代民主则对专制主义之弊有一定的批判作用。儒家虽后来变成中国专制时期的官学,但儒家的两项基本主张即井田与封建,却从未能在以后的中国历史上实现。故专制时期的中国政治实为"阳儒阴法"的状况。由于儒家典籍的得以流传,古代民主的思想终专制时期而不绝，形成了中国特有之民本思想。

霍布士著《利维坦》倡君权却启迪了近代欧洲的民主思潮，先秦法家至韩非倡尊君却只奠定了二千多年中国专制的理论，这应是中西思想史的不同。中国之古代民主思想不断，却未能有近代民主的制度出现，这也应与中西历史的发展不同有关。

本书探讨了韩非思想的发生及至阳儒阴法确立的经过，这是一段由宗法封建转向专制主义的思想史，无论如何，法家思想和专制主义也是中国文化的一部分，如何发现其"合理的核心"而扬弃之则有待探讨，本书仅是一项尝试，敬请方家指正。

王晓波

1983年元月12日

第一章 中国古代的变局与韩非

若人类的思想均有一定的经验基础,并在特定时空的条件下,对其所处的外在环境作反映与推理,则我们对任何历史上之思想的研究,就必须尽量掌握其所处之历史条件和个人经验,以便了解该思想家之思想内容的含义。

韩非(？—前233年)是一个处在战国末期的中国古代思想家,他死的时候离其祖国——韩国——的灭亡(前230年),不过三年;离秦始皇统一中国(前221年),不过十二年。自秦以后,中国政治的理想形态,不再是封建诸侯,而是中央集权的大一统。政治虽处于人类文化的上层体系中,但政治形态的改变却正意味着此一体系的其他部分,经济的、社会的,有着深刻的变化。

一切事物的变化,若是如中国一句老话"冰冻三尺,非一日之寒"的话,那么秦的中央集权的政治型态之形成,必有其一定的过程,并非偶然的。而韩非正是处在形成这一个新政治形态过程中的末期。这也是意味着他处在新旧经济、社会形态交替的末期。

在此新旧制度的交替中,冲突是难免的,并且是愈来愈为尖锐的。其反映在思想和意识形态上,亦造成尖锐的对立,壁垒分明,"各是所是,各非所非",因而带有强烈的批判性和战斗性,亦成为此一时期之思想家的特色。韩非是"百家争鸣"的诸多思想家的一个,他和一些先进的进步思想家一样,主张扬弃旧制度而创立新制度的,并在各层面上提出了许多论证,猛烈地抨击维护旧制度的思想和证明新制度建立的必要。为什么韩非主张扬弃旧制度而创立新制度,那么就必须考察当时的各方面的时代变迁了。

一、民主变迁

在古代中国的农业社会里,土地是主要的生产工具。而西周以来的制度却是"溥天之下,莫非王土;率土之滨,莫非王臣"(《左传·昭公七年》)。这也就是说,周天子虽然把土地分封给各诸侯,但是土地的所有权,在原则上,还是天子的。甚至连生活在土地上的人民,包括诸侯本人在内,其所有权是属于天子的。

虽然《汉书·地理志》说到"古有分土,亡分民",但是更早的《左传》却记载着,除了分封土地外,还分给鲁公"殷民六族",康叔"殷民七族",唐叔"怀姓九宗"(《左传·定公四年》)。在考古出土的西周铜器铭文中,亦有"姜赏令贝十朋、臣十家、鬲百人"(令殷),"锡邦司四百,人鬲自驭至于庶人六百又五十九夫""锡夷司王臣十又三百,人鬲千又五十夫"(大盂鼎)。"殷民"和"怀姓"是周伐殷所得的战俘。虽然后来的"人鬲"不一定就是战败的殷民,但还是从"俘人万三千八十一人"(小盂鼎)中来的。

这一些战俘与其他人有显然的不同,就是他们有可以被"锡"(赐)的身份,被"锡"之后的战俘,养尊处优当然是不可能的,因此有人以为这些战俘被"锡"之后,便为从事生产的奴隶。另外,从出土的殷周墓中,发现有殉葬的奴隶,还有在以后的墓发现有奴隶殉葬残遗的"俑"。因此,西周存在着奴隶,及奴隶参加生产劳动,殆无疑义,唯是否从事生产劳动者均为奴隶,则有待于进一步出土的直接资料予以证实。

虽然在"溥天之下,莫非王土"的情形下,但耕作的土地却有"公田"和"私田"之分,如"雨我公田,遂及我私"(《诗经·大田》),其中相对于"公田"的"私",当指"私田"言,又如"倬彼甫田,岁取十千;我取其陈,食我农人。……我田既臧,农夫之庆"(《诗经·甫田》)。这是说,拥有土地的公族取得了土地生产所得之后,而将"其陈"给农民。这种"我田",对农民来说,当指"公田"而言。从以上所引的材料中,虽然不能说农民只是"公田"农,但却发现至少"私田"农可以同时具有"公田"农田身份。

另外,在孟子述及井田制说:"方里而井,井九百亩,其中为公田,八家皆私百亩,同养公田。"(《孟子·滕文公上》)"私百亩"是农民的"私田",但这种"私田"是被规定于井田制中的,不是农民所能自由拥有的土地。"同养公田"也说明了"私田"农必须得同时具有"公田"农的身份。

西周是否有农民自由的拥有土地,则不得而知,但至少这种自由的私有田是不合乎井田制度的。

由于"溥天之下,莫非王土",所以虽然受封田地但却没有处理田地的权力,是谓"田里不粥"(《礼记·王制》),但1975年2月2日,在陕西董家村出土的西周中期的卫鼎(甲)上的铭文记载着一桩事件;大意是:(可能是邦君厉想把田租给裘卫),裘卫将此事报告了刑伯等执政的大臣们,而讯及邦君厉,邦君厉便向彼等报告,因管治二川有功,受到王赐田五田,并承认要出租这五田。因此,刑伯等要厉立誓，并派人勘察了厉的田，并只准许出租四田，另外当厉把田付给裘卫时，厉叔子风及厉的管家等人都在场。① 由此可知，邦君厉并无权力私自将受赐之田地出租给裘卫。

和卫鼎同时出土的卫盉，其铭文中记载着，王在丰邑举行建旗的礼，矩伯庶人为了参加典礼，向裘卫取得朝觐的玉璋，作价"八十朋"，而"舍田十田"；然后又取了两个赤玉的琥，两件鹿皮披肩，一件杂色椭圆围裙，作价"二十朋"，而"舍田三田"。裘卫亦将此事告之伯邑父等执政大臣们，彼等派了三个"有司"，到场付田。② 由此亦可知，田地的交易亦不能私有交易的，而是要透过执政大臣的。

从卫鼎（甲）和卫盉所载，说明了"溥天之下，莫非王土"并不是一句空话，而是具有实际意义的。但由田地的出租和交易也说明了，"溥天之下，莫非王土"的"田里不鬻"，到了西周中期以后，不再是"不鬻"了。

在同时出土的卫鼎（乙）的铭文中记载另一件事，大意是：矩跟裘卫相互送礼，矩将颜家的"林晋里"*的林地送给裘卫，但此林地是颜的，因此又送礼给颜和颜的妻子及颜的管家。矩即派人到"林晋里"勘察，将此林地交给裘卫。③

在此时，田地虽可出租及交易，但都需向执政大臣报告，并获允许才行。然由卫鼎（乙）中可知，林地不但发生了交易，并且毋须

---

① 见《陕西省岐山县董家村西周铜器窖穴发掘简报》；及唐兰《陕西省岐山县董家村新出西周重要铜器铭辞的译文和注释》，《文物》1975 年第 5 期。

② 同上。

* 原文如此，疑误。或为"林䎽里"，全书余同。——编者

③ 同上。

向执政大臣报告。而成为"溥天之下,莫非王土"的漏网之鱼。由林地开发出来的田地,就成了井田之外的私田,是谓"辟草莱",首先动摇了井田制,怪不得维护井田制的孟子会说:"故善战者服上刑,连诸侯者次之,辟草莱、任土地者次之。"(《孟子·离娄上》)

田地的出租、交易,尤其是非田地之土地的私有交易和新田地的开发,虽在起初之时,这还是一个非普遍的偶然现象,但是这个趋向却使得"溥天之下,莫非王土"一步步地走向了崩溃的道路。

由西周而东周,而春秋战国,土地私有制由偶然而普遍,由非法而合法。终于在公元前594年,鲁国首先不得不承认自由私田的合法性,而"初税亩",《传》曰:"初税亩,非礼也。谷出不过藉,以丰财也。"杜预注:"公田之法,十取其一,今又履其余亩,复十收其一。"(《左传·宣公十五年》)孟子所说的"同养公田"其所得当全属井田主,故"我取其陈,食我农人"。因此,要"十取其一"的当指井田中的"私田",而"其余亩"即井田之外的私田。"初税亩"之后,又"为齐难故作丘甲"(《左传·成公元年》),再"用田赋"(《左传·哀公十二年》)。郑也曾"作丘赋"(《左传·昭公四年》),此后其他各国也纷纷课私田以税,也就是承认私田的合法性。值此时,井田制已只是徒具形式而已了。

私田的出现诚然保证了剩余的劳动力的出路,但劳动力的增加却是促进私田产生的因素。而劳动力的增加,一是人口的自然增加,一是生产工具的改善。由劳动力的增加促成私田出现,继而打破旧的井田制。

以人口增加言,《论语》中曾记载:"子适卫,冉有仆,子曰:'庶矣哉。'冉有曰:'既庶矣,又何加焉?'曰:'富之。'曰:'既富矣,又何加焉?'曰:'教之。'"(《论语·子路》)从"庶矣哉"和"富之"中,可以了解到人口与生产的关系。孔子也不能不承认人口众多,必先"富之",然后"教之"。在"有土斯有财"的农业社会中,要"富之"就不能不向土地打主意,不"辟草莱"又将如何？不但剩余的劳动力没有出路,并且连现有的人口也无法养活。

韩非更进一步地指出,人口是以几何级数增加的,他说,"今人有五子不为多,子又有五子,大父未死而有二十五孙,是以人民众而货财寡,事力劳而供养薄,故民争"(《韩非子·五蠹》)。韩非对于"民争"的解释是否正确,姑且不论,但也就是有鉴于"人民众而货财寡",所以先秦法家,吴起就在楚"令贵人往实广虚之地"(《吕氏春秋·贵卒》),商鞅在秦大力推行"草必垦"(《商君书·垦令》)。

除了人口的增加促进了生产力的增加外,生产工具的改善亦是促进生产力增加的重要因素。

从"古者剡耜而耕,摩蜃而耨,木钩而樵,抱甄而汲,民劳而利薄。后世为之耒耜耰锄,斧柯而樵,桔槔而汲,民逸而利多焉。"(《淮南子·氾论训》)来看,"蜃"是一种大蛤,"木钩"是木器,"甄"是瓦器,"耜"是一种锸,亦非金属。而"锄"和"斧"皆为金属品。中国古代什么时候开始使用金属品,不得而知,但从考古的资料得知,殷代的中国人已经有铜器了,并且以铜器为兵器。至于铁器,1931年出土的小屯殷代铜兵器就含有少量的铁,因含量太少,疑为炼铜技术不精而杂入铁质的;[①]1972年出土的藁城台西村商代铁刃铜钺一件,然为陨铁加热锻成的,不能证明为人工冶铁的发明。[②] 无论如何,从

[①] 黄展岳:《关于中国开始冶铁和使用铁器的问题》,《文物》1976年第8期。
[②] 同上。

同期和稍后的大量铜器来看,至少铁是偶然的和不普遍的。

以文字的记载来说,金属农具的出现,管子曾说:"美金以铸剑戟,试诸狗马;恶金以铸锄夷斤斸,试诸壤土。"(《国语·齐语》)虽然有人怀疑过《国语》的年代真伪性,但亦无法排除其为各国史官之记录的可能性,至于"恶金"是铁还是青铜,虽有学者争论,但仍不得而知,不过至少在《国语》所述的管子之时已有"试诸壤土"的"恶金"为农具则无疑义。至于铁的较广泛使用,虽然曾有记载"晋赵鞅、荀寅帅师城汝滨,遂赋晋国一鼓铁,以铸刑鼎"(《左传·昭公二十九年》),但是《孔子家语·正论解》却将"一鼓铁"引成"一鼓钟",并自注为"三十斤谓之钧,钧四谓之石,石四谓之鼓"。因此,《左传》此文是否为以铁铸鼎之记载不能不存疑。但无论如何说,战国时代的孟子曾说:"许子以釜甑爨,以铁耕乎?"(《孟子·滕文公上》)以此可知,铁器不但在孟子时代出现,并有铁制农具,如长沙识字岭314号墓中的铁锸,及长沙一期楚墓中也发现铁锸。[①]

春秋末期铁农具的出现,使得生产力大增,摇摇欲坠的井田制又受到了致命的一击。到了战国初期,李悝"尽地力之教"(《史记·孟子荀卿列传》),已不仅仅如春秋时代对私田的承认而已,并且开始公然向井田制挑战了。到商鞅的"坏井田,开仟伯",此乃"改帝王之制,除井田,民得卖买"(《汉书·食货志上》)。"民得卖买"田地之后,井田制也就寿终正寝了。

由于井田制的破坏,生产劳动者与田地的关系也改变了。由原来的"民不迁,农不移"(《左传·昭公二十六年》)和"死徒无出

---

① 黄展岳:《关于中国开始冶铁和使用铁器的问题》。

乡"(《孟子·滕文公上》),转变成为一种雇佣的关系,韩非就说过:

> 夫卖庸而播耕者,主人费家而美食,调布而求易钱者,非爱庸客也,曰:"如是,耕者且深,耨者熟耘也。"庸客致力而疾耘耕者,尽巧而正畦陌畦畤者,非爱主人也,曰:如是,羹且美钱布且易云之。(《韩非子·外储说左上》)

农民与田地关系的转变,"公田"农随着渐渐消失,因而无论"公田"农是否由战俘而沦落为奴隶的劳动者,都渐渐地得到了自由。

由于民生基础的变化,在政治上就不能不发生"暴君污吏慢其经界,徭役横作,政令不信,上下相诈,公田不治"(《汉书·食货志上》)的情形。继而"陵夷至于战国,贵诈力而贱仁谊,先富有而后礼让。是时,李悝为魏文侯作尽地力之教","及秦孝公用商君,坏井田,开仟伯,急耕战之赏,虽非古道,犹以务本之故,倾邻国而雄诸侯,然王制遂灭,僭差亡度"(同上)。

二、宗法封建的崩溃

"王制遂灭"的"王制"就是宗法封建制度,古代历史家的班固已经意识到了这段历史发展是由"慢其经界""公田不治"而"王制遂灭,僭差亡度"的。

宗法封建制究竟起于何时,尚难考证,唯可知所谓"宗法"乃是中国古代所发展出来的一套亲属关系的制度。周征服殷之后,用以统治中国的主要是其亲属,另外还有些功臣,即使是功臣,后来经过通婚亦成亲属。周天子派出他的亲属至各地代其执行统治的任务，是为"封建"。这也就是说，至少西周是实行宗法封建制度的。

在这样一个系统中，周天子乃是天下的大宗，分封出的诸侯，在其所封的诸侯国内也是大宗。诸侯以下的卿、大夫、士，也亦复如此，而宗与宗之间的关系乃是"天子建国，诸侯立家，卿置侧室，大夫有二宗，士有隶子弟，庶人工商各有分亲，皆有等衰，是以民服事其上，而下无觊觎"（《左传·桓公二年》）。其中士以上是属于统治集团的，庶人以下乃是被统治者。

以整个宗法封建制度来说，其目的乃在于"是以民服事其上，而下无觊觎"。也就是说，巩固以周天子为首的统治集团的政权。

周天子"建国"为的是"封建亲戚，以藩屏周"（《左传·僖公二十四年》），或以"夹辅周室"（《左传·僖公四年》）的。诸侯之立卿大夫等公族，也是因为"公族，公室之枝叶也。若去之，本根无所庇荫矣"（《左传·文公七年》）。

中国古代，据说是"先王以建万国，亲诸侯"（《易经·比卦·象辞》）。到了周还有"仪刑文王，万邦作孚"（《诗经·文王》）的话，至于周天子究竟封了多少诸侯，据张荫麟说："王畿之外，周室先后封立了一百三十以上（确数不可考）的诸侯国。"①至于，各诸侯又有多少大夫家，就更不考了。

受天子封立的诸侯，并没有独立的主权，如上文中所述之邦君厉，连其所封田地之处分权都没有，并且也没有选定其继承人的绝对权力，如周宣王爱鲁武公之少子戏，遂立为太子而为懿公（《史

---

① 张荫麟：《中国上古史纲》，华冈出版有限公司1971年版，第30页。

记·鲁周公世家》);甚至连自己的生死都操在周天子的手中,如齐哀公为周夷王所烹,而立哀公之弟为胡公(《史记·齐太公世家》)。由此亦可见,当时周天子之权威于一斑。

由于周天子的不断分封,其所有的领域愈来愈小,所封诸侯亦渐形坐大而呈现脱离周天子控制的情形。另外,从《诗经》中亦可以看出,到了西周末期,百姓对统治阶层的不满与怨恨,以至西方犬戎入侵,周幽王无力抵抗,而被杀于骊山之下。周平王东迁之后,更日益式微,不再有能力干预诸侯,因之,诸侯渐渐取得了空前的主权。时至春秋,连诸侯间的兼并、攻伐,天子也无力过问。

诸侯虽取得了空前的主权,但其在国内却也遭遇到与周天子相类似的情形,由于分封削弱了自身的力量,而无法控制卿大夫,如鲁有季孙、孟孙、孙叔三氏;晋有范、智、中行、韩、赵、魏六卿。因此,大夫之间也发生兼并攻伐的情形。

甚至大夫的家臣也有坐大的趋向,如鲁季氏之宰公山拂扰以费畔,及晋大夫赵简子的邑宰佛肸以中牟畔,甚至还都召孔子往(《论语·阳货》)。

当人类还存在着压迫的政治制度,反抗是免不了的。尤其在统治阶层内外冲突愈烈之时,反抗也就愈趋激烈,并且对统治阶层的争纷发生决定性作用。

早在西周末年,反抗已有了一定的表现,如"厉王虐,国人谤王"(《国语·周语一》)。到了春秋,"郑人游于乡校,以论执政"(《左传·襄公三十一年》),"民人苦病,夫妇皆诅"(《左传·昭公二十年》),甚至对于统治者的命令开始"民闻公命,如逃寇仇"(《左传·昭公三年》),更进而还有集体罢工的情事发生,如"城郲役人病,有夜登丘而呼曰:'齐有乱',不果城而还"(《左传·僖公十六年》)。所以,"国人弗顺"竟能逼使"郑公奔齐"(《左传·昭公十四年》)。

除了"谤""论""诅""逃"和罢工示威之外,还有武力反抗,实乃贵族井田主弄得"民参其力,二入于公,而衣食其一,公聚朽蠹,而三老冻馁。国之诸市,履贱踊贵"(《左传·昭公三年》)之故。当时最有名的是相传中的盗跖,另外如"陈人城,板队而杀人,役人相命各杀其长,遂杀庆虎庆寅"(《左传·襄公二十三年》),又如"司徒丑以王师败绩于前城,百工叛"(《左传·昭公二十二年》),由此可见,"工商未尝不为患"(《左传·定公八年》)。

由于反抗势力的成长,一些开明的统治者便不能不因此让步,所以管子得"俗之所欲,因而予之;俗之所否,因而去之"(《史记·管晏列传》),子皮也"饩国人粟,户一钟,是以得郑国之民"(《左传·襄公二十九年》)。子产更意识到"众怒难犯"(《左传·襄公十年》),"不媚不信,不信,民不从也"(《左传·昭公七年》),甚至据说还"以其乘舆济人于溱洧"(《孟子·离娄下》)。

有统治者的让步,也有统治集团中的野心家主动向老百姓示好争取民心,作为其政争的工具。例如:

> 穆襄之族,率国人以攻公,杀公孙固、公孙郑于公宫。(《左传·文公七年》)
> 宋公子鲍礼于国人……昭公无道,国人奉公子鲍……(《左传·文公十六年》)
> 莒纪公生太子仆,又生季佗。爱季佗而黜仆,且多行无礼

于国,仆因国人以弑纪公。(《左传·文公十八年》)

郑子孔之为政也专,国人患之……子展、子西率国人伐之,杀子孔……(《左传·襄公十九年》)

犁比公虐,国人患之……展舆因国人以攻莒子,弑之……(《左传·襄公三十一年》)

莒子庚舆,虐而好剑……国人患之……乌存率国人以逐之。(《左传·昭公二十三年》)

值此时,一些开明的统治者,也得到过老百姓一定的拥护。例如:

宁武子与卫人盟于宛濮曰:"……不有居者,谁守社稷,不有行者,谁扞牧圉?……自今日以往,既盟之后,行者无保其力,居者无惧其罪。……"国人闻此盟也,而后不贰。(《左传·僖公二十八年》)

子产闻盗……尸而攻盗于北宫,子蟜帅国人助之,杀尉止、子师仆,盗众尽死。(《左传·襄公十年》)

(晋)荀跞,韩不信,魏曼多奉公以伐范氏中行氏,弗克。二子……遂伐公,国人助公,二子败。(《左传·定公十三年》)

从西周以来统治阶层严格的宗法封建秩序看来,整个统治阶层的秩序大乱不说,连被统治的人居然公然起来推翻统治者,并且统治阶层的内斗也决定于被统治者的是否支持。

在这反抗势力的发展中,特别令人注意的是"国人"的出现。

在中国古代,"国"经常是指相对"鄙"或"野"而言的城市。① "国人"也就是概指居住在城市里的人,而有别于居住在"鄙"或"野"里的农民。居住在"国"里的,有被封的贵族及其亲属,虽然他们身为井田主,但并未和一般农民一样住在"鄙"或"野"里。另外,住在"国"里的,还当有为贵族服务的臣仆、家奴和工商之人。

由于田地的交易、私田的出现和生产力的增加,从农民中开始分化出脱离劳动生产的私田主,也当和井田主一样地进到了"国"里,唯不具贵族的身份而已。"辟草莱"是增加的劳动力的一个去处,另外,"国"也是一个去处。进了"国"的农民或渐转化为工商之人。进而成为工商业主。还有一些血缘已经疏远的贵族,实际上已和平民无甚区别了,也留在"国"内,还保留了士的身份。从生产劳动中分化出来的私田和工商业主,进一步地文化学习,就是以士为师的。和孔子同时的,除了孔子教人以礼外,还有邓析教人以讼。致使文化由贵族垄断而至普及平民。

私田主、工商之人和贵族阶级沦落下来的士,便构成了"国人"的主要部分。具有这样性质的"国人"实为当时人民反抗运动的主力,除了士的摇摆性外,私田主和工商之人,他们的发展受到旧制度的限制,生产力不能进一步发展,因此他们的反抗运动渐渐地指向上层体系的政治制度,即宗法封建制。

另外,在政治上,由于外有国与国的兼并,内有"国人"的反抗,又因为平民的"国人"又已具有文化,在这种种的因素下,有些国家启用平民参政,而有"布衣卿相"的局面。因此,虽然封建犹存,但

---

① 徐复观:《周秦汉政治社会结构之研究》,新亚研究所1972年版,第34页。

是以亲属结构为统治结构的宗法不能不首先开始破坏。

恪于形势发展的潮流,有些统治者不得不顺应历史的条件,尤其是顺应掌握当时主要经济生产的私田主的愿望,开始"变法"。在经济上,以私田取代井田;在政治上,以郡县取代封建,并且广纳布衣参政。

国君为了直接取得田地的税赋,并避免封建领主以其封地而坐大的趋势,渐渐不再分封,因而时至春秋,出现了由国君直辖的"县"。如,晋破白狄以"先茅之县赏胥臣"(《左传·僖公三十三年》);楚破陈,申叔责其"今县陈,贪其富也"(《左传·宣公十一年》)。又如,"初,州县,栾豹之邑也。及栾氏亡,范宣子、赵文子、韩宣子皆欲之。文子曰:'温,吾县也。'二宣子曰:'……晋之别县不唯州,谁获治之?'"(《左传·昭公三年》)。由此可知,"县"是直接属于国君的,可以由国君用来赏赐臣下的。

这种"县"的发展,不但有利于国君的集权,并且符合了私田发展的需要,私田主可以进一步兼并原有的井田。所以,吴起在已有"县"的楚国"变法",就"使封君之子孙,三世而收爵禄"(《韩非子·和氏》);商鞅在秦也是"集小都乡邑聚为县,置令、丞凡三十一县"(《史记·商君列传》)。

封建崩溃了,维系封建的"礼治"不得不崩溃,而产生了新的"法治"。

三、公布法的出现

虽然国家是武力造成的,但是政权的运用却不能不依赖法律,以对危害政权统治者施以镇压。

中国古代的法律起于何时,因无信史可考,不得而知,唯可知当处于国家形成之后。传说中的中国国家起源于黄帝,据说与黄帝同时的蚩尤就曾"惟作五虐之刑曰法,戮无辜"(《尚书·吕刑》)。在尧舜的时代也曾"象以典刑,流宥五刑,鞭作官刑,扑作教刑,金作赎刑"(《尚书·尧典》)。而后,"夏有乱政而作禹刑,商有乱政而作汤刑,周有乱政而作九刑"(《左传·昭公六年》)。而又据说,"夏书曰:'昏、墨、贼、杀',皋陶之刑也"(《左传·昭公十四年》)。

虽然相传在禹的时代,曾"伯夷降典,折民惟刑"(《尚书·吕刑》),但是所引"皋陶之刑"是否为成文法,因无考古资料佐证,不得而知。殷为一国家形态,已有法律,周初曾有言,说"兹殷罚有伦"(《尚书·康诰》);从出土的资料中知殷代已有甲骨文的文字,因而周初所言之"惟殷先人有册有典"(《尚书·多士》),亦当可能。有法律、有文字,据此推断,成文法至少出现于殷并非没有可能。

现在可以确定的是,中国古代的成文法至少在周穆王时已经有了,即"哀敬折狱,明启刑书胥占,咸庶中正"(《尚书·吕刑》)中的"刑书"。从和卫鼎一齐出土的"朕匜"上记载了一件诉讼的案情,更令人进一步了解到西周司法的情形。铭文中提到的惩罚者有"鞭""攇剭"和"黜剭"及"罚锊";另外,还有"赦"和"大赦";"赦"是原判决之后的减刑,"大赦"是"赦"之后的再减。[①] 试问原判决如果不是根据成文法,那又何必"赦"和"大赦"呢?

---

① 见《陕西省岐山县董家村西周铜器窖穴发掘简报》;及唐兰:《陕西省岐山县董家村新出西周重要铜器铭辞的译文和注释》,《文物》1976年第5期;并参见同刊,程武:《一篇重要的法律史文献——读朕匜铭文札记》。

法律既是维护政权的统治工具，而统治的对象，当然不是统治阶层本身，而是被统治的人民，因此有"刑不上大夫，礼不下庶人"（《礼记·曲礼上》）的说法。不过，为了统治阶层的团结，以免政权的崩溃，施刑也不见得不以"大夫"为对象。如，晋邢侯与雍子"争鄐田"，理亏的雍子把女儿嫁给断狱的叔鱼，叔鱼就断邢侯理亏，邢侯怒而杀雍子、叔鱼于朝，韩宣子依叔向的意见，杀邢侯，又因雍子和叔鱼也有罪，而陈尸于市。以宗法封建的道德来说，应当"亲亲，仁也"（《孟子·告子下》），并且"孝弟也者，其为仁之本与"（《论语·学而》）。邢侯杀的固然是亲，而叔向、韩宣子杀的也是亲。但孔子却称赞叔向"治国，制刑，不隐于亲"是"古之遗直也"，是"以正刑书，晋不为颇"。（《左传·昭公十四年》）邢侯之狱是一件统治阶层的内斗，为了维护统治的政权（"治国"），就不能不"不隐于亲"，而"以正刑书"。因此，"刑不上大夫"并不是绝对的，而是相对于一般被统治者而言的。

另外，虽然"刑书"可以被判断为成文法，但此成文法是否公之于民又是一个问题。

统治者以法律作为统治工具，他当然知道法律的内容，但最高统治者不能作为一切法律案件的裁判者，而要有人帮他来运用这工具执行统治。那么这些执行案件裁判的人不能不知道法律的内容，如"㑇匜"铭文中所载的伯阳父，另如叔向、韩宣子等，甚至连孔子也知道（孔子曾任鲁司寇）。又如，郑"子孔当国，为载书以位序，听政辟；大夫诸司门子弗顺，将诛之"（《左传·襄公十年》）。"载书"是否即"刑书"，不得而知，但至少"以位序，听政辟"是含有政治和法律意涵的。而这样的"载书"内容，至少为"大夫诸司门子"获悉,否则又为什么要"弗顺"呢？因此,可知法律的内容当为统治阶层所知晓。

但是统治阶层能知晓法律的内容,并不表示一般民众也能知晓法律的内容。因为公元前536年,中国第一部公布法——"刑书"——在郑国出现时,叔向曾写信批评当时郑执政大夫子产说：

> 始吾有虞于子,今则已矣。昔先王议事以制,不为刑辟,惧民之有争心也,犹不可禁御,是故闲之以义,纠之以政,行之以礼,守之以信,奉之以仁,制为禄位,以劝其从,严断刑罚以威其淫,惧其未也。故诲之以忠,耸之以行,教之以务,使之以和,临之以敬,莅之以强,断之以刚,犹求圣哲之上,明察之官,忠信之长,慈惠之师,民于是乎可任使也,而不生祸乱。民知有辟,则不忌于上。并有争心,以征于书,而徼幸以成之,弗可为也。
>
> 民知争端矣,将弃礼而征于书,锥刀之末,将尽争之,乱狱滋丰,贿赂并行,终子之世,郑其败乎？肸闻之,国将亡必多制,其此之谓乎。(《左传·昭公六年》)

公元前511年,晋国也出现了公布法——"刑鼎",时孔子亦有批评说：

> 晋其亡乎？失其度矣。夫晋国将守唐叔之所爱法度以经纬其民,卿大夫以序守之,民是以能尊其贵,贵是以能守其业,

贵贱不愆,所谓度也。文公是以作执秩之官,为被庐之法,以为盟主,今弃是度也,而为刑鼎,民在鼎矣,何以尊贵,贵何业之守?贵贱无序,何以为国?(《左传·昭公二十九年》)

对于叔向的批评,子产的答复是:

若吾子之言,侨不才,不能及子孙,吾以救世也,既不承命,敢忘大惠。(《左传·昭公六年》)

从叔向反对"刑书"和孔子反对"刑鼎"来看,他们并没有单纯地反对刑,甚至还要"严断刑罚以威其淫";也没有单纯地反对法,并主张"守唐叔之所爱法度以经纬其民"。但是他们共同反对的是让百姓知法,反对"民知有辟",反对"民在鼎矣"。他们反对的共同理由也都是为了统治贵族的地位下降,因为民"不忌于上""何以尊贵",此乃因人民从此"并有争心,以征于书",而致使"贵何业之守"。所以,孔颖达在为叔向的信作疏时说,此乃因为以前对百姓是"刑不可知,威不可测"。

虽然我们没有直接材料来证明子产以前的成文法是否是不对人民公布的,但是根据叔向和孔子的反对及孔颖达的疏,我们有理由说,成文法虽在子产以前早已有之,但中国的公布法却是到了子产才出现的。

叔向除了批评子产的公布法外,还批评子产说:"今吾子相郑国,作封洫,立谤政,制参辟,铸刑书,将以靖民,不亦难乎?"(同上)"铸刑书"是指公布法;"制参辟"是指改变了以前的法律内容;"立谤政"是指子产不毁乡校,是承认国人议政的权力(《左传·襄公三十一年》);"作封洫"是指子产的"田有封洫,庐井有伍"(《左传·襄公三十年》),虽未公然废除井田,却是对私田的承认。由此可知公布法的出现,并不是偶然的孤立事件,而是一时势之所趋不能不然的结果,所以子产说"吾以救世也"。

为什么公布法,在子产看来有"救世"的作用?此乃实因郑的"国人"势力的兴起。私田主的土地交易,新的生产方式之合法化的规定。这些都不能在"刑不可知,威不可测"的情形下取得保障的。尤其郑是一个商业国,商人势力极大,其国君还曾和商人有盟誓,说是"尔无我叛,我无强贾,毋或匄夺,尔有利市宝贿,我勿与知"(《左传·昭公十六年》)。私田主和商人要求一明确可据的公布法,亦实为其经济活动之需要。为了要取得"国人"的支持,子产只有顺从"国人"的愿望"铸刑书",以维持政权的安定。维持政权的安定,不可不谓"救世"也。

由于时势之所趋,郑"铸刑书",晋即跟进。公布法在春秋中期以后,已为各国的流行之趋势了。因此,战国初期的李悝,在魏国"撰次诸国法,著《法经》"(《晋书·刑法志》),而成为中国初具规模的完整的法典,亦为中国后代法典的蓝本,其沿革的经过乃为:

> 魏文侯师于李悝,集诸国刑典,造《法经》六篇,一盗法,二贼法,三囚法,四捕法,五杂法,六具法。商鞅传授,改法为律。汉相萧何,更加悝所造《户》《兴》《厩》三篇,谓九章之律。魏因汉律,为一十八篇,改汉具律为刑名第一。晋命贾充等,增损汉魏律,为二十篇,于魏刑名律中,分为法例律,宋、齐、梁及后魏

因而不改,爰自北齐,并刑名法例为名例,后周复为刑名,隋因北齐,更为名例,唐因于隋,相承不改。(《唐律疏议·名例一》)

公布法出现后,统治权便趋向于中央,此而"将弃礼而征于书""民在鼎矣",致使"贵何业之守"。这样的发展使得封建贵族与中央的冲突尖锐化,也是可想而知的。

子孔的"载书"是否为一胎死腹中的公布法,不得而知,但其内容有一定的变革性是可断定的,所以"大夫诸司门子弗顺",而与代表中央的子孔冲突,子孔几乎被杀。

子产原来是不愿意担任执政的,其理由就是"国小而逼,族大宠多,不可为也"(《左传·襄公三十年》);在其实施变革时,就和丰卷发生冲突,几乎被政变,因子皮的支持才将丰卷镇压下去。

进入战国,魏文侯用李悝实施变革,是否有类似的冲突,史无明言,不得而知。唯文侯卒,武侯立,在"世变主少,群臣相疑,黔首不定"(《吕氏春秋·执一》)的情形下,文侯时聚集的一批主张变革的人,也纷纷离开魏国。这也表示了旧的群臣和变革者是有冲突的。社会本质的变化促成了公布法形式的出现,而公布法出现后,更加速了社会的变迁。故原来的贵族与变革者的冲突愈趋激烈,而致使二个战国时代法家变革者以身殉道:一为吴起,一为商鞅。

吴起由魏至楚,除了"使封君之子孙,三世而收爵禄"外,并且"设贵臣相坐之法"(《淮南子·缪称训》注),使得刑上大夫了。更绝的是"令贵人往实广虚之地"。终于,在楚悼王一死,贵族反扑,吴起被杀。

商鞅也是由魏至秦的。他除了"坏井田,开仟伯",大挖封建贵族的经济基础之外,刑上大夫一直上到了太子,说是"法之不行,自于贵戚。君必欲行法,先于太子"(《史记·秦本纪》)。虽然商鞅之法在秦"行之十年,秦民大说",但是"宗室贵戚多怨望者""卒受恶名于秦"(《史记·商君列传》)。终于,秦孝公一死,在宗室贵戚的势力反扑下被族。

战国初期,各国竞相实行"富国强兵"的变革政策,除了李悝、吴起、商鞅之外,韩有申不害,齐有使"齐国震惧,人人不敢饰非,务尽其诚"(《史记·田敬仲完世家》)的齐威王,赵亦在"势与俗化,而礼与变俱"(《战国策·赵策二》)及"明国律,从大军"(《韩非子·饰邪》),连燕也都"明奉法,审官断"(同上)。对于这些,拥护公布法,反对封建和井田制,而与宗法封建贵族对立的变革者,后世史家称之为法家。

四、韩非和他的时代

虽然战国初期法家的政策在各国雷厉风行,但旧势力的反扑也相当凶猛,故吴起被杀,商鞅遭族。虽然由于旧势力的反扑,法家的发展受到了挫折,不过历史的发展虽是曲折的,但最后还是决定于民生的变迁,而非短暂的政治军事的胜利。

旧势力虽然想力挽狂澜,但拉不动私田制回头,因此宗法封建和私田制所造成的政治制度和经济制度的冲突,成为各国内政上的一个打不开的死结,致使许多国家逐渐衰弱。值此时,西方的秦国,又重新执行法家政策,雄视天子。

在秦的威胁下,各国无能于内政,只得乞灵于外交,于是在这段期间,中国历史的舞台上,出现了一批穿梭各国的纵横家,合纵连横之说满天下。但又可是,决定一国兴亡的基本因素,不是外交而是内政。合纵连横之说也者,最后成为秦的远交近攻各个击破的战略工具。怪不得杜牧说:"灭六国者,六国也,非秦也。"(杜牧《阿房宫赋》)

在旧势力反扑的这段时期,韩非在论述吴起、商鞅被杀之事时说:"当今之世,大臣贪重,细民安乱,甚于秦楚之俗,而人主无悼王、孝公之听,则法术之士,安能蒙二子之危也而明己之法术哉!"(《韩非子·和氏》)维护旧势力的大臣,其对"法术之士"的强力镇压,据韩非说是"其可以罪过诬者,以公法而诛之;其不可被以罪过者,以私剑而穷之。是明法术而逆主上者,不僇于吏诛,必死于私剑矣"(《韩非子·孤愤》)。"法术之士"与旧势力的"当涂之人",既是"势不两立",但又是"资必不胜",所以"法术之士,焉得不危?"(同上)由韩非所述中,不但可以知道这段期间法家受迫害的情形,并且也透露了当时各国国内政治上的激烈冲突。

在"不僇于吏诛,必死于私剑"的危险下,"法术之士"也只有噤若寒蝉了。但是思想是反映事实和立场的,有其事实和立场,当有其思想的反映。在这段期间,法家思想虽不敢明目张胆地出现,但却以暗度陈仓的方式流行着。其方式一是改篡或伪托古人名义的著作,如李悝书、《商君书》、《申子》书及《管子》书中的部分篇章,可能就是在这种情形下产生的。二是假借言兵,言刑名、道术的著作,其中也有伪托古人名义的。如兵家、名家、道家,在其著作中亦反映了大量的法家思想。甚至儒家的荀子也反映了大量的法家思想。

另外,法家思想在政治上受到挫折,这也是一事实,表示了战国初期的法家思想并不是天衣无缝的,而是有一定缺点存在的。因此,这一时期的法家在著作中不能不对此有所检讨和批评。在思想上因受到各家的挑战,也就不能不更加深其理论的基础。这个工作在《黄帝经》、《管子》书、《商君书》、《申子》书等著作中都有一些无名的法家做过。

先秦的许多著作,至今虽多已失传,但在当时却深深地影响了好学深思的韩非。

至今所知道的韩非个人资料唯《史记》中的列传,另外虽有今人之考证,但众说纷纭,莫衷一是,可以确知的是,韩非是韩国王室的一员,可能是韩王的儿子,但不知是哪位韩王;曾和李斯一起师事荀子,好刑名法术之学,口吃而善著书。屡次上书给当时的韩王,而不见重用。他著的书流传到了秦,秦始皇非常赏识,所以当韩受秦攻击而危急之时,韩王派韩非使秦。使秦期间,因李斯和姚贾的中伤,而被捕入狱,终于被毒杀。

当时各国旧势力反扑,韩非无法像吴起、商鞅一样到其他国家去实践自己所学。若要敷衍旧势力,则他以王室的身份,在韩的条件比其他人都要优厚,也用不着到别国去,不能离国,又不必离国,另外又身为韩的王室,韩非对韩国安危的关切也是自然的。

以韩国的历史论,韩是三家分晋而独立的,时公元前403年。由此中国进入战国时代。司马光评之曰:

> 今晋大夫暴蔑其君,剖分晋国,天子既不能讨,又宠秩之,使列于诸侯,是区区之名分复不能守而并弃之也。先王之礼于斯尽矣!(《资治通鉴·周纪一》)

在兼并激烈的战国时代,韩立国以来备受新兴的秦国威胁。公元前391年,秦就伐韩宜阳,取六邑;前366年秦败魏师及韩师于洛阳;前362年,魏败韩师;前351年,韩昭侯用申不害为相,"国治兵强,无侵韩者"(《史记·老子韩非列传》)。从韩立国到申不害死,在这段期间,虽然韩曾败于秦、魏,但因国力尚强,有败也有胜。如兼并了郑,打败过宋。

在合纵连横下,前296年,韩与齐、魏、赵、宋击秦;前293年,秦白起击韩伊阙,斩首二十四万;前291年,秦拔韩宛;前290年,韩被迫把武遂与秦;前286年,秦败韩于夏山;前284年,秦与燕、赵、韩、魏共击齐破之;前275年,秦攻魏,韩救之,韩败;前273年,赵、魏攻韩华阳,秦来救,败赵、魏军。前272年,秦助韩、魏、楚共伐燕;前264年,秦白起攻韩,拔九城;前263年,秦取韩南郡;前262年,秦将王贲攻韩,取十城;前259年,韩献垣雍与秦;前256年,秦取韩阳城、负黍;前254年,各国朝秦,韩亦入朝。此后,韩国更是每下愈况,对秦的予取予夺已无招架之力。其覆灭之日亦已指日可待。这些事迹多为韩非所经历,即使非亲身经历,亦为其所熟知,并论述于其著作中。

没有国内的实力为基础,无论合纵或连横,其结果都是一塌糊涂,韩国的削弱就是现成的例子。所以,韩非一再地说:"简法禁而务谋虑,荒封内而恃交援者,可亡也。"(《韩非子·亡征》)"内不量力,外恃诸侯,则削国之患也。"(《韩非子·十过》)进一步他还针对纵横之说驳之为:

> 故群臣之言外事者,非有分于从衡之党,则有仇雠之忠,

而借力于国也。从者,合众弱以攻一强也;而衡者,事一强以攻众弱也,皆非所以恃国也。今人臣之言衡者皆曰:"不事大则遇敌受祸矣。"事大未必有实,则举图而委,效玺而请兵矣。献图则地削,效玺则名卑,地削则国削,名卑则政乱矣。事大为衡未见其利也,而亡地乱政矣。人臣之言从者皆曰:"不救小而伐大则失天下,失天下则国危,国危而主卑。"救小未必有实,则起兵而敌大矣。救小未必能存,而交大未必不有疏,有疏则为强国制矣。出兵则军败,退守则城拔,救小为从未见其利,而亡地败军矣。(《韩非子·五蠹》)

时至韩非,已经是"韩事秦三十余年,出则为扞蔽,入则为席荐",使得"韩人贡职,与郡县无异也"(《韩非子·存韩》)韩国对外的失败实源自内政的不修,当时的韩国政治尽为"重人"所把持,韩非所称的"重人"乃是"无令而擅为,亏法以利私,耗国以便家,力能得其君"的"当涂"之人(《韩非子·孤愤》)。这些"当涂之人"基本上是"朋党比周以蔽主"(同上)的。但是,"重人者,必人主所甚亲爱也。人主所甚亲爱也者,是同坚白也"(《韩非子·外储说右上》)。李斯也说韩之"国追地侵,兵弱至今"是因为"听奸臣之浮说,不权事实"(《韩非子·存韩》)。所以,韩非一再强调"君臣之利异,故人臣莫忠,故臣利立而主利灭"(《韩非子·内储说下》)。并且,人君一定要能有知奸之术。

这些"重人"对上是"朋党比周以蔽主",另外却是利用彼等之特权破坏可以富国强兵的政策。

时至战国,虽然有私田的合法存在,但是分封给公族重臣的食邑也存在,并不必向国君付租税;而私田主却必须负担国家的一切费用,不但有租税,并且还有力役和兵役。不断的战争,使得私田主的负担不断增加。因此,"士卒之逃事状匿,附托有威之门"者为"寄寓"。所以,出现"公家虚而大臣实,正户贫而寄寓富"(《韩非子·亡征》)的情形,而严重破坏国家的经济制度和财政收入。

强兵需要战士,战争又是一件极危险的事,所以除了严刑外,只有重赏才能激励战士们为国死战。故言"夫陈善田利宅,所以战士卒也"(《韩非子·诡使》)。但是在"重人"把持下,"断头裂腹,播骨乎平原野者,无宅容身,身死田夺;而女妹有色,大臣左右无功者,择宅而受"(同上)。

另外,又如"仓廪之所以实者耕农之本务也,而綦组锦绣刻画为末作者富。名之所以成,城池之所以广者战士也,今死士之孤饥饿乞于道,而优笑酒徒之属乘车衣丝。赏禄所以尽民力易下死也,今战胜攻取之劳而赏不沾,而卜筮视手理狐虫为顺辞于前者日赐"(同上)。

总而言之,当时整个君臣上下的情形,是为韩非所说的——

> 今士大夫不羞污泥丑辱而宦,女妹私义之门不待次而宦。赏赐所以为重也,而战斗有功之士贫贱,而便辟优徒超级。名号诚信,所以通威也,而主掩障。近习女谒并行,百官主爵迁人,用事者过矣。大臣官人与下先谋比周,虽不法行,威利在下,则主卑而大臣重矣。(同上)

在这暗主为"重人"包围的情形下,韩非不顾一切地大倡法术

之言,而受到堂谿公的"夫舍乎全遂之道而肆乎危殆之行,窃为先生无取焉"的劝告时,他说:

> 臣明先生之言矣,夫治天下之柄,齐民萌之度,甚未易处也。然所以废先王之教,而行贱臣之所取者,窃以为立法术,设度数,所以利民萌便众庶之道也。故不惮乱主暗上之患祸,而必思以齐民萌之资利者,仁智之行也。惮乱主暗上之患祸,而避乎死亡之害,知明夫身而不见民萌之资利者,贪鄙之为也。臣不忍向贪鄙之为,不敢伤仁智之行。先王有幸臣之意,然有大伤臣之实。(《韩非子·问田》)

所以,身为皇亲国戚的韩非,在这种境遇下,也不免有"孤愤""说难"之叹!

五、韩非思想的历史限制性

春秋战国的变局,其实是西周或更早的中国古代经济、社会、政治结构的解体和秦汉以后二千多年的中国经济、政治、社会制度形成的一个过渡时代。其反映于思想的,基本上是保守旧制度与建立新制度的争论,而在两个思想的倾向中,又各有改良主义,妥协主义的不同,并且又有各思想家的背景不一,因此呈现了百家争鸣的局面。

之所以造成这一个西周以来制度的全面崩溃,实导因于民生的变迁,旧制度不能适应新民生的需要和民生发展的条件。作为旧制度的破坏和新制度的动力,实来自于"国人","国人"的愿望和利益的焦点则为公布法的形式和内容。因此,一部春秋战国史,在表面上,是变革与保守之争,是变古与法古之争,然实际上也是"国人"为其民生而表现在政治上的民权之争。但由于历史条件的限制,其所获者,唯一专制统治之公布法耳。

虽然这样的奋斗到了后来出现严重挫折的情形,但是为了国家的生存和国民的生活,韩非坚决主张富国强兵。要富国必须实行私田制,而铲除残余的封邑和井田制;要强兵必须因功受赏以奖励战士,而弃绝无功受禄的"亲亲"宗法封建。因而"耕战"成为他主张富国强兵的政策纲领;要达成"耕战"的富国强兵的目的,必须以公布法才能实现之;因此,国君当以其所处之"势",用其不可欺之"术",以能贯彻"法"的实践。

为了反对封建,韩非在政治思想上是倾向集权的;为了铲除残余的井田制,在经济上他是主张私有制的;并且,他以公布法的法治来反对以统治者好恶为依据的人治。又因为他的主张对以往的传统是一种变革,所以他不得不提出变革的历史观为其变法的理论根据。他主张私有制,又提出了"自为"的人性观为其根据。为了证明其理论的正确和打破对传统的美化及其他的"乌托邦"思想,他提出了客观"参验"的知识方法。韩非为了论证其主张的正确性,其涉及的层面广泛而深刻,因此韩非思想也就成了先秦主张变革的法家思想的代表。

由于韩非的主张在当时符合了一定的民生需要,所以他坚决地以为"立法术,设度数,所以利民萌便众庶之道也"。在一定的条件下,我们不能承认法术是"利民萌便众庶"的。但是由于历史条件的限制,韩非的法术毕竟是君主民本的,而并不具有现代的民主性,因为基本上,法律的立法权是掌握在君主手里,而不是在国民手里。他所说的"明主"其实只是能符合"国人"愿望和利益的统治者而已,并非是符合全体国民利益的。并且,完全没有顾及私有制下所造成兼并的现象,而把贫穷的原因归之于"相怜以衣食,相惠以佚乐"(《韩非子·六反》)。

私田制完成之后,由以往的井田主与井田农的关系转变成私田主与佃农的关系,诚然这转变是中国社会史上的一大进步,但是也只是一套进步的剥削关系取代一套落伍的剥削关系而已。韩非的"严刑峻法"为保障"耕战之士",在经济上,就是保障这一私田主与佃农的剥削关系。所以,"严刑峻法"诚然是封建贵族的"紧箍咒",但也是佃农劳动者的手铐脚镣!

虽然韩非说过"法与时移,而禁与能(世)变"(《韩非子·心度》),但是因为生产工具在以后未能有突破性的改进,所以保障私田主与佃农剥削关系的法律也没能有根本的改变。

第二章　韩非思想的哲学基础

时至战国末期,虽然思想界的争纷还在方兴未艾,但是新旧社会的交替已经大致完成,新制度的优越性也曾有某种程度的证明,旧的既得权益阶层的反扑,如商鞅、吴起的被杀,造成有些国家国削兵弱,更证明了新制度的优越性。

在"重人"把持而国削兵弱的国家,必须彻底而坚决地朝向适应新社会的制度变革,当是有识之士的共同主张。而一切有效的变革,在基本上必须是切合实际地由旧制度向新制度的转变。

这种要求有效变革的主张,反映在哲学上便是客观的、实证的、实际的、演化的,这也是组成韩非哲学思想的基本要件。并且他主要的政治社会思想也莫不贯穿着这种精神。

太史公说,韩非"喜刑名法术之学,而其归本于黄老",及"韩子引绳墨,切事情,明是非,其极惨礉少恩,皆原于道德之意,而老子深远矣"(《史记·老子韩非列传》)。相传老子著《道德经》,即老子书;并且,在战国时代出现托言黄帝而著之《黄帝经》,而在汉代合称为"黄老",是为道家经典。太史公之言,也就是说韩非的基本哲学是源自《黄帝经》或《道德经》的。

虽然韩非著作中曾引述《黄帝经》,但因后来《黄帝经》失传,故韩非思想是否源自"黄老"之"黄",学者无从考究。直至1973年底,在长沙马王堆三号坟墓中出土的《老子》乙本卷前,有《经法》《十大经》《称》《道原》四篇,被初步判断为"可能就是《汉书·艺文志》中著录的《黄帝四经》,是黄老合卷的一部分"①。

重新出土的《黄帝经》内,虽然不见(或因残缺无法辨识)韩非所引"上下一日百战"(《韩非子·扬权》)的字样,但其基本思想与韩非有相近相关之处,则无疑义。

韩非的哲学思想是否"归本"于老子?但《老子》书的思想自太史公起就说:"老子所贵道,虚无,因应变化于无为,故著书辞称微妙难识。"(《史记·老子韩非列传》)故历来中国学者对老子书之解释,包括韩非子书的《解老》《喻老》二篇在内,都是众说纷纭。韩非对老子的解释是否为老子本义,亦未能定论。

另外,韩非对"微妙难识"及包括在老子哲学内的"恬淡""恍惚"之言都曾做相当严厉的批评,又说他是"归本于黄老",这看来似乎是矛盾的。因此,引起一些学者对韩非之著作真伪的辩论。而一些被疑为非出于韩非之手的具道家思想的篇章,却又涉及哲学问题之讨论。故吾人欲讨论韩非的哲学思想,就不能不就材料的真伪先行分析。

一、"归本于黄老"的问题

《韩非子》一书中,具有道家思想而涉及哲学讨论的,主要有《解老》《喻老》《扬权》《主道》《大体》诸篇。这些篇章是否出于韩非

---

① 见唐兰:《黄帝四经初探》,《帛书老子》,河洛图书出版社1975年版,第239页。

之手,除非韩非手稿出土,否则谁也无法得有直接证据。因此,我们所说的韩非思想,严格地说只能是《韩非子》书的思想。而一切的考证也者亦不外乎二点:一是这些篇章所述之人事,用词是否后于韩非之时,若是,则其不出于韩非之手明矣;一是这篇章的思想内容是否符合韩非思想,若否,即不无可疑。至于这些篇章,实际上,不发生前者的问题,故历来学者的讨论多集中于后者。

至于后者的讨论,就必须先确定哪些是无疑的韩非思想。也就是说,确定哪些篇章确为韩非所作。

据太史公说:"非见韩之削弱,数以书谏韩王,韩王不能用,于是韩非疾治国不务修明其法制,执势以御其臣下,富国强兵而以求人任贤,反举浮淫之蠹而加之于功实之上。以为儒者用文乱法,而侠者以武犯禁。宽则宠名誉之人,急则用介胄之士。今者所养非所用,所用非所养。悲廉直不容于邪枉之臣,观往者得失之变,故作《孤愤》、《五蠹》、内外《储》、《说林》、《说难》十余万言。"(《史记·老子韩非列传》)

太史公的这段话,不但列举了(至少是他看到的)《韩非子》书的篇章包括《孤愤》、《五蠹》、内外《储》、《说林》、《说难》,并且还指出了《韩非子》书的思想要点是"归本于黄老",这当是最早的和最完整的《韩非子》书思想的提要。与今本相较,除《存韩》和《有度》不无可疑外,其他大体相类,并不排斥我们要讨论的道家思想的篇章包括于《韩非子》书中。然而,近人胡适却言:

> 依我看来,《韩非子》十分之中,仅有一二分可靠,其余都是加入的。那可靠的诸篇如下:《显学》《五蠹》《定法》《难势》《诡

使》《六反》《问辩》。此外如《孤愤》、《说难》、《说林》、内外《储》，虽是司马迁所举的篇章,但是司马迁的话是不很靠得住的。我们所定的这几篇,大都以学说内容为根据。大概《解老》《喻老》诸篇,另是一人所作。《主道》《扬榷(权)》诸篇,又是另一派"法家"所作,《外储说·左上》似乎还有一部分可取。其余的更不可深信了。①

司马迁的不移之论至此受到挑战,容肇祖再根据胡适的观点,进一步地考证《解老》《喻老》《主道》《扬权》为"黄老或道家之言混入于韩非子书中者"*,而《大体》篇则为"未定为谁作的篇章而姑俟续考者"。

容肇祖的理由乃是《解老》篇言及(1)"老子所说的'道'虚无恍惚"又有"微妙之言",而《五蠹》《忠孝》二篇中皆反对之;(2)言及之"恬淡",《忠孝》篇中亦反对之;(3)所言之"重生者慈于身",《五蠹》篇有相反之言;(4)所言"治大国而数变法,则民苦之",与《五蠹》或《心度》二篇的主张变法相违。②

容氏再认为"如果韩非不喜欢微妙之言,则《喻老》亦有非韩非作的可能";而《主道》,"我以为从内容看,似是汉初的道家""《主道》是道家的话,《扬权》则道家的话更多"。③ 容氏又因《大体》中言"守成理,因自然"等,故"疑这种说话,和汉初道家有关"④。

---

① 见胡适:《中国古代哲学史》卷三,台湾商务印书馆1961年版,第82—83页。

* 原文如此。然容肇祖之论言《解老》《喻老》或与《淮南》同出田生之手,而《主道》《扬权》则为初汉道家之言混入。——编者

② 见容肇祖:《韩非子考证》,台联国风出版社1972年版,第39—42页。

③ 同上书,第42—44页。

④ 同上书,第62页。

自胡适倡言，容肇祖考证之后，一般学者不能不对《韩非子》书中的道家思想存疑。如陈启天在《增订韩非子校释》中就参照了容氏的考证，梁启雄的《韩子浅解》也认为《解老》"本篇中间确实加有后人的作品夹杂在其间"①。然陈奇猷却言："老氏使人无欲无求，而韩子则令人在分内立功努力，不越分而有所求。因之韩非之理想社会，乃基于老氏而改进。故韩非有取于老氏者此也。史迁谓韩非'归本于黄老'者亦以此也。""执此以求，虽韩子中多用老氏之文，亦不致与老子旨趣相混淆矣。"②

如果这些道家思想的篇章必须要直接证据才能证实为韩非之作的话，那么《韩非子》书中没有任何一篇可以证明为韩非所作。因此，除了有特别证据的伪作外，如《有度》言及韩非死后之荆、齐、魏、燕四国之亡，其他，我们只能就思想的一致性和系统性去考察，甚至要考虑包括其时代背景和个人的特殊经验。

太史公所举《韩非子》书的篇章，当根据其所见之版本，并没有提出其考据的论证，但胡适重定《韩非子》书中的韩非之作的篇章也没有提出论证来，而只言及"以学说内容为根据"。但以一般原则言，《韩非子》在胡适所举篇章中固然是主张客观的、实证的、实际的、演化的，但在道家思想的篇章中亦莫不如此，并无不同。若以对特殊事物所作主张的学说言，各篇章的论述的特殊事物不尽相同，甚至因著述之情境，言谈之对象不同，其偏重当然亦有所不同。那么胡适又是以什么标准来作判断的呢？这些问题，胡适都

---

① 见梁启雄：《韩子浅解》，学生书局1971年版，第138页。唯梁氏对其他道家思想之篇章并未参照容氏之见。

② 陈奇猷：《韩非子集释》，河洛图书出版社1974年影印版，第9页。

没有做交代，我们也不得而知。

至于容肇祖的考证，我们逐条分析于下：

（1）太史公讲《老子》书"微妙难识"，但又肯定其为"深远矣"，由此可知《老子》书只是"难识"，而不是不能识。在古代中国，文化是掌握在贵族手里，至孔子时始有"有教无类"，但一般民众的知识还是不能与统治阶层的专业知识分子平等。所以，商鞅说："民不可与虑始而可与乐成。"（《史记·商君列传》）韩非亦言："民智之不可用，犹婴儿之心也。"（《韩非子·显学》）按：这是胡、容二氏肯定的韩非之作）而"微妙""恍惚"皆是抽象的哲学语言，当然不是一般民众所能识者。另外，自子产"铸刑书"之后，各国实施公布法，法是要让一般民众周知的，而"微妙""恍惚"的哲学语言是一般民众所不能懂的。故韩非只是反对以这种哲学语言为法律语言而已，又岂可被视为韩非反对老子哲学之言？

（2）韩非之言在基本上是统治人民的学说，因此，一部分是谈统治者应有的修养，另一部分是谈统治者应如何对待人民。这也就是说韩非要求国君的和要求人民的是有所不同。这一点必须要分辨清楚。《解老》篇中的"轻恬资财"是讲到"方而不割，廉而不刿，直而不肆，光而不耀"时说的，以韩非思想系统来看，这显然是对统治者的要求。这是要统治者不可贪财（"轻恬资财"）是为"廉"，且"廉而不刿"。至于"恬淡有趋舍之义"，更是明指"圣人"以此"以守宗庙不灭之谓祭祀不绝"（《韩非子·解老》）。这也是对统治者的要求。而"事君养亲，不可以恬淡"，并且反对鼓励被统治的人民"恬淡"，而言"恬淡之学，天下之惑术也"（《韩非子·忠孝》）。这显然是对被统治者而言的，否则若身为统治者又何必"事君"？

容肇祖未能分清韩非思想中两个不同层面的要求,要拿对人民的要求去要求国君才算不"矛盾"的话,那么整个《韩非子》一书都是"矛盾"。

(3)容肇祖所提《解老》篇两处所谈到的"重生",都是指"圣人";而《五蠹》篇反对"重生"却是指人民,此二者不可同日而语已明矣。再说,《解老》篇中的"重生"别有他义,容氏亦自知之,而言《解老》与《五蠹》这两篇所说的"重生"之士有别。① 故亦不构成《解老》与《五蠹》思想相矛盾的理由。

(4)法家主张变法,是变别人的法,而不一定主张别人变他的法。如韩非赞成吴起、商鞅的变贵戚重臣的法,但却反对贵戚重臣变吴起、商鞅的法(《韩非子·奸劫弑臣》)。因此,《解老》云:"治大国而数变法,则民苦之;是以有道之君贵虚静重变法。"这是否是韩非借解老以言战国初期变法后,贵戚重臣的复辟,亦不无可能。另外,一个国家不可朝令夕改,这也是常识。韩非亦言:"夫摇镜则不得为明,摇衡则不得为正,法之谓也。"(《韩非子·饰邪》)这也正是反对"数变法",而主张"重变法"。难道非要主张天天变法才是主张变法吗？容肇祖的这项理由未免太牵强了。

容氏认为《喻老》非韩非之作的理由同《解老》,故不赘述。

另外,关于《主道》《扬权》和《大体》,容氏认为是和汉初道家思想有关,也就是和"黄老"有关,殊不知战国法家和"黄老"早就有关,而汉初道家只是承继战国余绪而已。故只能言汉初道家有承继韩非思想的关系,而不是《韩非子》书有来自汉初道家的关系！

---

① 见容肇祖:《韩非子考证》,第41页。

关于这个问题容另外讨论。

由以上之分析,所举与道家思想有关之篇章,容肇祖之考证,虽考,然未能证,胡适所举韩非之作虽不无道理,但否定太史公所举篇章却失之武断,不足采信。虽然我们不能以直接证据证明《韩非子》书中的篇章哪些是韩非亲作,但却认为上述有关道家思想的篇章,与《韩非子》书的思想系统并无相违,并为其哲学之部分。其理由略述如次:

(1)《喻老》篇所引老子"鱼不可脱于深渊"及"邦之利器不可以示人",亦见《内储说下》。

(2)《喻老》篇以"箕子见象箸以知天下之祸"以喻老子的"见小曰明",亦见《说林上》——"圣人见微以知萌,见端以知末,故见象箸而怖"。

(3)《解老》篇引老子"前识者道之华也,而愚之首也",反对"无缘而妄意度",而主张"使五尺之愚童子视之"。与被胡适认定为韩非之作的《显学》篇所言之"夫视锻锡而察青黄,区冶不能以必剑;水击鹄雁,陆断驹马,则臧获不疑钝利"同义。且《解老》此义尚不止出现于《显学》篇。

(4)被胡适认定为韩非之作的《六反》篇引老子言:"知足不辱,知止不殆",主张让人民知足、知止,而反对"足民"。这正是老子原义的演绎。

由以上之例,可知《解老》《喻老》二篇《老子》书的思想与太史公所举或胡、容二氏所认定的韩非之作有一致之处。至于《主道》《扬权》《大体》则略而不述,或可推论之。虽然韩非思想与《解老》《喻老》或《老子》书的思想有一致之处,但由于老子哲学的抽象性而产生解释上的混含和歧义,韩非的解释是否全都是老子本意则不得而知,唯韩非肯定他所解释的老子思想,所以这些解释只能当成韩非自己的哲学思想。自觉根据这种哲学思想,而有韩非对政治、社会及其他各层面的思想主张。故言其"归本于黄老",而太史公不诬也。

二、"道德"与"无为"

太史公言韩非思想"皆原于道德之意"及"归本于黄老"。老子书即《道德经》。所以韩非的哲学也谈"道德"哲学的。

什么是"道"?

韩非说:"道者,万物之始,是非之纪也。"(《韩非子·主道》)并言"道者,万物之所然也,万理之所稽也"(《韩非子·解老》)。因此,韩非所言之"道",不但是自然物质的本体("万物之始""万物之所然"),并且是一切自然物质或人事社会规律的总汇之源("万理之所稽""是非之纪")。

这种"道"的存在是"弘大而无形"的(《韩非子·扬权》),既"无形",故不得闻见,但"今道虽不可得闻见,圣人执其见功以处其见形,故曰:'无状之象,无物之象'"(《韩非子·解老》)。圣人之所以能"执其见功以处其见形",乃是因为"道""至于群生斟酌用之,万物皆盛,而不与其宁"(《韩非·扬权》),并且"道"又是"下周于事,因稽而命,与时死生,参名异事,通一同情"(同上)的,故曰:

天得之以高,地得之以藏,维斗得之以成其威;日月得之以恒其光,五常得之以常其位,列星得之以端其行,四时得之以御其变气,轩辕得之以擅四方,赤松得之与天地终,圣人得之以成文章。道,与尧舜俱智,与接舆俱狂;与桀纣俱灭,与汤武俱昌。以为近乎?游于四极;以为远乎?常在吾侧,以为暗乎,其光昭昭。以为明乎?其物冥冥。而功成天地,和化雷霆,宇内之物,恃之以成,凡道之情,不制不形,柔弱随时,与理相应。万物得之以死,得之以生,万事得之以败,得之以成。道,譬诸若水,溺者多饮之即死,渴者适饮之即生,譬之若剑戟,愚人以行忿则祸生,圣人以诛暴则福成。(《韩非子·解老》)

至于这种"游于四极"而又"常在吾侧"的"道",庄子也曾说过"道"是"无所不在"的,可以"在蝼蚁",可以"在稊稗",可以"在瓦甓",可以"在屎溺"(《庄子·知北游》)。虽然"道"是"无所不在"的,可以在这,可以在那,万物的存在与变化中均有"道",但是"道不同于万物"(《韩非子·扬权》),而是"物有理,不可以相薄,故理之为物之制,万物各异理。万物各异理,而道尽稽万物之理,故不得不化。不得不化,故无常操。无常操,是以死生气禀焉,万智斟酌焉,万事兴废焉"(《韩非子·解老》)。这就是说,物有"理"("理之为物之制"),而"理"有"道"("道尽稽万物之理"),由于"万物各异理",所以"道"是"无常操"的。虽然"道"是"无常操",但这种"无常操"却是"道"的"常",此处所言的"常"实乃"无常操"的后设之言。也就是严灵峰所言"'常道'之所以为'常',就在于他永久不息地在动和变"①。从这个观点,才能理解韩非所说的——

---

① 严灵峰:《老子的重要用语之新解释》,《无求备斋学术论文集》,台湾中华书局1969年版,第9页。

> 夫物之一存一亡,乍死乍生,初盛而后衰者,不可谓常。惟夫与天地之剖判也具生,至天地之消散也不死不衰者,谓常。而常者无攸易,无定理。无定理,非在于常所,是以不可道也。圣人观其玄虚,用其周行,强字之曰道,然而可论。(《韩非子·解老》)

老子所说的"道"是"有物混成,先天地生,寂兮寥兮,独立而不改,周行而不殆,可以为天下母"(《老子》第二十五章)的,并且还说过"道之为物"是"其中有象""其中有物"(《老子》第二十一章)的。虽然"道不同于万物",但还是有"不同于万物"的"物",不过此"物"乃是一种物质的混沌状况("有物混成")。只是"弘大而无形"及"道在不可见"(《韩非子·主道》)而已。故严灵峰认为老子的"道为'无形'而非'无物'"[①]。

韩非还谈到"德"的问题,而"德"又与"气"有一定的关系。什么是"气"?

古代有关"气"的学说,曾有言"气者,身之充也"(《管子·心术下》),孟子也说:"夫志,气之帅也。气,体之充也。"(《孟子·公孙丑上》)相对孟子的"志","气"当是一种构成身体的物质。这该是当时一种流行的说法。

"气"与"道"有时是并举的,如:

> 天坠未形,冯冯翼翼,洞洞灟灟,故曰太昭。道始于虚廓,

---

① 严灵峰:《老子哲学中若干重要问题》,《无求备斋学术论文集》,第65页。

虚廓生宇宙,宇宙生气。气有涯垠,清阳者薄靡而为天;重浊者凝滞而为地。清妙之合专易,重浊之凝竭难,故天先成,而地后定。(《淮南子·天文训》)

这乃是说由"虚廓"才产生"道"的,"宇宙"并不是由"道"产生,而是由"虚廓"产生,由"宇宙"再产生"气"。"虚廓"的说法,诚然与老子、韩非不同。然其在"虚廓"之后提出"道"和"气"来解释宇宙自然,这是值得注意的。

"气"中有"清阳者薄靡为天";有"重浊者凝滞为地",而"凡人之生也,天出其精。地出其形,合此以为人"(《管子·内业》)。由此可见,"精"是由"气"之"清阳者"而来,"形"是由"气"之"重浊者"而来,并且还明确地说出"精也者,气之精者也"(同上)。这是古人不知精神与物质之关系,故认为灵魂或生命是由"精"气构成,及肉体是由"重浊者"之气构成的"形"。

"灵气"可能就是"精气",是在"一来一逝,其细无内,其大无外"(同上),而人又是"有气则生,无气则死,生者以其气"(《管子·枢言》)。古人为了要说明人死形体犹在,就不能不假定这种"精"气是会运动的,故人之生死乃是"精"气的"一来一逝",但它又是普遍存在而看不见的,所以"其细无内,其大无外"。在基本上,人之所以生,乃是因为"精"气停驻在人体;但并不是所有的人体都能为"精"气所停驻。能为"精"气所停驻的人体是为"精舍"。成为"精舍"的条件是"定心在中,耳目聪明,四枝坚固,可以为精舍"(《管子·内业》)。有了"精舍"要让"精"气进来并停驻还要有条件,故言"敬除其舍,精将自来"及"严容畏敬,精将至定"(同上),"精"固是一种"气",然"形"也是一种"气",只不过是"重浊者"而已。故"精舍"也就是"形"气,是"精"气的"舍"。

"精""形"的说法,还有"形不正者德不来,中不精者心不治"(《管子·心术下》)。"中不精者心不治"的说法正好和"夫志,气之帅也"颠倒。"形不正者德不来"提供了"形"和"德"关系的线索;这说明了"形"是"德"的"舍",所以"德"才能有来不来的问题。而"德"与"道"又有一定的关系,是曰:

> 德者,道之舍。物得以生,生知得以职道之精。故德者,得也。得也者,谓其所得以然也,以无为之谓道,舍之之谓德。故言之者不别也;间之理者,谓其所以舍也。(《管子·心术上》)

由此可知,"形"是"德"的"舍"、"德"是"道"的"舍"、"道"之所以也能有"舍",乃是因为"夫道者,所以充形也"(《管子·内业》),并且"道在天地之间也,其大无外,其小无内"(《管子·心术上》)。这些"道"的性质与"气"并无二致,可见"道"的实际就是"气"。因此,才能说"生知得以职道之精"。

总而言之,"气"是"道"的体,而"道"是"气"的用,在这样的理解下,所以说"道"是"其中有物""其中有象"的。

什么是"德",除了"德者,得也,得也者,谓其所得以然也"外,韩非进一步言"德者,内也;得者,外也"(《韩非子·解老》)。"其所得以然也"是说,"德"是事物的性质。韩非再把这种事物的性质进一步分析为有显于"外"的现象,是为"得";涵于"内"的本质,是为"德"。对人来说,"德也者,人之所以建生也"(同上)。也就是"无以物乱官,毋以官乱心"的"内德"(《管子·心术下》)。

由于"道""德""精"都有"舍",要使它们进入"舍","舍"就必须"虚",要使它们不去就要"静",是谓"虚静"。"德"要多,就需要"虚静",所以韩非说:

> 知治人者,其思虑静,知事天者,其孔窍虚,思虑静,故德不去;孔窍虚,则和气日入。故曰:"重积德"。……积德而后神静,神静而后和多,和多而后计得。(《韩非子·解老》)

"和气日入"而产生新的"德",再加上原来的"故德不去"就是"积德"。由此可见,"德"是生于"和气",并且"德"又能反过来增促"和气",故"积德"又导致"和多"。

为什么要"思虑静""孔窍虚",这乃是为了要能聪明知识;否则,就会盲聋狂乱,他说:

> 聪明睿智,天也。动静思虑,人也。人也者,乘于天明以视,寄于天聪以听,托于天智以思虑,故视强则目不明,听甚则耳不聪,思虑过度则智识乱。(同上)

为了不"视强""听甚"和"思虑过度",就得"适动静之节,省思虑之费""不极聪明之力,不尽智识之任",这就是"啬",故"啬之者,爱其精神,啬其智识也"(同上)。"精神"就是"精气"和"神气"。因此,"啬"也就是为了不耗损我们身体的"精气"和"神气",而"不极聪明之力,不尽智识之任",故曰:"精神不乱之谓有德。"

(《韩非子·解老》)

"啬"不仅仅是"爱其精神"而已,并且还有其更积极的意义。韩非说:

> 圣人之用神也静,静则少费,少费之谓啬。啬之谓术也,生于道理。夫能啬也,是从于道而服于理者也,众人离于患,陷于祸,犹未知退,而不服从道理。圣人虽未见祸患之形,虚无服从于道理,以称蚤服。(同上)

其实这乃是说,"啬"自己主观的"智识",才能去符合客观的"道理"。"啬"就是要"虚静",要"服从于道理"。这也就是把我们"舍"中的主观"智识"去掉,腾出空间来,那么客观的"道理"才能进来。所以,"有道之君,贵虚静而重变法",是要国君以客观的态度去"服从于道理"的变法,而不可随着主观的"智识"去轻易变法,这又哪里是容肇祖所误解的不要变法?

"静"是指不让已有的"德"失去,"虚"是指空出"舍"来让外在的"道理"进来,无论"静"或"虚",其实都是"无为"。故言:"凡德者,以无为集,以无欲成,以不思安,以不用固。为之欲之,则德无舍;德无舍,则不全。用之思之,则不固;不固则无功。"(同上)说穿了,这也就是要国君不要根据自己主观"智识"的成见去"用之思之",这种"智识"或来自旧社会制度的,而应该"虚无服从于道理"。这和韩非所主张的变法不但不是相违背的,而且是有一定的关联的。

另外,由于"虚静无为,道之情也","故去喜去恶,虚心以为道舍"(《韩非子·扬权》)。韩非所讲的"服从于道理",也就是"守成理,因自然"(《韩非子·大体》)。反过来说,就是"好用其私智,而弃道理"(《韩非子·解老》)。因此,"虚心以为道舍"以让"成理"和"自然"之"道"进入"舍"中,那么我们心中便完全是"成理""自然"的,所以说:"古之全大体者,望天地,观江海,因山谷,日月所照,四时所行,云布风动,不以智累心,不以私累己。"(《韩非子·大体》)由于不以主观的"私智""累心",不以主观的自私"累己",因此我们的思想必为客观"自然"的反映,我们的施为必合客观"自然"的规律。此乃"圣人尽随于万物之规矩"(《韩非子·解老》)。"故大人寄形于天地而万物备,历心于山海而国家富,上无忿怒之毒,下无伏怨之患,上下交扑,以道为舍"(《韩非子·大体》)。

韩非虽然主张"无为"而"虚",但却反对以"虚"为"为"。其实这乃是因为以"虚"为"为"仍是一种主观的"为",并非"无为"。他把主体亦当成客观之存在,当"为"则"为",当"虚"则"虚",才是一种客观的态度,若当"为"而"虚",仍只是一种主观的态度。所以,他不是一个机械的客观主义者,而是一个相对的客观主义者。并且,相对的客观主义,才是真正的服从客观的"无为"。故曰:

> 所以贵无为无思为虚者,谓其意无所制也。夫无术者,故以无为无思为虚也。夫故以无为无思为虚者,其意常不忘虚,是制于为虚也。虚者,谓其意无所制也。今制于为虚,是不虚也。虚者之无为也,不以无为为有常。不以无为为有常则虚,虚则德盛,德盛之谓上德。(《韩非子·解老》)

由于"无为"而可以客观地"寄治乱于法术,托是非于赏罚,属轻重于权衡"(《韩非子·大体》),因此国君只需执客观的"法术"来治国,不必用主观的"聪明睿智",只需"虚静无为"地"守成理,因自然",何况"聪明睿智"有时而穷,而"成理"与"自然"却无时而终的。有了这套"法术",国虽大,事虽繁,亦能"治大国者,若烹小鲜",这也该是韩非对老子之义的解释吧!

三、逻辑与辩证思想

"逻辑"一词,古希腊文为 logos,其意有"字""谈话""论证""解释""原则""理智"等;至斯多亚学派(Stoics),则以 logos 为"宇宙一切理性之原则",亦即为宇宙规律之原则。后引申为"思想方法"或"推理方法",亦不过为"宇宙一切理性之原则"的思想反映或形式化。因此,任何思想家,在其反映宇宙规律之原则的思想中,莫不存有一定的"逻辑"。

从"世界观"来看,道家思想强调"道"的变动性,所以严灵峰言:"老庄哲学之最重要的观点,也可以说就是'动'和'变'的辩证(dailectical)的观点。"[①]

韩非说到"道"是"不得不化,故无常操","不得不化"就是"变",而"无常操"就是"动",由此可知在这基本点上,韩非与老子是一致的,太史公言韩非"归本于黄老",实不我欺也!

从辩证思想而言,老子说:"反者,道之动。"(《老子》第四十章)

[①] 严灵峰:《老庄哲学与辩证法》,《无求备斋学术论文集》,第93页。

这就是说,由变化("动")中产生"道"的否定("反"),因此有"动",就有"道"的"反"。"道"和"道"的"反"实为一矛盾的状况,这种矛盾的状况,韩非在《难一》和《难势》二篇中重复地用一个故事,生动地表达出来了——

> 人有鬻矛与楯者,誉其楯之坚,物莫能陷也,俄而又誉其矛曰:"吾矛之利,无物不陷也。"人应之曰:"以子之矛陷子之楯何如?"其人弗能应也。(《韩非子·难势》)

韩非言"智法之士,与当涂之人,不可两存之仇也"(《韩非子·孤愤》),"贤舜则去尧之明察,圣尧则去舜之德化,不可两得也"(《韩非子·难一》),"夫贤势之不相容亦明矣"(《韩非子·难势》)。"夫冰炭不同器而久,寒暑不兼时而至,杂反之学不两立而治"(《韩非子·显学》)。这等等都表示了韩非思想承认一切事物,包括自然事物和社会事物,都有"不可两存""不可两得""不相容""不两立"的矛盾。

这种矛盾是"不两立"的,但一切事物又是这种矛盾的"两立"而形成的,老子说:"故有无相生,难易相成,长短相形,高下相倾,音声相和,前后相随。"(《老子》第二章)但这种"两立"的矛盾,在韩非思想中,未被强调。虽然如此,但在他强调"君臣之利异,故人臣莫忠。故臣利立,而主利灭"(《韩非子·内储说下》)的矛盾之余,也不能不承认一个国家不能独君而无臣,而必须是有君臣的"两立",才能成其为国家,故言"为主而无臣,奚国之有"(《韩非子·扬权》)。韩非另外还说过"不贤而为贤者师、不智而为智者正"(《韩非子·主道》)。"不贤"与"贤","不智"与"智",这是矛盾的,但却不是"不两立"的,并"两立"而为君臣关系的全体。韩非之所以未强调这种"两立"的矛盾,这可能和战国末期,国际的冲突及国内新旧势力的冲突已至决战的最后关头,不无一定的关系。

矛盾除了有"不两立"和"两立"的情形外,矛盾的双方还可以根据一定的条件相互转变。老子说:"祸兮,福之所倚,福兮,祸之所伏。孰知其极。其无正?正复为奇,善复为妖。"(《老子》第五十八章)韩非在注解"祸兮,福之所倚"时说:

> 人有祸则心畏恐,心畏恐则行端直,行端直则思虑熟,思虑熟则得事理,行端直则无祸害,无祸害则尽天年,得事理则必成功,尽天年则全而寿,必成功则富与贵。全寿富贵之谓福,而福本于有祸。(《韩非子·解老》)

他在注解"福兮,祸之所伏"时说:

> 人有福则富贵至,富贵至则衣食美,衣食美则骄心生,骄心生则行邪僻而动弃理。行邪僻则身死夭,动弃理则无成功。夫内有夭死之难,而外无成功之名者,大祸也。而祸本生于有福。(同上)

"祸""福"本是矛盾的双方,但是根据一定的条件却发生相互转变。这种所根据的条件,韩非指出乃是"道理",他说:"缘道理以从事者无不能成。"(同上)并认为"孰知其极"的意含乃是"众人之轻弃道理而易妄举动者,不知其祸福之深大而道阔远若是也"(同上)。

先秦法家对这种矛盾互变的"逻辑"运用得最多,此乃"严刑峻法"的"逻辑"根据。

子产说:"夫火烈,民望而畏之,故鲜死焉;水懦弱,民狎而玩之,则多死焉,故宽难"(《左传·昭公二十年》,亦见《韩非子·内储说上》)*。

韩非在引用这段话时,并说"爱多者法不立"(《韩非子·内储说上》),以为"严刑峻法"的例证。由"火烈"转变成"鲜死",亦"祸兮,福之所倚也"。

《商君书》中亦以这种矛盾互变的"逻辑"来论证"以刑去刑"的道理。例如:

"重罚轻赏,则上爱民,民死上;重赏轻罚,则上不爱民,民不死上。"故言"以刑去刑国治,以刑致刑国乱"(《商君书·去强》)。"重罚"当是民祸,"爱民"当是民福,"死上"又当是民祸:由"重罚"到"爱民"则是"祸兮,福之所倚",由"爱民"到"死上",又何尝不是"福兮,祸之所伏"呢?

这种矛盾的互变,乃是因为:

> 立民之所乐,则民伤其所恶。立民之所恶,则民安其所乐,何以知其然也?夫民忧则思,思则出(生)度,乐则淫,淫则生佚。故以刑治则民威,民威则无奸,无奸则民安其所乐。以义教民则民纵,民纵则乱,乱则民伤其所恶。吾所谓利(刑)者,义之本也;而世所谓义者,暴之道也。(《商君书·开塞》)

---

* 原文如此,疑误。《韩非子·内储说上》中未见此句。——编者

矛盾的双方能产生互变,乃是因为"道阔远若是也"。"道""无常操"是以"无常"为"常"的永远不息的变动,这种变动是绝对的。一般事物也是变动的,但这种变动是相对的,是有条件的,而非绝对的。

从变动来看,是必须"古今异俗,新故异备"(《韩非子·五蠹》)的,"故治民无常,唯法为治。法与时转则治,治与世宜则有功"(《韩非子·心度》)。因为这种变动是有条件的、相对的,所以说"异俗"才"异备",并且要按照条件的规律,也就是"道理",而变动("与时转""与世宜"),才能"治"和"有功"。

变动的相对是不变,不变也是有条件的,故言"凡法令更则利害易,利害易则民务变,民务变谓之变业。故以理观之,事大众而数摇之,则少成功,藏大器而数徙之,则多败伤,烹小鲜而数挠之,则贼其泽,治大国而数变法,则民苦之"(《韩非子·解老》)。因为变动与不变都是有条件的,所以"变与不变,圣人不听,正治而已"(《韩非子·南面》)。

圣人的"正治"就是"守成理,因自然"。换句话说,就是该变则变,该不变则不变。圣人的一切措施是因"成理""自然"之变而变,之不变而不变的。因此,圣人唯一不变的是"虚静无为",而不是其措施作为的不变,这才是后来中国人所说的"以不变应万变"的真义。

"道"是一种永恒的变动,而一切事物的变动又多是由细而大,由微而显,所以老子说:"图难于其易,为大于其细,天下难事,必作于易;天下大事,必作于细。"(《老子》第六十三章)韩非将此解释为:"有形之类,大必起于小,行久之物,族必起于少","是以欲制物者,于其细也"(《韩非子·喻老》)。这乃是说,事物的变化是一个

"大必起于小""族必起于少"的过程,而不是突然变动的。并且,这个变化的过程中,不是无条件的,而是有条件的;不是孤立的,而是各种事互相关联的一个变动过程,韩非曾有实例说明之。

> 纣为象箸而箕子怖,以为象箸必不盛羹于土铏,则必犀玉之杯,象箸玉杯必不羹菽藿,则必旄象豹胎,旄象豹胎必不衣短褐而舍茅茨之下,则必锦衣九重高台广室也,称此以求,则天下不足矣。圣人见微以知萌,见端以知末,故见象箸而怖,知天下不足也。(《韩非子·说林上》,亦见《喻老》)

韩非还以扁鹊为晋桓公疗疾为例来说明疾病的变化过程及治疗之方,说是"疾在腠理,烫熨之所及也;在肌肤,针石之所及也;在肠胃,火齐之所及也;在骨髓,司命之所属,无奈何也"。桓公不肯先治,终至病发而无可治以死。所以,韩非说:"夫事之祸福,亦有腠理之地,故曰:'圣人蚤从事焉'。"(《韩非子·喻老》)

能"见微以知萌,见端以知末",因此,国君就必须"蚤绝其奸萌"(《韩非子·外储说右上》)。如何以"蚤绝其奸萌"?韩非说:

> 千丈之堤,以蝼蚁之穴溃,百尺之室,以突隙之烟焚。故白圭之行堤也,塞其穴;丈人之慎火也,涂其隙。是以白圭无水难,丈人无火患。此皆慎易以避难,敬细以远大者也。(《韩非子·喻老》)

事物的变化是根据条件的,而条件又有外在条件与内在条件之别。虽有此别,但其彼此间又有一定的关系。在这相互关系下,究竟是内在条件决定外在条件,还是外在条件决定内在条件呢?有了这个哲学上的答案之后,才能回答政治上,是内政的法术重于外交的纵横,或是外交的纵横重于内政的法术,韩非之重法术而轻纵横,实与其哲学有一致之关系。他说:

> 木之折也必通蠹,墙之坏也必通隙。然木虽蠹,无疾风不折,墙虽隙,无大雨不坏。万乘之主,有能服术行法以为亡征之君风雨者,其兼天下不难矣。(《韩非子·亡征》)

另外,他还说到:

> 夫人主不塞隙穴,而劳力于赭垩,暴雨疾风必坏。不去眉睫之祸,而慕贲、育之死;不谨萧墙之患,而固金城于远境;不用近贤之谋,而外结万乘之交于千里。飘风一旦起,则贲、育不及救,而外交不及至,祸莫大于此。(《韩非子·用人》)

由于可见韩非子认为事物的变化("折""坏")是内在条件("通蠹""通隙")和外在条件("风雨")共同作用的结果,故言"难之从内起,与从外作者,相半也"(《韩非子·说疑》);不过,事实上,外在条件毕竟是要透过内在条件才能起作用的。所以,"不去眉睫之祸""不谨萧墙之患""不用近贤之谋",才是真正的"祸莫大于此"。另如,"主上不神,下将有因"(《韩非子·扬权》),也是说人主,被臣所侵,虽有人臣侵上之因素,但被侵与否还是决定于主上的神不神的

内在条件。所以,韩非还说:

> 明主坚内,故不外失,失之近而不亡于远者无有。故周之夺殷也,拾遗于庭,使殷不遗于朝,则周不敢望秋毫于境,而况敢易位乎?(《韩非子·安危》)

"内"和"近"是指内在条件,"外"和"远"是指外在条件,而殷之亡于周起决定作用的主要条件是殷内在的"遗于朝"。因此,韩非认为在变动过程中起决定性主要作用的是内在条件,而辅以外在条件的。

因为这些事物发展的"逻辑",不是人主观的"意"所能改变的,而我们只能因势利导之,故言:"夫物有常容,因乘以导之。因随物之容。故静则建乎德,动则顺乎道。"(《韩非子·喻老》)由于我们的因势利导,而又使客观的事物能发生一定的作用,所以韩非说:

> 举事慎阴阳之和,种树节四时之适,无早晚之失,寒温之灾则入多。不以小功妨大务,不以私欲害人事,丈夫尽于耕农,妇人力于织纴,则入多。务于畜养之理,察于土地之宜,六畜遂,五谷殖,则入多。明于权计,审于地形,舟车机械之利,用力少致功大,则入多。利商市关梁之行,能以所有致所无,客商归之,外货留之,俭于财用,节于衣食,宫室器械,周于资用,不事玩好,则入多。入多,皆人为也。(《韩非子·难二》)

因此,这乃是"人事,天功,二物者皆入多"(同上),使得"人多"

的因素,不仅仅是"天功",并且包括"人为"的"人事"在内。故"入多"乃是"人事"作用于客观事物的"天功"所造成的结果。

由此,我们更可以了解到韩非所言之"虚静无为",乃是叫人不要"好用其私智,而弃道理";并且是要"不以私欲害人事"。"无为"绝不是不为,而是"因乘以导之"。若不能明乎于此,则必入于胡适之言"韩非子十分之中,仅有一二分可靠,其余都是加入的",并将陷入容肇祖之考证,岂不谬哉?

四、形名与参验

"形名"之学乃是指研究事物的"形"和"名"的关系,后人又把特别强调"形名"之学的人称之为名家。胡适在谈到名家时说:

> 古代本没有什么名家,无论那一家的哲学,都有一种为学方法。这个方法便是这一家的名学(逻辑)。……因为各家都有名学,所以没有名家。不过墨家的后进如公孙龙之流,在这一方面的研究比别家稍为高深一些罢了。不料到了汉代,学者如司马谈、刘向、刘歆、班固之流,只晓得周秦诸子的一点皮毛糟粕,却不明诸子的哲学方法,于是凡有他们不能懂的学说都称为名家。却不知道他们叫做名家的人,在当日都是墨家的别派。①

其中司马谈说到名家的有:"夫阴阳、儒、墨、名、法、道德,此务

---

① 胡适:《中国古代哲学史》卷二,台湾商务印书馆1961年版,第42页。

为治者也,直所从言之异路,有省不省耳";"名家使人俭而善失真,然其正名实,不可不察也"及"名家苛察缴绕,使人不得反其意,专决于名而失人情,故曰:使人俭而善失真。若夫控名责实,参伍不失,此不可不察也"(《史记·太史公自序》)。

班固是根据刘向及刘歆的材料编定《艺文志》的,所以此三人之意见为一致,其言曰:"名家者流,盖出于礼官。古者名位不同,礼亦异数。孔子曰:'必也正名乎,名不正则言不顺;言不顺,则事不成。'此其所长也。及訐者为之,则苟钩鈲析乱而已。"(《汉书·艺文志》)

胡适以"只晓得周秦诸子的一点皮毛糟粕"来否定司马谈和班固的说法,是否允当,不能不察。

殊不知"形名"在古代实起于"刑名",并通用之。如言韩非"喜刑名法术之学"(《史记·老子韩非列传》),"鞅少好刑名之学"(《史记·商君列传》),而韩非的"刑名之学"即"形名"。"刑名"即所犯之罪"名"与所处之罪"刑"的问题。当时执"刑"的人或称"士师"(《孟子·公孙丑下》),犯了怎么样的罪"名",科以如何的罪"刑",这乃是"士师"者的专业。因此,名家出于"礼官"的说法,实误;但与孔子的"正名"却有一定的关系。王梦鸥说:

> 因为狱讼之事,"辞"与"刑"的关系密切。许多刑法不中,常由于听辞不正。易系辞云:"理财正辞,禁民为非",正辞就是正名,亦即孔子从正名而说到刑罚之中的理由,然而此种正名乃是士师的专业,而非礼官的职务。①

---

① 王梦鸥:《战国时代的名家》,《"中研院"历史语言研究所集刊》第四十四本第三分,1972年。

在公布法还没有出现以前,"刑名"只是"士师"者流的专业,但公布法出现以后,参与狱讼的人都可以"锥刀之末,将尽争之"(《左传·昭公六年》),"刑名"的讨论才蔚为风气,甚至有人教人为讼,并发生于首先"铸刑书"的郑国,据记载为:

> 子产治郑,邓析务难之,与民之有狱者约,大狱一衣,小狱襦裤。民之献衣襦裤而学讼者,不可胜数,以非为是,以是为非,是非无度,而可与不可日变,所欲胜因胜,所欲罪因罪。郑国大乱,民口讙譁。(《吕氏春秋·离谓》)

《汉书·艺文志》亦将《邓析子》列为名家类的第一本著作。今本《邓析子》虽已被断为伪书,但以名家言,邓析仍不能不算第一人。邓析之为名家第一人以教讼然,邓析之能教讼,乃是因有允许人民辩论的公布法。

罪"名"与罪"刑"的关系,抽象言之,亦即概念与实在之关系,因而由"刑名"演成"形名"或"名实"的问题。进而利用语言的歧义和混含,使"名"脱离"实"的对应关系,而造成"钩鈲析乱"的诡辩,故言"专决于名而失人情"。这些人,班固称之为"訐者";同样的情形,同样的人,在古代希腊叫作 sophist。

"刑"和"名"的关系确实是有一定的问题的,如果这之间的关系能得到正确的处理,当能更发挥公布法的功能,法律是一统治的工具,故司马谈言名家也是"务为治者也",亦并无不确,所以说"然其正名实,不可不察也"或"若夫控名责实,参伍不失,此不可不察也"。

由此可知,班固等人之言,名家出于"礼官"固为附会之言,但其他的话,考之先秦名家并无不实,并非"只晓得周秦诸子的一点皮毛糟粕"而已。

倒是,如果说"古代本没有什么名家",那么除了儒墨在先秦还有称述外,何尝又有阴阳,道德及其他各家之称?同理,在古代希腊又有谁自称过什么唯物论、唯心论的?殊不知思想派别的分类只不过是后代思想史家的一种为称述方便的方法而已。

再说,先秦诸子之讨论"刑名"或"形名",并不是胡适所说"无论那一家的哲学,都有一种为学方法,这个方法便是这一家的名学(逻辑)"。而是公布法既成为一政治的现实,故此后名家论及政治就不能不涉及"刑名"或"形名"的讨论了,先秦诸子虽都有"一种为学方法"的"逻辑",但不一定都是以"名学"为"逻辑"的。如孔子反对"刑鼎",又说"非礼勿言"(《论语·颜渊》),怎么可能有公布法以来的"名学"为其"逻辑"?荀子、韩非都反对"比别家稍微高深一些罢了"的公孙龙之流的"名学",难道荀、韩就没有"逻辑"?何况荀、韩的"名学"不见得不比公孙龙不"稍微高深一些"!这正如苏格拉底、柏拉图、亚里斯多德的"逻辑"不见得不比 sophist 高明一样。

另外,由于胡适不明"形名"家产生的历史条件,以为墨辩谈"形名",之后的公孙龙也谈"形名",所以公孙龙就变成了"墨家的后进"。

对韩非而言,"形名"问题,既是"名实"问题,又是"刑名"问题。

韩非虽然好"刑名之学",但却坚决反对概念脱离实在的"虚辞"之说,如他揭穿卫人(或宋人)"能以棘刺之端为母猴"(《韩非子·外储说左上》),因为"端"可以为母猴。但"棘刺之端"不能"削"如何为母猴？这乃是利用"端"的语义歧义而造成"能以棘刺之端为母猴"的命题。

另外，他还说：

> 儿说，宋人，善辩者也。持白马非马也，服齐稷下之辩者，乘白马而过关，则顾白马之赋。故藉之虚辞则能胜一国，考实按形不能谩于一人。（《韩非子·外储说左上》）

儿说的"白马非马"之说究竟如何已不可考，唯公孙龙亦持"白马非马"之说，由此可见，韩非当不能同意公孙龙之流的"名学"亦明矣。其不能同意的理由，乃是因为那是不能"考实按形"的"虚辞"。"考实按形"也就是要求概念必须与具体事物有一定的对应关系。

以"实"和"形"来说，乃指具体事物的真实存在，而"名"实为思想概念的产物。所以，对吾人而言，"实"和"形"是客观存在，而"名"乃由主观所产生者。

孔子说："名不正，则言不顺；言不顺，则事不成；事不成，则礼乐不兴；礼乐不兴，则刑罚不中；刑罚不中，则民无所措手足。"（《论语·子路》）这是春秋时代许多事物已因时代变迁而名存实亡，甚至有些连"名"也亡了。孔子为了"复礼"，欲恢复（"正"）以往的"名"以恢复以往的"礼"的"实"。换句话说，也就是想以主观的"名"去要求客观的事物的改变，这乃是孔子"正名"的本义。

荀子对于讦者所持的"虚辞"归纳为三类，分别地说，对付"用名以乱名者"要"验之所以为有名，而观其孰行"；对付"用实以乱名者"要"验之所缘无以同异，而观其孰调"；对付"用名以乱实者"要

"验之名约,以其所受悖其所辞"(《荀子·正名》)。并言:"心合于道,说合于心,辞合于说,正名而期,质请而喻,辨异而不过,推类而不悖,听则合文,辨则尽故。"(同上)

然而具体的事物是客观存在的,但概念的"名"却是主观属性的,荀子就说过:"名无固宜,约之以命。约定俗成,谓之宜,异于约则谓之不宜。"(同上)"名"虽然是"约定俗成"的,但毕竟是"约之以命"的。并且,"约定俗成"的自然语言并不精确,有歧义和混含,故才能产生"虚辞"。国君不是语言学家,所以只有"故虚静以待令(之),令名自命也,令事自定也,虚则知实之情,静则知动者正。有言者自为名,有事者自为形,形名参同,君乃无事焉,归之其情"(《韩非子·主道》)。

韩非在基本上虽和他的老师对"形名"的观点是一致的,但韩非进一步主张"名"的客观化——"令名自命也",也就是"有言者自为名"。此乃可以避免国君与人臣对"名"的"约之以命"不同,而造成人臣可以用"虚辞"卸责。所以,他说:"人主将欲禁奸,则审合形名者,言异事也,为人臣者陈而言,君以其言授之事,专以其事责其功。功当其事,事当其言,则赏;功不当其事,事不当其言,则罚。"(《韩非子·二柄》)

事物有现象,有本质。"考实按形"的"实"或可理解为本质。其中的"形"或可理解为现象。并且,现象与本质并不是绝对统一的。例如,他说:

>磐石千里,不可谓富,象人百万,不可谓强。石非不大,数非不众也,而不可谓富强者,磐不生粟,象人不可使距敌也。(《韩非子·显学》)

"磐石"和良田都有"千里"之"形","象人"和真人也都有"百万"之"形"。然"形"同,但"实"不同。如何透过"形"来认识"实",那就是韩非的"参验"。他说:"循名实而定是非,因参验而审言辞。"(《韩非子·奸劫弑臣》)如何"参验",那就是:

> 夫视锻锡而察青黄,区冶不能以必剑,水击鹄雁,陆断驹马,则臧获不疑钝利;发齿吻形容,伯乐不能以必马,授车就驾而观其末涂,则臧获不疑驽良;观容服,听辞言,仲尼不能以必士,试之官职,课其功伐,则庸人不疑于愚智。(《韩非子·显学》)

至于一些未经"参验",然在事后被证明为真的知识,老子称之为"前识",而韩非解释为:

> 先物行先理动之谓前识。前识者,无缘而妄意度也。何以论之?詹何坐,弟子侍,有牛鸣于门外,弟子曰:"是黑牛也而白题。"詹何曰:"然,是黑牛也,而白在其角。"使人视之,果黑牛而以布裹其角。以詹子之术,婴众人之心,华焉殆矣。故曰:"道之华也。"尝试释詹子之察,而使五尺之愚童子视之,亦知其黑牛而以布裹其角也。故以詹子之察,苦心伤神,而后与五尺之愚童子同功,是以曰:"愚之首也。"(《韩非子·解老》)

对那些没有证据,无法"参验"的论说,他更斥之为:"无参验而必之者,愚也;弗能必而据之者,诬也。故明据先王,必定尧、

舜者,非愚则诬也,愚诬之学,杂反之行,明主弗受也。"(《韩非子·显学》)

由于事物不是孤立的,要认识事物的"实",便必须要从其与其他事物的关系上去"参验"之。所以,他说:

> 言会众端,必揆之以地,谋之以天,验之以物,参之以人,四征者符,乃可以观矣。(《韩非子·八经》)

从韩非反对"前识"中,已经透露了他主张知识必起于经验的哲学立场。另外,他还说:

> 酸甘咸淡,不以口断而决于宰尹,则厨人轻君而重于宰尹矣。上下清浊,不以耳断而决于乐正,则瞽工轻君而重于乐正矣。……人主不亲观听,而制断在下。(《韩非子·八说》)

这段话虽然是在强调国君应当集权,但亦可理解为,一切的知识必起自"亲观听"的经验,并且"观听"还要是来自各方面的,不能是片面的,所以说"观听不参,则诚不闻,听有门户,则臣壅塞"(《韩非子·内储说上》)。知识起于"亲观听",但并不表示一切知识都是"亲观听"的。韩非反对"无缘而妄意度",而没有反对有"缘"的"意度",所以说"圣人见微以知萌,见端以知末,故见象箸而怖,知天下不足也"(《韩非子·说林上》)。"萌"和"末"是根据("缘")"微"和"端"推论判断而来的知识,是不必"亲观听"的;但是"微"和"端"确实必定要"见"的,以实际情形而论,国君不可能对一切事物去"亲观听",但由于可以"见微以知萌,见端以知末","是以明君守始以知万物之源,治纪以知善败之端"(《韩非子·扬权》)。"贵独道之容"的明君则是"以一国目视,故视莫明焉,以一国耳听,故听莫聪焉"(《韩非子·定法》)。

由"见微以知萌,见端以知末",可知韩非所主张的知识是一理性与感性的统一,并且欲统一国君的理性与"一国"的感性,而为明君的知识。所以,韩非所说的明君原来是"哲学王"啊!

由于国君不可能凡事都去"亲观听",而必须透过群臣的报告来认识事物,但是由于"君臣异利",所以经常是"人臣易言事者,少索资,以事诬主,主诱而不察,因而多之,则是臣反以事制主也"(《韩非子·南面》)。因此,国君对最根本的要事固必须"参验"外,对于人臣所言,还必须要有判断的方法。他警告国君不可"听有门户",并说"一听则智愚不分"(《韩非子·内储说上》)。另外,他还说:

> 是故明王不举不参之事,……远听而近视,以审内外之失;省同异之言,以知朋党之分,偶参伍之验,以责陈言之实;执后以应前;按法以治众,众端以参观。(《韩非子·备内》)

"众端以参观"也就是因"观听不参,则诚不闻",国君当听取各方面的不同的意见。"执后以应前"乃是韩非在他处说到的"是以事至而结智,一听而公会,听不一则后悖于前,后悖于前则愚智不分……是以陈言之日必有笑籍,结智者事发而验,结能者见功而谋成败,成败有征,赏罚随之"(《韩非子·八经》)。

如何省"内外之失"和"同异之言",那就必须要根据事实以树立一判断的标准。故言"夫言行者,以功用为之的彀者也"(《韩非子·问辩》)。否则,"人主之听言也,不以功用为的,则说者多棘刺白马之说;不以仪的为关,则射者皆如羿也"(《韩非子·外储说左上》)。

有了判断的标准之后,任何言论的正确与否必须依所立之标准判断,而不能根据言辞的动听来判断,故"范且、虞庆之言皆文辩辞胜而反事之情,人主说而不禁,此所以败也"(同上)。言论的正确与否,也不应根据人言的多寡来判断,所以说"听不参则无以责下,言不督乎用则邪说当上,言之为物也以多信。不然之物十人云疑,百人然乎,千人不可解也"(《韩非子·八经》)。

另外,韩非认为言论除了要有"所验"外,还必须有"端末",此所谓"言无端末,辩无所验者,此言之责也","人主使人臣言者必知其端以责其实","人主欲为事,不通其端末,而以明其欲,有为之者,其为不得利,必以害反"(《韩非子·南面》)。什么是"端末"。此乃"使人臣前言不复于后,后言不复于前"(同上)。这也就是说,人臣之进言,前后("端末")必有一致性,不得发生矛盾。若言"参验"所涉及的是"形"与"名"关系的问题,那么"端末"所涉及者厥为"名"与"名"或"言"的关系,亦即为语言之间与语言的语法关系。

由于韩非的强调"端末",故在其著作中出现了大量的论证,除了"直接推理"和"类比推理"的论证外,黄秀琴将韩非的论证还分类为"演绎推理"和"归纳推理","演绎推理"更分为"直言推理""选言推理""假言推理"和"二难推理"四种;"归纳推理"又分为"类同法""差异法""同异交得法"。① 黄秀琴的分类或多少有一些以今视古的附会在内,但是不可否认的,由于韩非强调言必有所"端末",而充实了古代中国语言的逻辑,其著作也保留下了大量的素朴的形式逻辑的材料,这也是一项事实。

① 黄秀琴:《韩非学术思想》,华侨出版社1962年版,第84—97页。

第三章　人性论社会论与历史论

由鲁国首先"初税亩",开始承认私田的合法性以后,相对的井田制没落了,土地得以自由的交易,而产生兼并。在古代中国的农业社会里,主要赖以生产的就是土地,土地的所有权制发生变化,连带的生产与分配的关系也不能不发生变化,进而促进政治制度的变化。这也就是班固所说由"坏井田"到"王制遂灭"(《汉书·食货志上》)的一个过程。

生产制度由"坏井田"而发生了变化,一般社会行为的模式,不能不变化。社会行为变化了,透过行为所考察得来的人性也随之而异。由于"王制遂灭",统治阶层的行为模式也发生了变化,因此和以往的人性也有所不同。总之,无论是平民阶层或统治阶层,其所反映的人性,都因社会的政治制度的变化,而与以往不同了。

在井田制下,由于生产力不发达,所以一般农民只能安于在既有的田地上从事生产,而无法私自开发田地。后来为维护井田制,孟子甚至反对"辟草莱、任土地"(《孟子·离娄上》)。另外,由于一般农民没有土地的私有权,故对于农业社会最大之利的土地,无由可争。在无利可争且安于现状的情况下,所表现的人性,当然和土地得以私有及鼓励"辟草莱、任土地"之后的人性不同。

由私田制促成宗法封建制的溃败。在以前,自天子而诸侯,自诸侯而卿大夫，其相互间，以"亲亲"为本，即使有攻伐之事，也应"礼乐征伐自天子出"(《论语·季氏》)，是服从天子号令以共同惩罚叛变的诸侯或抵抗异族的入侵的，而非诸侯各为其利的相互攻伐。后来宗法封建制崩溃，诸侯相互攻伐，为的也是利。"亲亲"所表现的是谦让，相互攻伐所表现的是争利，这也是两种不同的人性表现。

春秋战国时代乃上述两种制度的过渡时代，因此两种不同的行为表现亦杂陈于这个时代。尤其到了战国之后，又由于在过渡时期，旧秩序动摇，新秩序未能建立，人与人之间的利益冲突没有强力的规范得以约束，就更突出了人的争夺性。因此，这两种行为倾向的人性，也就愈来愈明显。

对照着两种不同的人性，反映到思想上，有人认为之所以天下大乱，乃是由于物欲蒙蔽了我们善良的本性；有人认为，我们的本性本来就是恶的，所以天下大乱；有人认为之所以天下大乱，乃是因为人都有自私之心。不过他们却共同反对当时无秩序地天下大乱，并根据其各自的立场而提出解决之道。

由人性的争论，引起对古代人性的考察。古代的人性是否真是谦让的善？其原因何在？为什么现在的人性是争利的恶？其原因又何在？为什么会发生这种变化？到了战国末期，由人性的争论又牵涉到社会和历史变迁的争论。这些问题在韩非的思想中均有反映，并且他也不能不提出解答。而他的解答又是以人性论为基础建构其社会论和历史论的，并对以往的各种学说有一定的批评和继承。

为了了解韩非的学说，我们还必须对韩非的人性论及其思想背景先做了解。

一、人性论之争与自为心

据司马迁说,管仲相齐时,曾"通货积财,富国强兵,与俗同好恶","故论卑而易行,俗之所欲,因而予之;俗之所否,因而去之"(《史记·管晏列传》)。

此乃表示着统治阶层开始不仅仅空言维护原有秩序的"礼",并且也言利了。"礼"意含着在承认原有秩序的基础上讲谦让;但是自人类产生私有制后,利多多少少总是争取得来的。"与俗同好恶",也就是承认民众争利的合理性。所以才"论卑而易行"。

虽然管仲并没有讨论人性的问题,但是其政策的预设却是人性好利,并且会争利的,否则不必"因而予之""因而去之"。

子产对人性的观察可分二方面来说。

一方面,他认为利可以促成人的行为。因此,统治者为了自己的利益要促成臣下的行为,必须要给臣下一定的利益。所以,他说:"无欲实难,皆得其欲,以从其事,而要其成,非我有成,其在人乎?"(《左传·襄公三十年》)

另一方面,他认为不利可以阻止人的行为,所以统治者当设立极不利的处罚,以防止人民犯法。他说:"夫火烈,民望而畏之,故鲜死焉;水懦弱,民狎而玩之,则多死焉;故宽难。"(《左传·昭公二十年》)

综观子产对人性的观察,简单地说就是,人皆好利恶害。而统治者当可利用如此之人性,以达成统治之目的及维护其利益。

《论语》中有两处说到"性"字。一是孔子所说:"性相近也,习相远也。"(《论语·阳货》)一是子贡所说"夫子之文章,可得而闻也。夫子之言性与天道,不可得而闻也"(《论语·公冶长》)。

《论语》是孔子死后才编辑成书的。子贡的话可以反映二点:一是孔子生前"性"的问题尚未成为争论的焦点;二是子贡之时,就已经开始争论或重视"性"的问题了,所以才会有子贡之言。

孔子虽然言及"性",但并没有作善恶判断。而且,他认为人之不同,不是由于先验的"性"不同,而是基于一定条件所造成的经验之"习"不同。因此,素罗金认为"孔子主义,如当作应用的社会学系统看,本质也是一种社会和环境的(socio-environmental)学说"①。

虽然孔子没有谈"性"的善恶,但他曾将古今之民所表现的行为作过一个对比的说法,即"古者民有三疾,今也或是之亡也。古之狂也肆,今之狂也荡;古之矜也廉,今之矜也忿戾;古之愚也直,今之愚也诈而已矣"(《论语·阳货》)。这种说法显然是厚古薄今。如果人性乃是行为的概括,那么孔子对古今的人性表现所作的价值判断是古善今恶的。

萧公权引墨子之语——"古者民始生未有刑政之时","天下之百姓皆以水火毒药相亏害"(《墨子·尚同上》),而言"《墨子》书中则一再暗示人之性恶","其情形与《荀子·性恶》篇所述实无大异"。② 其实仔细考察起来,比萧公权所引更能支持其论点的墨子之言尚有"天下之为父母者众,而仁者寡","天下之为学者众,而仁者寡","天下之为君者众,而仁者寡"(《墨子·法仪》)等等。虽然

---

① P. Sorokin:《当代社会学学说》,黄文山译,台湾商务印书馆1965年版,第695页。
② 萧公权:《中国政治思想史》上册,联经出版事业公司1982年版,第140页。又在同书第165页,萧公权以荀子来斥墨子之兼爱,以言墨子之言"性"类于荀子,更是无稽。

墨子没有全称地说所有的人都不仁,但至少是仁者少,不仁者多。也就是具有善性的人少,具有恶性的人多。

虽然墨子曾作如此之语,但毕竟他没有做出性恶的普遍命题。萧公权所引墨子之语,只能表示墨子主张"刑政",因此认为在未有"刑政"以前的人性表现为恶而已。以此言墨子有薄古之嫌可,但以此说他暗示性恶,实无逻辑之必然性,亦非确实之墨子思想。

其实,墨子对人性之考察的论述,仍未超过"性相近也,习相远也"的范围,尤其着重"习相远也"。他说:"故时年岁善,则民仁且良;时年岁凶,则民吝且恶。民何常之有?"(《墨子·七患》)这样以"时年"善凶以决定民性良恶的说法,虽还是在"习相远也"的范围内,但却是更进一步的具体的说法了。

另外,墨子还说过"见染丝者而叹曰:'染于苍则苍,染于黄则黄,所入者变,其色亦变。五入必,而已则为五色矣。故染不可不慎也。'非独染丝然也,国亦有染"。接着还举例,说舜、禹、汤、武是"所染当,故王天下";而桀、纣、厉、幽是"所染不当,故国残身死"。(《墨子·所染》)

由此可知,墨子对人性的考察是具体的和经验的,而不是抽象的和先验的,故根本谈不上性善、性恶的问题。但是墨子还说过"我欲福禄而恶祸祟",并言这也是"天志"(《墨子·天志上》),故墨子似乎也有以好利恶害为人性之倾向。

在《孟子》的《告子上》篇中,记载了孟子与告子论辩有关人性善恶的问题。

告子将"性"界定为"生之谓性"及"食色性也",以"性"为一种先天的自然。公都子在提出告子的"性无善无不善"及"性可以为善,可以为不善"时,说明为"文武兴则民好善,幽厉兴则民好暴";言及"有性善,有性不善"时,则说明为"以尧为君而有象,以瞽瞍为父而有舜;以纣为兄之子且以为君,而有微子启、王子比干"。在前者固为在善的条件下为善,在暴的条件下为暴;而后者却在善的条件下为恶,在恶的条件下为善,故归之为"有性善,有性不善"。虽然他一面否认人性有普遍的先验之善恶,一面又承认人性有个别的先验之善恶,但他毕竟不承认人性必普遍为先验之善或先验之恶。

另外,告子还认为人之善,有先验,有非先验,即"仁内义外"的说法,说是"吾弟则爱之,秦人之弟则不爱也;是以我为悦者也,故谓之内。长楚人之长,亦长吾之长,是以长为悦者也,故谓之外也"。这也就是说,"仁"是产生于内在主观的;而"义"是产自于外在客观的;因之,前者有先验论的倾向,而后者有经验论的倾向。其实,"吾弟则爱之"也只是在一定的社会条件下社会化的结果,并且也不是一种绝对的、先验的"内"。

孟子对"性"的定义与告子略有不同,他认为天生的生理反应不是"性",而是"命";另外,人还具有一种天生的道德精神,才是"性"。所以他说:"口之于味也,目之于色也,耳之于声也,鼻之于臭也,四肢之于安佚也,性也,有命焉,君子不谓性也。仁之于父子也,义之于君臣也,礼之于宾主也,智之于贤者也,圣人之于天道也,命也。有性焉,君子不谓命也。"(《孟子·尽心下》)。虽然孟子将"性"与"命"区别出来,但其所谓的"性"还是先验的。又为什么"性"是先验地存在着善呢?孟子的答复是"可以为善矣,乃所谓善也"(《孟子·告子上》)。人性中所先验存在的"可以为善"者四,即"恻隐之心""羞恶之心""恭敬之心""是非之心";其分别为仁、义、礼、智，皆"非由外铄我也，我固有之也"(《孟子·告子上》)。

另外，在《孟子·公孙丑上》篇中，孟子以"乍见孺子将入于井"且不是为利而有"恻隐之心"为例，来说明"恻隐之心"乃先验的"人皆有之"。又说，仁、义、礼、智之"四端"为"人之有是四端，犹其有四体也"。

其实，孟子的人性论并不是要说明客观人性，而是以达成其主观理想为目的的。他之反对告子而主张性善，乃是反对"戕贼人以为仁义"和"率天下之人而祸仁义"(同上)的。

孟子反驳了告子的人性论，而主张性善；其后的荀子却反驳了孟子的性善论，而提出性恶的主张。

在《荀子·性恶》篇中，他把"性"界定为"天之就也"，"不可学，不可事，而在人者，谓之性"。进而言之："今人之性，目可以见，耳可以听。夫可以见之明不离目；可以听之聪不离耳。目明耳聪，不可学明矣。"从这样的定义，进而考察人性，他认为"今人之性，生而好利焉"，并且"生而有耳目之欲有好声色焉"，并肯定此乃为自然者。根据此自然的人性，若"从人之性，顺人之情，必出于争夺，合于犯分乱理而归于暴"，所以"人之性恶明矣"。因此，欲人之为善必须"起礼义、制法度、以矫饰人之情性而正之，以扰化人之情性而导之"。此乃荀子"化性起伪"的主张。

《商君书》中，为了建立其统治的理论，也对人性有深入而广泛的考察。虽然《商君书》没有标榜性恶，但却承认"好利"为必然者，而言"民之于利也，若水之于下也，四旁无择也。民徒可以得利而为之者*"(《商君书·君臣》)。人除了好利外，还恶害，故言"民之

---

* 原文如此。未引完，缺："上与之也。"此句似补完整更佳。——编者

有欲有恶也。欲有六淫,恶有四难"(《商君书·说民》)。对统治者而言,正是"人生而有好恶,故民可治也。人君不可以不审好恶,好恶者赏罚之本。夫人情好爵禄而恶刑罚,人君设二者以御民之志"(《商君书·错法》)。

故可知法家一脉,至《商君书》出,其作为统治的赏罚理论,实基于人性好利恶害之必然性的考察。古代中国至春秋战国时代,人性之好利愈甚,实与主要生产资本之土地得以普遍私有,有其一定的因果关系。

韩非的人性论亦不过是考察了时代的现实和综合了各家的学说,而更进一步地提出了自己的主张,并超越了性善性恶之争的窠臼。

一般学者言及法家之人性论多以其为性恶之主张,尤其韩非曾师事荀子,荀子主张性恶,故以为韩非之为性恶论更是理所当然。

例如,冯友兰便说:"盖人之性惟知趋利避害,故惟利害可以驱使之。法家多以为人之性恶。韩非为荀子弟子,对于此点,尤有明显之主张。"[1]后来他发现韩非并没有抽象的人性论,但还是说:"韩非没有提出抽象的人性论,也没有提过荀子。但是荀子的性恶论似乎对他有极大的影响。他对于具体社会问题的见解,似乎是荀子的性恶论的极端的应用。"[2]

要讨论韩非是否主张荀子的性恶论,或受其影响,就必须先分析一下荀子的性恶论。

荀子先肯定人之"好利""有欲"之前提,而经一逻辑的推论,得

---

[1] 冯友兰:《中国哲学史》,1930年初版,第398页。
[2] 冯友兰:《中国哲学史新编》第一册,1964年版,第578—579页。

出"必出于争夺,合于犯分乱理而归于暴"的必然结论。这些情形,站在统治阶层的立场上来看,不能不说是恶。其推论为有效且前提为真,其结论乃必然为真。结论既为前提推衍的必然结果,且结论被判断为恶,故据此以判断此论证之前提为恶,即判断"好利""有欲"之人性为恶。故言"人之性恶明矣"。这是荀子性恶论之逻辑结构。

以此逻辑结构言,若以"好利""有欲"为前提推论所得之结论为善或有善有恶,则荀子之性恶论无以成立。因为"人之性恶明矣",就不见得了。孟子即以人能有善而论证性善;法家虽承认人能为恶,却一直没有承认过性恶。因为他们发现"人生而有好恶,故民可治";韩非也说过"凡治天下必因人情。人情者有好恶,故赏罚可用"(《韩非子·八经》)。"好"就是"好利";"可治",以统治阶层看来,当是善,而非恶。"民可治"若放进荀子论证的结构中,当为其结论,则其结论应为善,又如何判断其前提——"好利"之人性——为恶呢?"民可治"与"归于暴"正好相反,所以与其说法家主张性恶,不如说法家是反对荀子之性恶,更为切实。

但这并不是说法家对人性的考察与荀子截然不同,也不是说荀子对人性的考察没有影响到韩非,法家与荀子,荀子与韩非,甚至墨子,他们都共同看到了人性是"好利"的,并以"好利"为基本之人性来建构其对人之行为的理论解释。

所以我们不能同意冯友兰等一般学者,以法家及韩非之人性论视同荀子之性恶论的观点。因为人性"好利"而"民可治"与人性"好利"而"归于暴",这两个命题是有一定的区别、不可混为一谈的。

韩非承荀子之后,也把"性"看成是"天之就也""不可学,不可事",而言"夫智,性也;寿,命也。性命者,非所学于人也"(《韩非子·显学》);"聪明睿智,天也,动静思虑,人也。人也者,乘于天明以视,寄于天聪以听,托于天智以思虑"(《韩非子·解老》)。

在韩非看来,这种"非所学于人"的"天",主要的就是好利恶害,故言"好利恶害,夫人之所有也"(《韩非子·难二》);"人无愚智,莫不有趋舍"(《韩非子·解老》),"趋舍"也是趋利舍害。在《韩非子》一书中,不断地说道:

民之政计,皆就安利如辟危穷。(《韩非子·五蠹》)

人情皆喜贵而恶贱。(《韩非子·难三》)

夫民之性,恶劳而乐佚。(《韩非子·心度》)

长行徇上,数百不一人;喜利畏罪,人莫不然。(《韩非子·难二》)

人焉能去安利之道,而就危害之处哉?(《韩非子·奸劫弑臣》)

照荀子所说好利则必引起"争夺",而导致恶的必然结果。虽然韩非承认有荀子所谓之"争夺",但却不是绝对,甚而可以产生合作。

他举了父母与人子为例,说"父母养之简,子长而怨",人子"其供养薄,父母怒而诮之",此乃是为了各自的好利而发生冲突。但是他又以庸客与主人为例,说明人可以为自利而互利,而合作。但是无论"争夺"或合作,"皆挟自为心也"。能互利则合作,不能互利,甚而相害,则冲突。"故人行事施予,以利之为心,则越人易和;

以害之为心,则父子离且怨"(《韩非子·外储说左上》)。由此可见,韩非并不是以为人性有先验的善恶,而是以自利之"自为心"为人性之实在者,甚至父子之情都不是天生的人性,而是被利所决定的。

比较荀、韩之不同,荀子由"好利"只看到"争夺",而韩非却由"好利"不但看到"争夺",且看到合作;这也是合乎其一贯的哲学之原则。

韩非还明白地说出,虽然人的行为受利所决定,但是出自"自为""好利"的行为并不一定就恶,也不一定就善。他说:

> 舆人成舆,则欲人之富贵;匠人成棺,则欲人之夭死也。非舆人仁,而匠人贼也,人不贵,则舆不售;人不死,则棺不买。情非憎人也,利在人之死也。(《韩非子·备内》)

不但人之善恶是由"自为"的"好利"所决定,并且连勇怯也是由"自为"的"好利"所决定的。韩非说:

> 鳝似蛇,蚕似蠋。人见蛇则惊骇,见蠋则毛起。然而妇人拾蚕,渔者握鳝,利之所在,则忘其所恶,皆为孟贲。(《韩非子·内储说上》)

韩非子以为"好利恶害"的"自为心"是一种天生的自然,但是"好利恶害"的行为却是有条件的。利过于害,且不必害,则取之;然害过于利,且害为必然,则去之而避害。如言"布帛寻常,庸人不释。铄金百溢,盗跖不掇。不必害,则不释寻常;必害手,则不掇百溢"(《韩非子·五蠹》)。同样的道理,"夫有天下,大利也,犹不为者,知必死也。故不必得,则虽辜磔,窃金不止;知必死,则天下不为也"(《韩非子·内储说上》)。

由于韩非认为人的行为是在条件反应下的"好利恶害"的,所以他不认为人可以有绝对的善,或绝对的恶。故言"夫陈轻货于幽隐,虽曾、史可疑也;悬百金于市,虽大盗不取也。不知,则曾、史可疑于幽隐;必知,则大盗不取悬金于市"(《韩非子·六反》)。

韩非除了认为人会以"自为心"在各种条件下去选择如何取利避害外,还主张人应该依其理性去取得更长远的利益,并且法律应为此项理性之实践。他说:

> 今家人之治产也,相忍以饥寒,相强以劳苦,虽犯军旅之难,饥馑之患,温衣美食者,必是家也。相怜以衣食,相惠以佚乐,天饥岁荒,嫁妻卖子者,必是家也。故法之为道,前苦而长利,仁之为道,偷乐而后穷。圣人权其轻重,出其大利,故用法之相忍,而弃仁人之相怜也。(同上)

由韩非人性论的具体内容来看,由于人有"好利恶害"的"自为心",诚然有匠人之"欲人之夭死",甚至连父子都可以"离且怨",但是却也有舆人之"欲人之富贵",甚至连大盗亦可以"不掇百溢",还可以"相忍以饥寒,相强以劳苦"。我们不能以后者称韩非主张性善,又何以能以前者称韩非主张性恶?

二、自为心与社会论

由于井田制和宗法封建制崩溃，原有的人与人之间的关系失去社会依据，因此原有人伦关系的秩序也随之大乱。

在旧社会制度崩溃，而出现这种"臣弑其君者有之，子弑其父者有之"的无秩序状况，孟子固然反对，其实韩非也并不赞成。彼等之不同乃在于孟子主张恢复旧社会制度的秩序，而韩非主张建立新社会制度的秩序。

恢复旧社会的秩序，就必须维护经济上的井田制和政治上的封建制。封建制是以井田制为经济基础的亲属关系之政治组织，故作为维持其统治阶层的社会规范，基本上乃是一套宗法的亲属关系的规范。所以，有子说"孝弟也者，其为仁之本与"（《论语·学而》）；孟子说"亲亲，仁也"（《孟子·告子下》及《尽心上》），并且"未有仁而遗其亲者也"（《孟子·梁惠王上》）。然后，以这套规范来"老吾老以及人之老，幼吾幼以及人之幼"（同上）的"推恩"于天下。孟子的性善论还以"恻隐之心"为"仁之端也"（《孟子·公孙丑上》），并以此为恢复旧社会制度秩序的理论依据。

但是这些亲属之间的关系，果真是天生的"孝弟"和"亲亲"吗？以父子关系而言，前引韩非文已说明父子各自"自为"则产生"离且怨"。另外，还说道：

> 且父母之于子也，产男则相贺，产女则杀之。此俱出父母

之怀衽,然男子受贺,女子杀之者,虑其后便,计之长利也。(《韩非子·六反》)

再者,春申君因宠妾之言,谓其子戏其妾而杀其子,韩非亦以此为例说:"从是观之,父之爱子也,犹可毁而害也。"(《韩非子·奸劫弑臣》)

因此,可知韩非并不以为父母对子女有绝对、无条件的慈爱,甚至在为害父母利益之时,父母对子女可以杀之,可以"毁而害也"。

以子女对父母而言,孟子早于韩非就说过"子弑父者有之",韩非也说过"孝子爱亲,数百之一也"(《韩非子·难二》)。尤其对王位有继承权的太子,为了王位的大利,又恐废立,而欲早日登基承位,甚至希望父亲早死。此乃因为"君不死,则势不重。情非憎君也,利在君之死也"(《韩非子·备内》)。

夫妻之间的关系亦复为利所决定,如春申君为讨好宠妾而弃正妻(《韩非子·奸劫弑臣》),又如卫人之妻为其夫祷,只愿"得百束布",因为多得,恐其夫"将以买妾"(《韩非子·内储说下》)。所利愈大,所争亦愈烈,故"以衰美之妇人,事好色之丈夫,则身疑见疏贱,而子疑不为后。此后妃夫人之所有冀其君之死者也"(《韩非子·备内》)。

兄弟之间的关系,也是为利所决定的。所以,韩非说:"故饥岁之春,幼弟不饷。穰岁之秋,疏客必食。非疏骨肉爱过客也,多少之实异也。"(《韩非子·五蠹》)更言"桓公五霸之上也,争国而杀其兄,其利大也"(《韩非子·难四》)。

韩非根据这些事实的考察,连最亲近的父子、夫妇、兄弟都

"仁"不起来,遑论"推恩"于天下。又由于新旧社会制度的不同,利之所在不同,因此所主张维持社会政治秩序的规范也就不能和以往相同。

自周天子式微,在政治上,宗法封建制就不再有实质的作用,何况时至战国各国称王,取得独立的主权,其对外相互攻伐兼并,其内部也发生篡夺弑杀。国君为了巩固其统治权,在经济上,就不能不打破陈规,而承认私田的合法性,甚至为了促进生产,而大力鼓励私田,废止井田;在政治上,为了因应时局,也不能不调整其统治的班底,凡能富国强兵者皆可以为卿相。这批新的卿相不见得是国君的亲属,又如何能和国君"亲亲"?因此,韩非说:"人臣之于其君,非有骨肉之亲也,缚于势而不得不事也。故为人臣者,窥觇其君心也,无须臾之休,而人主怠傲处其上,此世所以有劫君弑主也。"(《韩非子·备内》)可见统治阶层内部的关系,实际上,已不能以亲属的关系规范之,而必须有所调整。另一方面,由于旧社会秩序正在激烈的破坏中,新社会秩序尚未建立,而又以自利来刺激人民达到富国强兵的目的,因此便不能不要打破以往的"承袭地位",而追求新的"成就地位"。因而,社会上涌现了一批自耕农和私田主,农民和土地的关系不同了,当然和土地所有者之间的关系也不同了。

另外,由于井田制没落,拥有井田的卿大夫们的势力也没落了。代之而起的是,经济的控制权渐入私田主之手,而政治的权力渐渐集中到国君之手。因此,当时的政治有着朝向集权制发展的趋势。所以,韩非所主张的新社会,其在政治上是以君权为中心的。这也就是说,韩非有鉴于旧社会伦理基础的"亲亲"已经破坏无遗,而要以君权为中心的富国强兵为目的,以"自为心"为基础,建立一套新的社会伦理和政治伦理的规范。

韩非深以为人性是"自为"的,"自为"的结果虽可为善,但亦必引起争夺。人与人之间的私利发生冲突时,其作为仲裁者厥为象征君权的法律。并因以君权之法律代表公利,故即以公利来规范私利间之冲突。

但是韩非又认为公利与私利有矛盾,而言"古者,苍颉之作书也,自环者谓之私,背私谓之公。公私之相背也,乃苍颉固已知之矣"(《韩非子·五蠹》)。而当公利与私利发生冲突时,则必须以君权的力量压制私利,以维护公利。故言"夫立法令者,以废私也;法令行,而私道废矣"(《韩非子·诡使》)。所以,他批评只知私利而不知公利者说:

> 今上急耕田垦草,以厚民产也,而以上为酷。修刑重罚,以为禁邪也,而以上为严。征赋钱粟,以实仓库,且以救饥馑,备军旅也,而以上为贪。境内必知介而无私解,并力疾斗,所以禽虏也,而以上为暴。此四者,所以治安也,而民不知悦也。(《韩非子·显学》)

虽然韩非主张公利而压制私利,但并不是否定私利和不要私利。他认为"圣人之治民,度于本,不从其欲,期于利民而已"(《韩非子·心度》),并且又认为法律之所禁若"利所禁,禁所利,虽神不行。……夫为门而不使入,委利而不使进,乱之所以产也"(《韩非子·外储说左下》)。可见他绝非主张禁止人民的私利,而是要在公利的前提下,满足人民的私利;只是不能破坏公利,来满足私利。另外,"利民"与"从其欲"不同,"利民"乃是满足全体人民的私利;"从其欲"只是满足个别人民的私利。他所反对的"今以为足民而可以治"(《韩非子·六反》),当指反对"从其欲",另外,还因为管仲有言,人之于富"不能自止于足,而亡[*]"(《韩非子·说林下》)。

从以君权为中心的观点视之,人主最大的公利就是富国强兵。兵不强则国亡地削,身败名裂;欲兵强,则必须"实仓库""备军旅",故必须有充分的生产,是为富国。这也就是说,"富国以农,距敌恃卒"(《韩非子·五蠹》)。因此,韩非理想中的社会,进一步落实下来,就是富国强兵的社会。富国赖耕,强兵以战,故富国强兵的社会,就是一个强调耕战的社会。而人民之所以肯耕肯战,正如韩非所言"夫耕之用力也劳,而民为之者,曰:可得以富也。战之为事也危,而民为之者,曰:可得以贵也"(同上)。

在以农业生产为主的社会中,富国也者,不外乎增进农业产品。且在近代机器未发明之前,受到生产力的局限,农业生产必须投入大量的人力劳动,且唯有节约消费,才能累积财富。韩非将这个道理喻之于人而言:

> 今夫与人相若也,无丰年旁入之利,而独以完给者,非力则俭也;与人相若也,无饥馑疾疚祸罪之殃,独以贫穷者,非侈则堕也。侈而惰者贫,而力而俭者富。(《韩非子·显学》)

在私田制的初期,土地之占有尚未臻于垄断之状况,一般说

---

[*] 原文如此。未引完,缺"富之涯乎"。为免歧义,此句似补充完整更佳。——编者

来,私田主都具有竞争之能力和致富之可能。富国就是促成私田主致富。因此,韩非反对将征富济贫作为一般性之政策,以免伤害人民的生产热情。故言"今上征敛于富人,以布施于贫家,是夺力俭而与侈惰也,而欲索民之疾作而节用,不可得也"(《韩非子·显学》)。因此也可知,前面所说之"救饥馑",仅止于对偶然灾害的临时救济而已。

在韩非的社会思想中,不但强调耕战之士,并且贬抑"五蠹"之人。他所反对的人包括,言先王之贤的"文学之士";言纵横之术的"言谈之士";立节操聚私门以显其名的"带剑之士";自鸣清高作玄妙之言,遁世而隐的"岩穴之士";及"修治苦窳之器,聚弗靡之财,蓄积待时而侔农夫之利"的"商工之民"(《韩非子·五蠹》)。

他反对"文学"及"言谈"之士,除了先王之贤及纵横之术不足以富国强兵之外,乃是因为"今修文学、习言谈,则无耕之劳,而有富之实;无战之危,而有贵之尊。则人孰不为也"? 是以"言耕者众,执耒者寡","言战者多,被甲者少"(同上)。所以,他极力攻评这些人说:"博习辩智如孔、墨,孔、墨不耕耨,则国何得焉? 修孝寡欲如曾、史,曾、史不攻战,则国何利焉?"(《韩非子·八说》)他反对"岩穴之士"也是因为他们无利于耕战。并且,韩非坚决反对以法规来规定对这些人有特别的尊敬,因为"居学之士,国无事不用力,有难不被甲。礼之,则惰修耕战之功;不礼,则周主上之法"(《韩非子·外储说左上》)。

时至战国,各国相继置县,废除卿大夫之封,然养士却成为各国强人厚植私人政治资本的方式,如齐有孟尝君、楚有春申君、赵有平原君、魏有信陵君;另外还有秦国的吕不韦,燕国的太子丹,都以养士闻名于世。彼等所养之士,不乏饱学之人,即"文学""言谈"之士,然亦多鸡鸣狗盗之徒、好勇斗狠之辈。他们平日无事,除了公开地到处为其主人制造舆论,或在诸侯及权贵之间挑拨离间之外,在必要的时候,还得为其主人进行政治暗杀,除去政敌。如韩非谈到"重人"对付法术之士,"其不可被以罪过者,以私剑而穷之"(《韩非子·孤愤》),"私剑"亦即"带剑之士"。他们效忠的对象是养他们的主人,而不是国君。这也就是说,在君权的统治之下,竟有不隶属于君权之下的私人武装。身为私人武装部队的就是"带剑之士"。

这些"带剑之士",在韩非看来,乃是"聚徒属,立节操,以显其名而犯五官之禁"(《韩非子·五蠹》)的人。虽然韩非力主彰显耕战之士,而"带剑之士"也是战士,但是他们只是为私门而斗,而无益于公战,这也就是韩非所批评的"夫斩首之劳不赏,而家斗之勇尊显,而索民之疾战距敌而无私斗不可得也"(《韩非子·显学》)。一文一武,故韩非斥之为"儒以文乱法,侠以武犯禁"(《韩非子·五蠹》)。

韩非反对儒、侠,更反对蓄养这些儒、侠的后台老板,也就是他所说的"重人"。"重人"政治上直接破坏了君权的集中,他们"挟愚污之人,上与之欺主,下与之收利侵渔,朋党比周,相与一口,惑主败法,以乱士民,使国家危削,主上劳辱"(《韩非子·孤愤》),使得"主上愈卑,私门益尊"(同上),使得"国地虽削,私家富矣"(《韩非子·五蠹》),并且这些"重人"的私行,在社会上,打击了耕战之士,而包庇了商工之民。

"重人"的私行之所以打击了耕战之士,乃是因为由他们而造成了"断头裂腹播骨乎平原者,无宅容身,身死田夺;而女妹有色,大臣左右无功者,择宅而受,择田而食"(《韩非子·诡使》)的情形。

这也就是说,"重人"侵夺了战士应有的田宅。

另外,"重人"利用政治上的特权,造成"士卒之逃事状匿,附托有威之门,以避徭赋"(《韩非子·诡使》)的情形,而使得"公家虚而大臣实,正户贫而寄寓富"(《韩非子·亡征》)。因为既有人可以逃漏徭赋,那么国家应有的徭赋就必须平均加重在其他人的身上,所以这样就必然会损害效忠国君的私田主或自耕农的农民。

"重人"之包庇商工之民,乃是因为"今世近习之请行则官爵可买,官爵可买则商工不卑矣;奸财货贾得用于市则商人不少矣。聚敛倍农而致尊过耕战之士,则耿介之士寡而高价之民多矣"(《韩非子·五蠹》)。

在这里有一个问题必须要回答,即为什么韩非要将商工之民列入"五蠹"而排斥之?

以战国时的农业社会来说,主要的商品不外乎农产品和手工业品。农产品一旦成为商品,经商人的操纵,则对生产者及消费者均会产生一定的剥削现象,而商人的利润亦由此取得。所以,当年李悝治魏时,就有鉴于"籴甚贵伤民,甚贱伤农;民伤则离散,农伤则国贫。故甚贵与甚贱,其伤一也。善为国者,使民毋伤而农益劝"(《汉书·食货志上》),而创立"籴粜法"以平衡粮价。为了不使农或民有所伤,因此"籴粜法"就含有抑商的基本精神。

再说,以手工业品为商品来讲,当时的农业社会,一般农民于农暇时,即可以为手工业工人,除了特殊的产品,如盐、铁,一般农民不能制作,而又必须者外,其他所需之手工业品,农民多可自制。何况当时并无全国统一之货币,货币能否通行于农村大成问题。但是以必需之商品而言,韩非还是主张"利商市关梁之行,能以所有致所无,客商归之,外货留之"(《韩非子·难二》)。所以,韩非所反对作为商品的手工业品多为"奇货",此乃用以满足少数统治阶层或大的私田主及工商业主的需求而已。以韩非的话来说,这是"从其欲",而不是"利民"。所以韩非主张"内禁淫奢","而民不以马远通淫物"(《韩非子·解老》)。

工人也是生产者,要富国的韩非应无反对排斥之理,上引韩非之言,虽"商工"合称,但主要的内容却是针对商人而言的。另外,在《韩非子》书中,亦未发现有明白排斥工人的言论,唯他曾反对"綦组锦绣刻画为末作者富"(《韩非子·诡使》)。其实韩非所反对的工人就是"綦组锦绣刻画而为末作者"。韩非虽未详述其理由,然而李悝却说过:

> 雕文刻镂害农事者也,锦绣纂组伤女工者也。农事害则饥之本也,女工伤则寒之原也。饥寒并至而能不为奸邪者,未之有也。男女饰美以相矜,而能无淫泆者,未尝有也。故上不禁技巧,则国贫民侈。(《说苑·反质》)

"刻画"就是"雕文刻镂"。由此可见韩非所反对的工人,乃是"綦组锦绣刻画为末作者",而非生产一般生活必需品之工人。从最近出土的墓穴来看,可知当时权贵阶层的生活用品,已达极尽"雕文刻镂""锦绣綦组"之能事。由此固然可以了解到古代中国工艺技术的高度水准,但亦可想见当时权贵阶层为了要满足其奢侈的生活,抽调了大量的生产劳动力,而妨碍了一般人民维持正常生活所需的生产。所以,韩非警告统治者说:"好宫室台榭陂池,事车服器玩好，罢露百姓，煎靡货财者，可亡也。"(《韩非子·亡征》)韩非除了警告权贵不可好"綦组锦绣刻画"之外，并且主张压制从事的工人，使其不能致富，乃是为了使其能去从事满足一般人民生活所需的生产劳动。

以君权中心的观点视之，韩非要人民从事耕战，又因人皆有"自为心"，所以统治者当"设民所欲，以求其功，故为爵禄以劝之"(《韩非子·难一》)。对于战士，当"夫陈善田利宅者，所以战士卒也"(《韩非子·诡使》)。也唯有如此才能"易民死命也"(《韩非子·显学》)。对于耕农，除了要有保障其经济的利益外，还当"民有余食，使以粟出爵，爵必以其力，则农不怠"(《韩非子·饬令》)。

韩非认为一个耕战的社会，不是放任人民的"自为心"所能建立的，而必须是"官行法则浮萌趋于耕农，而游士危于战陈"的(《韩非子·和氏》)。"行法"也就是根据人之"好利恶害"而行赏罚，所以说"明其法禁，必其赏罚；尽其地力，以多其积；致其民死，以坚其城守"(《韩非子·五蠹》)，而做到"境内之民其言谈者必轨于法，动作者归之于功，为勇者尽之于军。是故无事则国富，有事则兵强"(同上)。

韩非理想中的新社会秩序，不是靠"亲亲"来维持的，而是靠法律来维持的。他反对无条件地满足人民的欲望，但又主张法律必须要在一定的条件下，使人民的欲望得以满足。他反对原有的社会阶级，但并不是主张无阶级的社会，而是要建立一个致力于耕战的阶级社会。他说：

> 故明主之治国也，适其时事以致财物，论其税赋以均贫富，厚其爵禄以尽贤能，重其刑罚以禁奸邪，使民以力得富，以

事致贵,以过受罪,以功致赏,而不念慈惠之赐,此帝王之政也。(《韩非子·六反》)

三、变古的历史观

子产"铸刑书",叔向批评其为违反了"昔先王议事以制"(《左传·昭公六年》);晋"铸刑鼎",孔子批评其违反了"晋国将守唐叔之所受法度以经纬其民"(《左传·昭公二十九年》)。仅从这些批评来看,叔向、孔子多少都是以为一个既成的制度不该有所改变。

虽然孔子对"刑鼎"的意见如此,但他又说过:"殷因于夏礼,所损益,可知也。周因于殷礼,所损益,可知也。"(《论语·为政》)由此可知,孔子认为一切的制度在历史发展中,后者对前者是有继承("因"),并有变革("损益")的,而不是一成不变的。

战国以后,旧制度的崩溃更加激烈,因此反映在思想上的对立也更尖锐。主张变法的人多肯定人的"自为心",而从利民的观点,提倡富国强兵,并提出变古的历史观作为依据。

商鞅至秦变法,就与杜挚、甘龙发生激辩,从"圣人苟可以强国,不法其故;苟可以利民,不循其礼",说到"三代不同礼而王,五伯不同法而霸",结论是"治世不一道,便国不法古。故汤武不循古而王,夏殷不易礼而亡。反古者不可非,而循礼者不足多"(《史记·商君列传》),而肯定了历史乃是制度变革的过程。

赵武灵王欲胡服骑射,也曾发生过激辩。主张胡服骑射者认为"治国有常,而利民为本,从政有经,而令行为上"*,"是故圣人

---

* 语出《淮南子·氾论训》。——编者

苟可以利其民,不一其用;果可以便其事,不同其礼",何况"古今不同俗,何古之法?帝王不相袭,何礼之循?"故"理世不必一道,便国不必法古",并且提出变古的原则是"势与俗化,而礼与变俱"(《战国策·赵策二》)。于是不但肯定历史是变革的,并且提示了变革是依据一定条件而发生的。

除了变古之外,当然也有主张法古的。如孟子就认是"遵先王之法而过者,未之有也",且"今有仁心仁闻,而民不被其泽,不可法于后世者,不行先王之道也"(《孟子·离娄上》)。虽然如此,但他也不能不承认历史毕竟是变化的。不过,他认为历史的变化是一种反复的过程,故又可恢复西周的古制,但又不甚有信心,而诉诸天命,认为若天命欲复古,则他将担负起这项任务。他说:

> 彼一时也,此一时也。五百年必有王者兴,其间必有名世者。由周而来七百余岁矣,以其数则过矣,以其时考之,则可矣。夫天未欲平治天下也,如欲平治天下,当今之世舍我其谁也。(《孟子·公孙丑下》)

"五百年必有王者兴",并不是一孤立的说法。孟子另外还说到,由尧舜至汤是五百余岁,汤至文王也是五百余岁,文王至孔子又是五百余岁,孔子至当时只有一百多年,而对于"圣人"有无限的向往(《孟子·尽心下》)。由尧舜至文王,都是"圣人",也是"王者",而中间的距离又都是五百余岁,这正是"五百年必有王者兴"的具体历史之说明。另外,这是否是荀子所说的"案往旧造说,谓之五行"(《荀子·非十二子》),及与"五德相终始"有何关系,就有待进一步的考究。

邹衍也曾提出过他的历史学说。他认为五行的次序是土、木、金、火、水,而其变化的关系是相克相生,即后者"克"前者,前者"生"后者。且各种事物均有五行之属,如"五常""五色""五福"等。历来的朝代亦有五行之属,而言"虞土、夏木、殷火、周金",继周者必为水。故司马迁说邹衍"称引天地剖判以来,五德转移,治各有宜,而符应若兹"(《史记·孟子荀卿列传》)。

虽然孟子的"五百年"之说与邹衍的"五德转移"不尽相同,但是他们同样地都不能不承认历史是变化的,但却不能提出历史变化的历史理由,而诉诸了神秘主义。

由此可知,时至战国,已无人能否认历史是一变化过程的事实。无论主张法古或变古,都是对于现实不满,而主张变革现实,唯变革的方向,一是复旧的法古,一是创新的变古。韩非正是采后者的主张。进而言之,法家的历史观是由主张变法而产生出来的,又终而成为为变法辩护的理论基础。

当时的显学,即儒家与墨家,都是推崇先王,主张法古的,但又相互攻讦。韩非认为他们实际上都是根据自己的需要以选择历史材料,甚至变造历史的,所以都没有客观史料为据。故曰:

> 孔子、墨子俱道尧舜,而取舍不同,皆自谓真尧舜,尧舜不复生,将谁使定儒墨之诚乎?殷周七百余岁,虞夏二千余岁,而不能定儒墨之真,今乃欲审尧舜之道于三千岁之前,意者其不可必乎!(《韩非子·显学》)

尧舜之道"其不可必"乃是因为"先王之言,有其所为小,而世意之大者;有其所为大,而世意之小者,未可必知也"(《韩非子·外储说左上》)。韩非并以宋人之解书,梁人之读记,及郢书燕说为例说明之。历史的记载多有误传而不可靠,故而强作附会以为法古,则是"非愚则诬也"(《韩非子·显学》)。

韩非虽然反对法古,但是却研究历史,并博通古今。他将古代历史分为"上古之世""中古之世"及"近古之世"。他将人类刚进入巢居和用火的时代,称之为"上古之世",而有传说中的有巢氏和燧人氏;另将传说中的洪水时期,称之为"中古之世",有治水闻名的鲧和禹;另外,将夏至西周的时期称为"近古之世",其中有桀、纣的暴乱和汤、武的征伐(《韩非子·五蠹》)。他还将整个由古到今的历史分为"上古""中世"和"当今"三个时期,而言"上古竞于道德,中世逐于智谋,当今争于气力"(同上)。一般来说,他经常以古今相称,古即"上古",指"近古之世"之前的时期;今即"当今",指春秋战国时代而言。唯对于"中世",不见具体讨论。

当时法古者曾将古代的民主与平等理想化,如《礼记》的《礼运》篇曾言及古代为一"大同"的社会,虽然韩非并不一定以为然,但是研究历史的韩非,不得不承认他所首肯的法家的严刑峻法及人与人之间的"争夺"是"当今"之世特别为烈的,而与古代有别。这也就是"上古竞于道德","当今争于气力"。而其理由安在?他的回答是:

> 古者丈夫不耕,草木之实足食也;妇人不织,禽兽之皮足衣也。不事力而养足,人民少而财有余,故民不争。是以厚赏

不行,重罚不用而民自治。今人有五子不为多,子又有五子,大父未死而有二十五孙,是以人民众而货财寡,事力劳而供养薄,故民争,虽倍赏累罚而不免于乱。(《韩非子·五蠹》)

韩非的这段话诚然有商榷之余地,不能概括地说明历史之演化,但是他却以经济的因素来解释了荀子所说的"争夺",因此"争夺"不是天生之人性,而是被经济因素所决定的。此亦韩非之不同于荀子的性恶论。再者,他先马尔萨斯(T. R. Malthus, 1766-1834)二千多年提出人口之增加为几何级数,且为造成经济困乏之因素。

由于"古今异俗,新故异备"(同上),所以即使儒墨所言的先王之治为确实,也不能成为现在的施政方针。又以文王行仁义而王天下,但偃王行仁义而丧其国,而言"世异则事异";另以禹执干戚伐有苗而服,然干戚不用于共工之战,而言"事异则备变"(同上)。

法古或者法先王,在当时不外乎标榜要想实践古代社会的民主与平等,亦即"亲亲"和"揖让"。韩非历史论的建立就是要证明古代社会要行之于"当今"是不可能的,也包括其价值理想的实践不可能。所以,韩非花了很大的气力来证明"亲亲"和"揖让"在"当今"是不可能的。

他承认"亲亲"和"揖让"在古代之可能乃是因为"古者,人寡而相亲,物多而轻利易让,故有揖让而传天下者"(《韩非子·八说》)。譬如尧之生活极其刻苦,"虽监门之服养,不亏于此矣";禹为治水而奔波劳苦,"虽臣虏之劳,不苦于此矣",所以"古之让天子者,是去监门之养而离臣房之劳也,故传天下而不足多也"。但是"今之县令,一日身死,子孙累世絜驾",所以"人之于让也,轻辞古之天子,难去今之县令者,薄厚之实异也"(《韩非子·五蠹》)。因此,"处多事之时,用寡事之器,非智者之备也。当大争之世,而循揖让之轨,非圣人之治也"(《韩非子·八说》)。

由于主张法古者不知古今之别,又不知道当今的实际情况,也不能分析古代之传说是否事实,只是一厢情愿地说人主以法古,所以韩非批评这些"今世儒者之说人主"为"不善今之所以为治,而语已治之功;不审官法之事,不察奸邪之情,而皆道上古之传誉,先王之成功"是"此说者之巫祝"(《韩非子·显学》)。

由于古今的实际情况之有异,所以根据其演化的历史观而来的主张则是"圣人不期修古,不法常可,论世之事,因为之备"(《韩非子·五蠹》)。另外,他还说:"治民无常,唯法为治,法与时转则治,治与世宜则有功……时移而治不易者乱,世变而禁不变者削。故圣人之治民也,法与时移,而禁与能变。"(《韩非子·心度》)其实这样的主张,不但来自其历史观,并且来自其参验的知识论,甚至其历史观亦可说是基于其知识论而来者。更根本地说,乃是"实事求是"之哲学立场。

从"实事求是"之观点视之,古今诚然有异,但异中亦有其同,否则历史不能成为一经验的科学。虽然韩非未能自觉地建立一经验科学的历史法则,但是他的历史论却也触及了这个问题。

宗法封建是一套亲属的政治制度,故君臣多亲属,甚至为父子,因此除了政治上的君臣关系外,尚有一层血缘上的"亲亲"关系,这也就是法古者仁政理论的根据。虽然韩非也认为古代"人寡而相亲","是以厚赏不行,重罚不用而民自治",但他又认为,真正维持其统治秩序的,并不是仁政的"亲亲",而是法律的刑赏。

韩非说:"夫以君臣为如父子则必治,推是言之,是无乱父子也。人之情性,莫先于父母,皆见爱而未必治也,虽厚爱矣,奚遽不乱?今先王之爱民,不过父母之爱子,子未必不乱也,则民奚遽治哉?"(《韩非子·五蠹》)因此,先王绝不是以"亲亲"的仁爱治天下,而是"夫垂泣不欲刑者仁也,然而不可不刑者法也,先王胜其法不听其泣,则仁之不可以为治亦明矣"(同上)。另外,他还说过"古者先王尽力于亲民,加事于明法,彼法明则忠臣效,罚必则邪臣止。……治强者王,古之道也"(《韩非子·饰邪》)。"胜其法不听其泣""加事于明法",都是对于先王之道的肯定。

由此可见,韩非认为古代(含西周)的先王之治并非实行仁政。至于西周是否实行过仁政,沈刚伯也曾提出质疑,而认为西周是曾"用严刑峻法来部勒全民"[1],并引述史料言"当时的史料都很明显地指出周朝盛时既无行仁政的机会,也没有行仁政的成果。我们绝不能根据战国以后的一些话来抹煞这些千真万确的直接史料"[2]。

由此可见,后来所称的仁政,其实是儒家,尤其是孟子,把西周宗法封建政治美化的结果。但是也不能像沈刚伯一样说西周没有实行"亲亲"的仁政,只是仁政并未实行于一般人民,不过却确实实行于统治阶层的内部。这就是"刑不上大夫,礼不下庶人"(《礼记

---

[1] 沈刚伯:《法家的渊源、演变及其影响》,《沈刚伯先生文集》,"中央日报社"1982年版,第103页。

[2] 《周室果有仁政乎?》,同上书,第154页。

·曲礼上》)。而儒家即是想将实行于统治阶层内部的仁政推广到人民,而有孔子的"齐之以礼"(《论语·为政》)和孟子的"推恩"。但任何非真正民主的政治制度,从来没有也不可能对人民实行仁政,但也从来没有不维护统治阶层特权,而不对自己实行仁政的。所以,当专制集权的政治体制建立之后,为了团结统治阶层以巩固其政权,也不能不对统治阶层的内部实行某种程度的仁政。一些有良心的知识分子及开明的统治者,有时也想将仁政推及一般百姓,是为人道主义。

韩非以简单的经济史观只能说到古代是"人寡而相亲,物多而轻利易让","是以厚赏不行,重罚不用而民自治"。但是,在模糊中他毕竟还是感觉到,即使是先王之治仍然不能不"胜其法不听其泣"和"加事于明法",只是他未能进一步分析,而指出此乃是对一般人民而言的。

从实际上去看,古今的事物,本来就是有其相同之处,亦有其不同之点,那么变古也者,就不能是绝对的,而必须是基于其实际的情况而定的。韩非主张的专制集权与宗法封建诚然有异,但是两者都不是民主的,而同样地必须对人民实行强力的镇压统治则同。韩非是一个崇尚实际的思想家,所以他的变古是变其有异之处,而不是变其相同之点。因此,"治强者王"的"古之道",他不但不变,并引为通则,而欲行于今。他之所以要变古,乃是因为不变古就不能达到先王"治强者王"的古之道,故言"夫不变古者,袭乱之迹;适民心者,恣奸之行也。民愚而不知乱,上懦而不能更,是治之失也。人主者,明能知治,严必行之,故虽拂于民心立其治"(《韩非子·南面》),并斥"今不知治者必曰:得民之心。欲得民之心而可以为治,则是伊尹、管仲无所用也,将听民而已矣"(《韩非子·显学》)。

不仅法家主张以严刑对付反抗的人民,其实儒家亦然。例如,孔子就说过"政宽则民慢,慢则纠之以猛,猛则民残,残则施之以宽,宽以济猛,猛以济宽,政是以和"(《左传·昭公二十年》)。这也就是韩非所言的"治强者王"的"古之道"。所以,古代先王或儒法两家,其主张严刑其实并无不同,问题是严刑的对象略有不同,儒家的严刑不包括大夫,而法家主张包括大夫。

另外,他们基本上都承认人民是政权的根本,是为"民本",所以儒家讲"惠民"或"得民",而法家讲"利民"。韩非说古代的有巢氏和燧人氏都是有利于民,"而民悦之,使王天下"(《韩非子·五蠹》),并且他口口声声地说变法是为了"利民萌,便庶众"(《韩非子·问田》)。有巢氏和燧人氏对韩非言,亦当是"古之道"了。以"民本"而言,儒法两家亦无不同,但是对于所爱对象的轻重却有不一样。孟子主张"推恩",而言"老吾老以及人之老,幼吾幼以及人之幼"(《孟子·梁惠王上》);韩非却主张"立法令以废私也"(《韩非子·诡使》),才能"利民萌,便庶众"。孟子说"为政不难,不得罪于巨室。巨室之所慕,一国慕之。一国所慕,天下慕之"(《孟子·离娄上》)。而韩非极力主张铲除"有威之门",亦即孟子所说的"巨室"。由此可知,说穿了,孟子主张先爱原有统治阶层自己,再爱别人;而韩非则反对特别先爱之。

从以上的分析,可以得知,不但古今的事物在实际上是有异有同的,并且反映在主张法古和变古的儒法二派思想上,亦是有异有同的。因此,韩非由其历史观所得到的结论是:

> 不知治者，必曰：无变古，毋易常。变与不变，圣人不听，正治而已。然则古之无变，常之毋易，在常古之可与不可。（《韩非子·南面》）

从这个结论中可以知道，韩非的历史观乃是基于其"虚无服从于道理"（《韩非子·解老》）的哲学立场的。

第四章　专制主义之政治哲学

由于铁耕的出现，造成了许多新土地的开辟，并且原有井田的生产也满足不了新增人口的需要，井田主在这新的形势下，无法控制所属农民的流散，井田制亦成为最不经济的生产制度，而渐被新兴的私田制所取代。另外，由于国君要增加田赋的收入，私田制在各国也渐受到鼓励，而更促成了井田制的没落。

井田制没落后，私田主渐取得社会主导的地位，而使得居于上层地位的政治结构发生了一定的变化，其最明显者，如在私田制下产生兼并，而产生佃租关系，部分私田主因而脱离或减少直接的生产劳动，在"行有余力"之下，学习了文化，而提供了"布衣卿相"的社会条件。打破了以血缘关系垄断政治的局面。既然能"布衣卿相"，"布衣"是庶人，因此就不能不打破"礼不下庶人"的古训。以往的许多政治社会之规范，一时为之别扭，至少要改变原有的具体意义。

国君田赋的税收既由私田主提供的，私田主为其经济利益，在政治上也不能不有所要求。至少他们要求私有财产的保障，也就是保障他们得以向国君缴纳田赋的经济基础。一方面要求保障不受其他平民的侵夺，故李悝造《法经》，以《盗法》为首篇，陶希圣言此乃"私有财产的确立"[①]；另一方面要求保障不受国君之外的贵族

---

① 陶希圣：《中国政治思想史》第一册，食货出版社 1972 年版，第 191 页。

侵夺,故出现统一的明文公布法,而使孔子在晋鼎公布之后,有"民在鼎矣,何以尊贵,贵何业之守"(《左传·昭公二十九年》)之叹。

当时的贵族,亦即井田主,在私田制和公布法的夹攻下,经济和政治两头落空。政治的实权又渐次由"陪臣执国命"回到了私田主所拥护的国君手里。

宗法封建制的经济基础既崩溃,政治结构亦瓦解,面对着这样一个私田制和私田主涌现的局面,要以什么来达成政治统治的目的,韩非说:"君无术则弊于上,臣无法则乱于下,此不可一无,皆帝王之具也。"(《韩非子·定法》)这也就是说,国君要以术和法来达成统治的目的,并且是缺一不可的。另外,国君之所以能任术任法,乃是因为有势,故曰:"势重者,人主之渊也,君者,势重之鱼也。"(《韩非子·内储说下》)因此,法、术、势乃构成韩非要达成君权至上的三个要项,并以此而欲达成私田主所拥护的君权政治。

一、法及其意义

从字义上来说"法"为"灋"之省文,而"灋"乃是"刑也,平之如水从水。廌所以触不直者去之,从去"(《说文解字》第十篇上),"廌"则为"兽也,似牛,一角。古者决讼,令触不直者"(同上)。此或初民社会有狱不能决,假神旨以廌触之,而使之平。因此,"法"有决狱而使之平之义。至于"刑",段注曰:"引申为凡模范之称。木部曰模者,法也。竹部曰范者,法也。土部曰型者,铸器之法也。"故"法"又有模范或标准之义。《管子》说:"尺寸也,绳墨也,规矩也,衡石也,斗斛也,角量也,谓之法。"(《管子·七法》)《尹文子》

也说:"法有四呈……一曰不变之法,君臣上下是也。二曰齐俗之法,能鄙同异是也。三曰治众之法,庆赏刑法是也。四曰平准之法,律度权量是也。"(《尹文子·大道上》)

中国的法律最早起于何时,有蚩尤、尧、舜、夏禹、殷商等的传说,因有西周时代"𠑇匜"的出土,因此至少可确定西周时已有成文法。若法律是随着国家之建立而出现的,则因夏都的出土,"皋陶作刑"之说亦当有其可能性。

虽然中国的法律发生得很早,但至子产"铸刑书"才有公布法。公布法出现后,不但与以前的法律有公布与否的形式之区别,并且因法律本是统治阶层为维护自己权益并适应于一定社会经济条件以统治人民的工具,所以由于统治阶层性质的变化,而使得公布法的内涵与以前的法律亦有所不同。所以,这种"法"从历史的观点视之,亦具有"变古"的意义。

韩非所认为"帝王之具"的法,在形式上是公布的。其社会基础在于私田制与私田主,而非井田制与井田主。其政治意义在于君权集中而非封建,并且与近代西方以资本主义及资产阶级为社会基础而行民主政治之法治有别。

（一）法与定分

私田制出现,使原有的井田制破坏,新兴的私田主急切要求私有财产的保障和私田制秩序的建立,亦即要求"定分"的问题。《商君书》说:

> 一兔走,百人逐之,非以兔可分以为百,由名分之未定

也。夫卖兔者满市,而盗不取,由名分已定也。……故圣人必为法令,……所以定名分也。名分定,则大诈贞信,民皆愿悫,而各自治也。(《商君书·定分》)

另外,慎子也强调"分定之后,虽鄙不争"(《慎子·逸文》);尹文子亦说:"名定,则物不竞;分明,则私不行。"(《尹文子》卷上)《管子》说到法律政令乃是"夫法者,所以兴功惧暴也。律者,所以定分止争也。令者,所以令人知事也。法律政令者,吏民规矩绳墨也"(《管子·七臣七主》)。韩非也讲到"正明法,陈严刑"为的是"将以救群生之乱,去天下之祸,使强不陵弱,众不暴寡"(《韩非子·奸劫弑臣》)。法既是要"定分止争",又且要"民皆愿悫,而各自治",所以法必须是明文公布的,而使人民有所遵循,及官吏有所依据。韩非说:

法者,宪令著于官府,刑罚必于民心;赏存乎慎法,而罚加乎奸令者也。此臣之所师也。(《韩非子·定法》)

法者,编著之于图籍,设之于官府,而布之于百姓者也。故法莫如显。是以明主言法,则境内卑贱莫不闻知也。(《韩非子·难三》)

有了这样的法之后,就不再是"刑不可知,则威不可测",而是使人民有法可循,分有所定,新兴的私田主得以有明确的法律来保护其私田制。故如此之法律在秦"行之十年,秦民大说"(《史记·商君列传》)。

私田主在当时除了由"辟草莱"而自然形成的外,还有由战功而受田的,如言"陈善田利宅所以战士卒也"(《韩非子·诡使》)。所以韩非子所言的"耕战之士",在基本上,都是私田主。当时国君的税收主要取自私田主,而私田主掌握了农业生产,所以说"仓廪之所以实者,耕农之本务也"(同上)。在这种情形下,韩非不但主张要"禁游宦之民,而显耕战之士"(《韩非子·和氏》),并且主张"夫明王治国之政,使工商游食之民少而名卑,以寡趣本务而舍末作"(《韩非子·五蠹》)。法家既以法为统治的主要根据,那么这种突显"耕战之士"或私田主的社会意义亦为其主要的立法精神之一。所以,私田主和私田制其实也就是法家之法的社会基础。

这样为私田主"定分"的法律,虽然曾使"秦民大说",但是却打击了原有的身为井田主的贵族重臣,而致使吴起和商鞅终于被杀。除了贵族重臣外,"工商游食之民"也受到一定的排挤。这样的法律固然打击了残余的井田制和封建贵族,另外一面也加强对人民的统治,同样地要镇压人民的反抗。所以,韩非说:"大臣苦法而细民恶治也。当今之世,大臣贪重,细民安乱。"(《韩非子·和氏》)对于"安乱"的"细民",则认为是"夫惜草茅者耗禾穗,惠盗贼者伤良民"(《韩非子·难二》),"良民"指的当是服从统治之私田主。故其亦主张以严刑峻法以对付"安乱"的"细民",而言"严刑重罚者,民之所恶也,而国之所以治也"(《韩非子·奸劫弑臣》)。

由于这种公布法是定私田主之分的,而与以往维持井田制秩序的法律不同,因此公布法的出现,实为由中国古代社会制度的变迁所引起的法律变革。所以,这种法律在当时是包括着"变古"的历史意义在内的,亦表示着私田主在中国政治舞台的出现,是前所未有的,故韩非言"治民无常,唯法为治。法与时转则治,治与世宜则有功。……时移而治不易者乱,能治众而禁不变者削。故圣人之治民也,法与时移而禁与能变"(《韩非子·心度》)。其之所以主张"法与时转""治与世宜",也是因为"欲治其法而难变其故者,民乱,不可几而治也"(同上)。这也就是说,在私田制兴起后,原有的法律已经无能对付人民安定社会,而必须有一套适合于私田制的法律,才能造成对人民的有效统治。

虽然韩非主张"法与时移",但那只是针对要以他所主张的定私田主之分的法去"移"他所反对的法,一旦他所主张的法创制之后,他又认为"夫摇镜则不得为明,摇衡则不得为正,法之谓也"(《韩非子·饰邪》),而不是"法与时移"了,故可知韩非的法是受时代所局限的,并局限在为私田主"定分"的范围之内。

(二) 法与人性

韩非不承认有先验的善或恶的人性,而认为只有"自为"的人性。并且认为一切的统治或法律的制定必须根据此"自为"的人性,才能达成统治的目的。故言"凡治天下,必因人情。人情者,有好恶,故赏罚可用;赏罚可用则禁令可立而治道具矣"(《韩非子·八经》)。这种"自为"的人性,实为当时私田主在其新兴之时所特别强调者,故亦成为创制以私田制为社会基础的法律之依据。

从"自为"的观点视之,韩非认为不可能要求一般的人去为国君,而不为自己的,所以明主即当"明夫恃人不如自恃也,明于人之为己者不如己之自为也"(《韩非子·外储说右下》)。在这种情形下,人君之所以能统御臣民,其实是"人臣之情非必能爱其君也,为重利之故也"(《韩非子·二柄》)。国君除了用"重利"使人臣为己外,不然就是"势不足以化,则除之"(《韩非子·外储说右上》),也就是以严刑禁止之。重利和严刑施为的标准就是法,而法之立"必因人情"。又由于"人情"是"自为",是"好利恶害",所以立法的依据也必如此,而非国君要臣民"为己"或"爱其君"。故曰:

> 治强生于法,弱乱生于阿,君明于此,则正赏罚而非仁下也。爵禄生于功,诛罚生于罪,臣明于此,则尽死力而非忠君也。君通于不仁,臣通于不忠,则可以王矣。(《韩非子·外储说右下》)

韩非的这段话诚然是赤裸裸地揭去了仁义的伪饰,而直言他所主张的君权统治是"不仁",但同时亦可见他的不肯自欺欺人,而把法的理论建立在这一个"不仁"的事实上,因此我们也不能不说此乃一"实事求是"的客观态度。所以,他亦直言战争是一件极危险之事,人人避之犹恐不及,而唯有"赏厚而信,人轻敌矣;刑重而必,夫人不北矣"(《韩非子·难二》)。

由于人性是"自为"的,是好利又好名的,国君只能以人之"自为"达到"为己"的目的,所以任何法禁必须切记不能违反臣民"自为"的名利,而言"利所禁,禁所利,虽神不行;誉所罪,毁所赏,虽尧不治。夫为门而不使入,委利而不使进,乱之所以产也"(《韩非子·外储说左下》)。

除了以厚赏重刑驱民以战的军法外,至于一般的赏罚之法,他认为也亦当如此。也就是以重罚造成所禁的不利。故言"凡赏罚之必者,劝禁也。赏厚则所欲之得也疾,罚重则所惠之禁也急"(《韩非子·六反》)。除了物质上的赏罚外,他也注意到精神上的毁誉,是决定人是否守法的要件,故必须以重毁造成所罪的不誉,所以说"赏莫如厚,使民利之;誉莫如美,使民荣之;诛莫如重,使民畏之;毁莫如恶,使民耻之"(《韩非子·八经》),以达成他"圣王之立法也,其赏足以劝善,其威足以胜暴,其备足以必完"(《韩非子·守道》)的理想。

重赏固人之所喜,重罚却为人之所恶,亦为韩非自言之。"自为"固为私有制之下的人性,但又如何基于人性而以重罚来治国呢?关于这个问题,韩非他说:

> 法重者得人情,禁轻者失事实,且夫死力者,民之所有者也。情莫不出其死力以致其所欲。而好恶者,上之所制也。民者好利禄而恶刑罚。……是故夫至治之国,善以止奸为务,是何也?其法通乎人情,关乎治理也。(《韩非子·制分》)

虽然韩非主张重刑,但必须依法,而不能随国君主观好恶之滥诛,故言"诛既不当,而以尽为心,是与天下为仇也"(《韩非子·难四》),并且"释法制而妄怒,虽杀戮而奸人不恐"(《韩非子·用人》)。另外,他还反对刑上无辜,即"罚不加于无罪",因为"若非罪人,则劝之以徇,劝之以徇,是重不辜也,重不辜,民所以起怨者也,民怨则国危"(《韩非子·难一》)。他主张厚赏重罚,但必须合乎人性的适当,否则造成"民不畏死,奈何以死惧之"的情形,则失去立法的目的,故其警告统治者说:"故用赏过者失民,用刑过者民不

畏。有赏不足以劝,有刑不足以禁,则国虽大,必危。"(《韩非子·饰邪》)

韩非子剥去了统治者的伪饰而言"不仁",且主张"必因人情"以立法。虽然这是一套君权思想,而不是近代的民主理论,但是在当时却强而有力地摧毁了拥护井田制的封建思想,而促进了社会的前进,并代表新兴的私田主掌握了时代的客观精神,建立了私田制的法制的基本理论。

(三) 法与专制

儒家所讲的"礼"和法家所讲的"法",固有其社会政治意义的区别,但其为统治人民的工具则一。如言:"礼,经国家,定社稷,序民人,利后嗣者也。"(《左传·隐公十一年》)荀子亦言:"礼者,人主之所以为群臣寸尺寻丈检式也。"(《荀子·儒效》)而"法"亦是"法者,上之所以一民使下也"(《管子·任法》)。韩非亦言"严刑所以遂令惩下也"(《韩非子·有度》)。

法家要以"法"来取代"礼",但不是取消对人民的统治,而是因为"礼"的那套统治不灵了,造成"臣弑其君者有之,子弑其父者有之"(《孟子·滕文公下》)。以统治而言"法"比"礼"行。所以,"法"比"礼"更巩固了君权的统治。

从孔子反对"刑鼎"的话——"民在鼎矣,何以尊贵,贵何业之守?"(《左传·昭公二十九年》)可以知道,在"礼治"之下,贵族对人民是有管辖权的,但"法治"一来,贵族的管辖权丧失,而集中于"刑鼎",即公布法。

管辖权集中于"刑鼎",其实就是集中于国君,因为"夫生法者君也,守法者臣也,法于法者民也"(《管子·任法》)。由于立法权是属于国君的,因此"君臣上下贵贱皆从法"(同上),或"矫上之失,诘下之邪,治乱决缪,绌羡齐非,一民之轨,莫如法"(《韩非子·有度》),实际上是全国上下一律只能服从国君所设之法。故法家的"法治"比"礼治"更加强了国君统治的权力。

从君权的观点来言"法",韩非说,"法审则上尊而不侵,上尊而不侵则主强"(同上)。又"明君之蓄其臣也,尽之以法,质之以备。故不赦死,不宥刑"(《韩非子·爱臣》)。并且以法令来达成君权的统一,故而"明主之国,令者,言最贵者也;法,事最适者也。言无二贵,法不两适,故言行而不轨于法令者必禁"(《韩非子·问辩》)。

国君集权之后,国君只是一人,韩非亦知"以一人之力禁一国者,少能胜之"(《韩非子·难三》),故国君必须以"法"治国,而不能"以一人之力禁一国"。因此,"法"不但是剥夺了贵族的权力,将大权集于国君一身,而且也是国君以一人之力统治全国的工具,并舍此工具则国君无能以一人之力统治全国。

"法"之所以能使国君"以一人之力禁一国",首先是国君以"法"控制了整个的官僚系统,而使此官僚系统成为国君一人或"法"的工具,即"人主使人臣虽有智能,不得背法而专制,虽有贤行不得逾功而先劳,虽有忠信不得释法而不禁,此之谓明法"(《韩非子·南面》)。

统治全国的"法"之所以能达成统治的目的,其在创制之时固当"必因人情",创制之后即当"君臣上下贵贱皆从法"*,这也就是"以道为常,以法为本"(《韩非子·饰邪》)。换句话说,"法"是根据

---

* 语出《管子·任法》。——编者

客观人性所制定的,故其有一定的客观意义;一切政治的施为又必须客观地以"法"为依据。反过来讲,即"释法术而心治,尧不能正一国"(《韩非子·用人》)。因此,以"法"来巩固君权,实为以客观人性之规律来达成国君统治之主观愿望者。故韩非所论之国君集权之"法",不能不是"虚静无为"的。"以道为常",其实"道"就是"虚静无为",就是"因自然"。

韩非曾言:"明主使民饰于道之故,故佚而有功。……乱主使民饰于智,不知道之故,故劳而无功。"(《韩非子·饰邪》)这种"饰于道"的"安国之法"乃是"若饥而食,寒而衣,不令而自然也"(《韩非子·安危》)。要"因自然",国君本身就必须是"虚静无为",也就是不能有主观的"私意",而必须客观地"服从于道理",立法之后的"道理"就是"法",故"夫舍常法而从私意,则臣下饰于智能,臣下饰于智能,则法禁不立矣,是妄意之道行,治国之道废也"(《韩非子·饰邪》)。因此,国君必须是"舍己能而因法数审赏罚"(《韩非子·有度》)。如何"因法数审赏罚",那就是"寄治乱于法术,托是非于赏罚,属轻重于权衡,不逆天理,不伤情性,不吹毛而求小疵,不洗垢而察难知"(《韩非子·大体》)。

国君之所以要"舍己能",除了"以一人之力禁一国者,少能胜之"的理由外,韩非还说到国君其实是"力不敌众,智不尽物"(《韩非子·八经》)的。因为国君管理不了那么多的人,知道不了那么多的事,所以在客观的事实上,要能治国就非"舍己能"舍"私意"而以"法"治国不可。但"舍己能"和舍"私意"并非虚君之意,而是"明君无为于上,群臣竦惧乎下。明君之道,使智者尽其虑,而君因以断事,故君不穷于智;贤者敕其材,君因而任之,故君不穷于能"

(《韩非子·主道》)。甚至要"禁奸之法,太上禁其心,其次禁其言,其次禁其事"(《韩非子·说疑》)。既要"舍己能",又要治国家,因此,韩非总结了历史的经验而说"先王之所守要,故法省而不侵,独制四海之内"(《韩非子·有度》),又言"谨修所事,待命于天。毋失其要,乃为圣人"(《韩非子·扬权》)。

虽然国君以一人之力"独制四海之内",但只要"守要"就可以是"以法治国举措而已矣"(《韩非子·有度》)。所以,韩非的"法"的理论其实即为君权理论的基础,也是一套"专制""独制"的学说,其为"帝王之具"实非虚言。

(四)法的性质

自从"布衣卿相"之后,"臣主之间非兄弟之亲也"(《韩非子·难四》),何况即使是亲属关系,亦不断发生弑杀之事。所以,国君为了巩固其统治的地位,不能不制定一套防患任何人得以动摇其权力的"法"。在这样的背景下,法家所提倡的"君臣上下皆从法"的理论应运而生。因此,不再是"刑不上大夫,礼不下庶人"了。

既是"君臣上下皆从法",所以法当是"法不阿贵,绳不挠曲。法之所加,智者弗能辞,勇者弗敢争,刑过不避大臣,赏善不遗匹夫"(《韩非子·有度》)。这也就是说,法必须是公平的,无论智、勇,无论大臣或匹夫,在法律之前,必须是平等对待的。这也就是"法"的公平性。

从"法不阿贵"而言,实蕴含了私田主向贵族争平等的意义在内。从国君的立场来说,若不能予私田主一定的平等权利,则无以维持其统治。即"赏罚不阿则民用"(《韩非子·六反》)。另一面,韩非强调"爱多者,则法不立"(《韩非子·内储说上》),并引狐偃之语言"不辟亲贵,法行所爱"(《韩非子·外储说右上》)。

对国君来讲,要求权力的集中,也就必须"生法者君也",并且只有"生法者君也",法令才能统一,才能一致,也就是"一法";否则,政出多门人民将无所适从。所以,韩非批评申不害说,"晋之故法未息,而韩之新法又生;先君之令未收,而后君之令又下,申不害不擅其法,不一其宪令则奸多"(《韩非子·定法》)。由此可知,"法"必须具有一致性,而不可有矛盾之处。

由于社会经济的变迁而产生政治规范的"变法"然后又对变迁中的社会经济结构有一定的促进作用,所以"变法"之后的"法"对社会必打破原有的一些制度规范,并取代其教化的作用。韩非亦明言"明主之国,无书简之文,以法为教,无先王之语,以吏为师"(《韩非子·五蠹》)。再则,一切的赏罚之司法目的,乃在于对社会大众的教化,而非采取报复主义的立场。韩非说:

> 且夫重刑者,非为罪人也,明主之法揆也。治贼非治所揆也;治所揆也者,是治死人也。刑盗,非治所刑也;治所刑也者,是治胥靡也。故曰重一奸之罪而止境内之邪,此所以为治也。重罚者,盗贼也;而悼惧者,良民也,欲治者奚疑于重刑!若夫厚赏者,非独赏功也,又劝一国,受赏者甘利,未赏者慕业,是报一人之功而劝境内之众也,欲治者何疑于厚赏。(《韩非子·六反》)

另外,从这段话中,还可以知道韩非的"法"是主张"重罚"的。

他之所以主张"重罚",除了教化的理由外,并且还说"十仞之城。楼季弗能逾者,峭也;千仞之山,跛牂易牧者,夷也。故明王峭其法而严其刑也"(《韩非子·五蠹》)。

韩非讲"自为",是讲利的,"法"既是"帝王之具",故亦必为帝王的"自为"之具,是要对国君的统治有利的。但是在客观上,利害总是非绝对的,而是相对的,故于立法之时,必取其多利少害者而立之。这就是他所说的"法立而有难,权其难而事成则立之;事成而有害,权其害而功多则为之。无难之法,无害之功,天下无有也"(《韩非子·八说》)。所以,"法"亦需要具有多利性。

要大家所遵守的"法",必须要大家能遵守才行。所以"法"一定要让人民能知易行。故"明主虑愚者之所易,不责智者之所难"(同上),因此才能"其法易为,故令行"(《韩非子·用人》)。这乃是因为"察士然后能知之,不可以为令,夫民不尽察。贤者然后能行之,不可以为法,夫民不尽贤"(《韩非子·八说》)。

"法"既要人民能知易行,当然也就必须是明文而公布的。立法"必因人情",且"虑愚者之所易",赏罚又必以法断,所以立法和司法都必具有客观性,而非国君主观之"心治"。

二、势的意义与法家

或称法家有三派:一曰重法,二曰重势,三曰重术。韩非为先秦法家之集大成者,亦即冶法、势、术于一炉,而建构一完整的法家政治的理论。韩非主张"专制"或"独制",故无论立法或司法,国君都需要有一定的"权势"才能行之。所以,"势"亦成为韩非政治学说不可或缺的一部分。

不明乎此,故梁启超对法家政治学说之一的"势",产生了极大的误解。

(一) 势与法家

梁氏在节录了韩非《难势》篇的几段话之后,他接着说:

> 浅见者流,见法治者之以干涉为职志也,谓所凭藉者政府权威耳。则以与势治混为一谈,韩非此论,辨析最为谨严。盖势治者正专制行为,而法治则专制之反面也,势治者自然的惰性之产物,法治则人为的努力所创造,故彼非人所得设,而此则人所得设也,是法与势之异也。①

这一段文字,对韩非思想之解释而言,实为大谬,故郭沫若批评梁氏说:"这把韩非的面貌简直完全画错了,对于韩非全书没有作通盘的检点,自然是错误之源,而更加主要的原因却是把《难势》篇根本没有读懂。"②

梁氏确实是把《难势》篇读错了。《难势》篇一共分三段,第一段是引慎到主势反贤之论,第二段是引有人重贤轻势之论,以反驳第一段的;第三段是主"人设之势",轻"自然之势",以反驳第二段的,才是韩非的结论。也就是韩非认为慎到的"自然之势"不足,必

---

① 梁启超:《先秦政治思想史》,台湾中华书局1956年版,第139页。
② 郭沫若:《十批判书》,群益出版社1946年版,第309页。

代之以"人设之势"的"专制"之论,且"人设之势"的落实就是"法"。梁氏未明乎此,而节引第二段的反势之言接第三段的主"人设之势"——"法"——的议论,而造成倡法反势的误解。韩非之主势还可见于他所说的"民者,固服于势,势诚易以服人。故仲尼反为臣,而哀公顾为君。仲尼非怀其义,服其势也。故以义则仲尼不服于哀公,乘势则哀公臣仲尼"(《韩非子·五蠹》)。所以郭氏又言:

> 读懂了《难势》,你可以知道像韩非才正是一位极端的势治派,他正是极力主张"专制行为"而为"法治之反面"的。他的主张不用说也是"自然的惰性产物":因为韩非是韩之诸公子,他的身份不免限制了他的主张的。①

郭氏的这一段话,其实也是一大误解,韩非确实主张"专制行为",但却不是"法治之反面";否则,韩非所主张的"法"岂不都是虚言。再者,韩非是韩之诸公子,其思想受到身份的一定限制,但他为什么不去提倡对其身份更有利的"刑不上大夫,礼不下庶人",而要提倡"法不阿贵"的"专制"? 可见人的思想在一定的范围内,还是可以对自身所受的限制有某种程度的超越。另外当时一些不是王室亲属的人,如慎到、申不害等不也是提倡"专制"吗? 甚至不是法家的墨子也提倡"尚同",可见当时的"专制"思想有其一定的客观条件,是必然产生出来的。

---

① 郭沫若:《十批判书》,第 310 页。

梁、郭二氏对韩非思想的误解各有其不同，但误解之发生却同样是由于认定"法治"与"专制"必然矛盾。梁氏认定韩非主张"法治"，所以误解韩非会反对"专制"的"势"；郭氏认定韩非"专制"，所以误解韩非必反对"法治"。殊不知法律从来就是统治的工具，人类自有国家形成之后，为维持其政权的统治即有法律，法律的形式或有不同，有公布法或非公布法，法律的目的也各有异，有以维护井田制封建制为目的的，有以维护私田制"专制"为目的。韩非所提倡的"法治"正好是以"专制"为目的的"法治"，而和近代以民主为标榜的法治当然大异其趣。

法家讲"法治"但其政治目的是"专制"，所以他们所提倡的"法治"学说和"集势""任势"是分不了家的。

（二）"势"的意义之分析

法家所讲的"势"，有广义和狭义之分。广义的"势"指一切的形势而言，狭义的"势"则指权势而言。国君以一人之力不能禁一国，其欲"专制"必借助于"势"才能成其事。故法家之主"势"和其客观主义的哲学亦有一定的联系。

以广义的"势"而言，慎到曾经有如此的说明——

> 毛嫱、西施，天下之至姣也，衣之皮倛，则见者皆走，易之以元緆，则行者皆止。由是观之，则元緆色之助也，姣者辞之，则色厌矣。走背跋蹒穷谷野走十里，药也。走背辞药则足废。故腾蛇游雾，飞龙乘云，云罢雾霁，与蚯蚓同，则失其所乘也。（《慎子·威德》）

由此可知,"势"乃是欲达成主观愿望所要借助的客观条件及其规律。进而言之,人君之所以能统治一国基本上实乃有此客观之"势"的助力,而不是其主观之能力是否为"贤",故韩非亦言:

> 千钧得船则浮,锱铢失船则沉,非千钧轻锱铢重也,有势之与无势也。故短之临高也以位,不肖之制贤也以势。人主者,天下一力以共载之,故安,众同心以共立之,故尊。(《韩非子·功名》)

由此可见韩非的"势"的概念,乃是由客观自然之"形势"转而用来说明国君能用以号令臣民的"权势"。

由于"势"是一种客观的存在与规律,所以"乌获轻千钧而重其身,非其身重于千钧也,势不便也。离朱易百步而难眉睫,非百步近而眉睫远也,道不可也"(《韩非子·观行》)。要合乎这样的"势",其实也就是要合乎"道"。以"道"的哲学观点以言"势",即为:

> 非天时虽十尧不能冬生一穗,逆人心虽贲、育不能尽人力。故得天时则不务而自生,得人心则不趣而自动,因技能则不急而自疾,得势位则不进而名成。若水之流,若船之浮,守自然之道,行毋穷之令,故曰明主。(《韩非子·功名》)

由此可知,韩非所言之"势"并不是国君依主观愿望而可以随意行使的权力,而是根据一切客观"形势"(包括其"权势")以达成主观愿望的一种力量。故"任势"亦即"守道",也就是"守自然之道"。"自然之道"虽是自然的产物,但是发现"自然之道"及"守自然之道",却也是"人为的努力所创造"。

作为政治权力的"势",即"势者,胜众之资也"(《韩非子·八经》),其之所以能"胜众"乃是因为"势之为道也,无不禁"(《韩非子·难势》)。因此,"势"对国君来讲,乃是"人主之筋力也"或"人主之爪牙也"(《韩非子·人主》)。

在一个"专制"体制下,国君不可能独揽所有的统治的事务,而必须要有一个官僚系统替他统治人民,虽然《韩非子》一书中所言之"势"绝大部分指国君的"势"而言,但也说到"任人者,使有势也……任修士者,使断事也"(《韩非子·八说》)。这种人臣之"势"也就是替国君"断事"的"势",亦即职权。

国君的"势",韩非有时称之为"威势"。即"所谓威者,擅权势而轻重者也"(《韩非子·人主》),又"万物莫如身之至贵也,位之至尊也,主威之重,主势之隆也"(《韩非子·爱臣》)。所以,"主之所以尊者,权也。……故明君操权而上重"(《韩非子·心度》)。

陈启天认为"势"即"主权"[①],亦当指国君之"势"而言,国君集势也就是主权在君之说,而与人臣之"势"有所不同。

韩非主张"专制",国君的地位是绝对的,是不可以取代的。若理论上必圣贤而为国君,然事实上国君不可能皆圣贤,则必发生理论与事实的矛盾,为避免这种矛盾,故韩非只能"任势",而不能"尚贤"。并且,慎到机械主义的"任势"论,在当时已出现了破绽,而有《难势》篇中第二段的辩难,故有韩非的补充而坚持了"任势"的基

---

① 陈启天:《增订韩非子校释》,台湾商务印书馆1969年版,第948页。

本立场。

在《难势》篇中,韩非主张"任势",但批评机械决定论观点的"势治者,则不可乱;而势乱者,则不可治",说"此自然之势也,非人之所得设也。若吾所言,谓人之所得势也而已矣"。并言"夫势者,名一而变无数者也。势必于自然,则无为言于势矣。吾所为言势者,言人之所设也"。

"夫势者,名一而变无数者也",其实就是"道尽稽万物之理,故不得不化。不得不化,故无常操"(《韩非子·解老》)。这也就是说,人虽被"势"所决定,但因"势"可以"变","道"可以"化",所以若人只是机械地为"势"所决定,不知"变",不知"化",那只是"必于自然";唯有知其"变""化",掌握客观的规律以达成主观的目的,才是"守自然之道"。故韩非认为人虽被"势"所决定,但人却可以经由把握客观规律("道")而反作用于"势"。能运用这个道理而造成新的"势",即为"人设之势"。

虽然在《难势》篇中没有明言什么是"人设之势"的定义,但却说到"抱法处势则治,背法去势则乱",另外还说到"无庆赏之劝,刑罚之威,释势委法,尧、舜之说而人辩之,不能治三家",由此可知"法"和"势"有一定的关系,并且也提示了"势足以行法"(《韩非子·八经》)。

其实韩非所说的"人设之势"就是由人主设"法"所加强的"势"。所以说:"明君操权而上重,一政而国治,故法者,王之本也。"(《韩非子·心度》)"君执柄以处势,故令行禁止。柄者,杀生之制也;势者,胜众之资也。废置无度则权渎,赏罚下共则威分。"(《韩非子·八经》)每个国君都有其"势",每个国家都有其法,但却有治有乱。韩非认为其原因乃在于"任势"是否有"术"。而言"国者,君之车也;势者,君之马也。无术以御之,身虽劳犹不免乱,有术以御之,自处佚乐之地,又致帝王之功也"(《韩非子·外储说右下》)。"千钧得船则浮"是"势",所以"寄治乱于法术"就是寄治乱于"法术"之"势"。另外,韩非还说:"治国之有法术赏罚,犹若陆行之有犀车良马也,水行之有轻舟便楫也,乘之者遂得其成。"(《韩非子·奸劫弑臣》)故法术者,即"人设之势"所不可缺也。

(三) 尊君与集权

先秦法家提倡"专制",也就是主权在君,由国君集权而尊君,以代表私田主上抗封建的井田主,下压一般的人民。虽然韩非说"任人者,使有势也",这种"势"也只不过是执行权和一定的司法权而已。另外的立法权和行政权则完全掌握在国君一人之手。以达成"尊君卑臣"的政治目的。

从政治之观点视之,萧公权认为:"势治之起,基于尊君。封建盛世,君主与贵族世臣分权守位,上下相维各有定界,君主殆无独尊之义。……及权臣僭国,渐致富强,公族世臣,消亡殆尽,中央集权,已成事实,则君之受尊,遂有不得不然之势。法家承认此新史实而加以说明,权势之理论,于是成立。"[①]

以"势"尊君,当时的法家就说过:

> 明主在上位,有必治之势,则群臣不敢为非。是故群臣之

---

① 萧公权:《中国政治思想史》上册,第 243—244 页。

不敢欺主者,非以爱主也,以畏主之威势也。百姓之争用,非以爱主也,以畏主之法令也。故明主操必胜之数,以治必用之民,处必尊之势,以制必服之臣,故令行禁止,主尊而臣卑。(《管子·明法解》)

韩非亦言"人臣之于其君,非有骨肉之亲也,缚于势而不得不事也"(《韩非子·备内》),故而主张"君明而严则群臣忠,君懦而暗则群臣诈。知微之谓明,无赦之谓严"(《韩非子·难四》),以能达到"明君无为于上,群臣竦惧乎下"。故韩非亦是一个极端的尊君论者。

法家尊君,非尊君之其人,而是"缚于势而不得不事"的,所以"以义则仲尼不服于哀公,乘势则哀公臣仲尼"。故萧公权还说:"韩非论势,乃划道德于政治领域之外,而建立含有近代意味纯政治之政治哲学。"①

在韩非的势论中,他似乎已察觉到国君权力的来源,不是一种先验的君权神授,而是众力拥戴的结果,所以才有"人主者,天下一力以共戴之故安,众同心以共立之故尊"的话。并且,他在论及"有巢氏"和"燧人氏"的时候,认为他们对人民有重大的贡献,"而民说之,使王天下"(《韩非子·五蠹》)的。并且,他还认识到"夫一匡天下,九合诸侯,美之大者也,非专君之力也,又非专臣之力也……凡五霸所以能成功名于天下者,必君臣俱有力焉"(《韩非子·难二》)。国君权力的来源既来自于众力,而又要"专制",要"胜众",

---

① 萧公权:《中国政治思想史》上册,第247页。

所以韩非不得不说"物之所谓难者,必借人成势,而勿使侵害己,可谓一难也"(《韩非子·难三》)。

在"必借人成势"的情形下,能使国君"勿使侵害己"的还是"势",所以国君千万不能失"势",因为"势重者,人主之渊也;臣者,势重之鱼也。鱼失于渊而不可复得也;人主失其势重于臣而不可复收也"(《韩非子·内储说下》)。这也就是因为"凡人君之所以为君者,势也,故人君失势,则臣制之矣。势在下,则君制于臣矣。势在上,则臣制于君矣"(《管子·法法》)。

为了防止"失势",所以"权势不可以借人,上失其一,臣以为百,故臣得借则力多,力多则内外为用,内外为用则人主壅"(《韩非子·内储说下》)。国君得以统御臣下的主要"权势"就是赏罚,故言"夫赏罚之为道,利器也,君固握之,不可以示人"(《韩非子·内储说上》)。这乃是因为"赏罚者,邦之利器也。在君则制臣,在臣则胜君。君见赏,臣则损之以为德;君见罚,臣则益之以为威。人君见赏而人臣用其势,人君见罚而人臣乘其威。故曰:邦之利器不可以示人"(《韩非子·喻老》)。

韩非主张一切国家法令、赏罚、组织的大权都必须掌握在国君的手里,而言"臣擅行令则主失制,臣得行义则主失明,臣得树人则主失党。此人主之所以独擅也,非人臣之所以得操也"(《韩非子·主道》)。法令是代表国君的权威,人臣只有执行法令的职权,不得有损益法令的权力,故"明主之国,官不敢枉法,吏不敢为私,货赂不行,是境内之事尽如衡石也"(《韩非子·八说》)。这也就是要做到"百官不敢侵职,群臣不敢失礼。上设其法,而下无奸诈之心"(《韩非子·难一》)。

韩非将那些擅令违法之臣称之为"重臣"或"重人",因奉公守法而爵尊官大的臣称为"贵臣",而言"明主之国,迁官袭级,官爵受功,故有贵臣;言不度行,而有伪必诛,故无重臣也"(《韩非子·八说》)。在国无"重臣",一切权力集中于国君之手,韩非认为这才是"有道之国",而"有道之国"乃是"明诽誉以劝沮,名号、赏罚、法令三隅,故大臣有行则尊君,百姓有功则利上"(《韩非子·八经》)。

为了铲除这些"重人",韩非主张国君应当起用"法术之士",因为"智术之士,明察听用,且烛重人之阴情;能法之士,劲直听用,且矫重人之奸行"(《韩非子·孤愤》)。为了防止"重人"的形成,他要求严格执行"大臣之禄虽大,不得藉威城市;党与虽众,不得臣士卒"(《韩非子·爱臣》)。对付已成之"重人"的势力,则要"数披其木","毋使木枝扶疏","无使木枝外拒","毋使枝大本小","毋使枝茂",而使之"木数披,党与乃离,掘其根本,木乃不神。填其汹渊,毋使水清。探其怀,夺之威。主上用之,若电若雷"(《韩非子·扬权》)。

其实这些"重人"亦多是宗法封建制所遗留下来的封建主和井田主,只有彼等才能"藉威城市""臣士卒"。由此可见法家的尊君集权,实为对宗法封建制的摧毁,虽然他们所提倡的不是民主而是"专制",但却对当时中国社会的发展发生了极大的促进作用。

由于韩非所讲的"势"包含客观的形势及规律的意义,因此"因势"也就是"守自然之道",由于"守自然之道",所以"专制"就不只是国君主观的愿望,而可以有客观存在的可能性。人主固然"身察百官,则日不足,力不给",但可以"舍己能,而因法数,审赏罚",以致虽"专制"却"治不足而日有余",这就是"上之任势使然也"(《韩非子·有度》)。另外,他还说到"明主者,使天下不得不为己视,天下不得不为己听,故身在深宫之中,而明照四海之内,而天下弗能蔽,弗能欺者何也?暗乱之道废,而聪明之势兴也。故善任势者国安,不知因其势者国危"(《韩非子·奸劫弑臣》)。

韩非的"任势"为"专制"提供了必要的理论,也将"尊君卑臣"的思想发挥到了极致,他虽言"君不仁,臣不忠,则可以霸王矣"(《韩非子·六反》),但他说的"不忠"之臣却必须是:

> 夙兴夜寐,卑身贱体,竦心白意,明刑辟,治官职以事其君,进善言,通道法而不敢矜其善,有成功立事而不敢伐其劳,不难破家以便国,杀身以安主,以其主为高天泰山之尊,而以其身为壑谷鬴洧之卑,主有明名广誉于国,而身不难受壑谷鬴洧之卑。(《韩非子·说疑》)

三、术的意义及其原则

韩非的"势治"并非单纯地指国君以其赤裸的权力所为之统治,而包括"人设之势",即以"法术"为之"势";另外还包括"善任势"的问题,即如何运用"势",这就涉及方法的问题,也就是"术"的问题,故法、势、术乃是构成韩非政治理论不可或缺的三个部分。并且,在韩非思想中,法、势、术亦实为相互关联的。

(一)术的意义与法及势

韩非曾论及"术"时说:"术也者,主之所以执也。"(《韩非子·

说疑》)韩非明显地论及"术"的定义尚有二处。他说:

> 术者,因任而授官,循名而责实,操杀生之柄,课群臣之能者也,此人主之所执也。(《韩非子·定法》)
>
> 术者,藏之于胸中,以偶众端,而潜御群臣者也,故法莫如显,而术不欲见,是以明主言法,则境内卑贱莫不闻知也;用术,则亲爱近习莫之得闻也。(《韩非子·难三》)

前者言四种统御群臣的"术",是只有人主才有权去执行的;后者言统御群臣的"术",是人主心中的机密,不得泄露,因此也是人主所独有者。因此,萧公权区别"术"异于"法"者有三点:而言"法治之对象为民,术则专为臣设,此其一;法者为君臣所共守,术则君主所独用,此其二;法者公布众知之律文,术则心中暗运之机智,此其三"[①]。

将"法"和"术"的意义作如此之区别,实难令人接受,因为:

第一,"法"的对象固然包括民,但亦包括臣。如商鞅以"法"刑太子傅(《史记·商君列传》),楚廷理以"茅门之法"罪太子(《韩非子·外储说右上》),且"能法之士,劲直听用,且矫重人之奸行"(《韩非子·孤愤》),以至"大臣苦法"(《韩非子·和氏》)。"术"之对象固然包括臣,尤其韩非强调"明主治吏不治民"(《韩非子·外储说右下》),故言"术"多以臣为对象。但是,以历来学者多认定为言"术"之《八经》、内外《储说》诸篇而言。如《八经》篇中之"因情"

---

① 萧公权:《中国政治思想史》上册,第258页。

之为"术",说到"赏莫如厚,使民利之;誉莫如美,使民荣之;诛莫如重,使民畏之;毁莫如恶,使民耻之"。这又怎么是不包括以民为对象呢?

第二,"法"在理论上固为君臣所"共守",但其实各有所"守",意义并不相同。君之所"守"是以"法"统治臣民;而臣之所"守",是一方面服从君"法"之统治,一方面助君以"法"统治人民。再者,君固用"术",但并不完全"独",否则"智术之士"何用?

关于第三点,萧氏之言大体不误,但"术"亦非完全为人主"心中暗运之机智"。

其实在韩非思想中的"术",其一般的意义就是"方法"的意思,但由于用"术"者的不同,及施用对象的不同,而有不同的"术"的意义。

因为"术"就是"方法",所以每一个人都可以在处理事务时各有其"术"。韩非把臣下为取得私人利益所用之"术"称之为"私术"。在国君不以法为赏罚的标准,而根据朋党的毁誉为标准时,"则好赏恶罚之人,释公行、行私术,比周以相为也",故他主张"奉公法,废私术"(《韩非子·有度》)。由此可知,人臣可以有"术",但这种"私术",是被韩非列入禁止之列的。

另外,人臣还有一种"术"是"智术之士"的"术"。他说"智术之士,必远见而明察,不明察不能烛私",并且"智术之士,明察听用,且烛重人之阴情","故智术能法之士用,则贵重之臣必在绳之外矣"(《韩非子·孤愤》)。并且,他以"立法术,设度数,所以利民萌便众庶之道也"(《韩非子·问田》)自许。由此可见,人臣不但可以有"术",而且可以用"术"。

"私术"和"智术"同为人臣之所有,一者为韩非所反对,一者为其所提倡,此乃因为前者是"重人"所用以成其私利的"术";而后者乃是站在"利民萌便众庶"的立场,为国君铲除"专制"而消灭宗法封建的一套方法。

讲到人君所用之"术",在韩非的学说中,亦有几重意义。一是与"法"有关的"术",一是与"势"有关的"术"。其目的都是在建立君权的"专制",因此以统治的目的视之,"任法""任势"都是国君"专制"的统治"术"。

与"法"有关的"术",包括两个部分:一是立"法"的"术",一是执"法"的"术"。由于"法"不是先天自然之物,必须有"术"以立之,已立之"法"只是一堆条文,也必须有"术"以行之,才能达到立"法"的目的。因为韩非所强调的"势"是"人设之势",也就必须要有"法",所以与"势"有关的"术"也就是与"法"有关的"术"。

以立"法"或设"势"的"术"而言,韩非曾批评申不害"不擅其法,不一其宪令则奸多",及批评其"治不逾官,虽知弗言"是"未尽于法"(《韩非子·定法》),可见申不害并非无"法"或不"任法",而是对"法""不擅"和"未尽",也就是无"术"。申不害以"术"闻名,而又"任法",可见韩非批评他不是执"法"之无"术",而是立"法"之无"术",韩非亦批评商君以斩首为功而受官的"法"是"以斩首之功为医匠也"(同上),商君并非无"法",亦非不知执"法",而是"法"立于无"术"也。梁启超未能明乎于此,而言"法与术在当时尽为相反之两名词",并以为"术""实为法家正面之敌"。[①]

---

① 梁启超:《先秦政治思想史》,第137页。

再者,韩非批评"势治者,则不可乱;而势乱者,则不可治也"的说法是"此自然之势也,非人之所得设也",并非言人主无"势"或不用"势",而批评其不知"善任势",不知以"势"造"势"——"人设之势",亦即人主无"术"之义。

以执"法"之"术"而言,"法"是禁奸赏善的,尤其是禁奸的,要禁奸就必须先知奸,知奸有方法即知奸之"术"。因为臣主异利,所以臣必为奸,由于有罪必诛,所以臣下一定用尽方法不使主上知其奸,此之谓"上下一日百战"(《韩非子·扬权》)。但是主上一定要知臣下之奸,因此如何知臣下之奸的"术"就不能让臣下知道,以免彼等有事先之预防。虽然国君可以并必须用"智术之士"来帮助他知奸,但"智术之士"毕竟是臣下,还是必须对其用"术"。所以,人主"用术,则亲爱近习莫之得闻也"。这种统御群臣的权力不能旁落,所以使用这权力而有奸必知的"术"也必为"主之所以执也",国君必须要有这种"术","法"才得以执行,"势"才能贯彻。这种"术"只有人主才能用,"是故明君贵独道之容"(同上)。

韩非说"因任而授官,循名而责实,操杀生之柄,课群臣之能"为"人主之所执"的"术"。韩非反对"心治",只主张以法诛罪,故"操杀生之柄",亦即把握执"法"之权。"循名而责实"以即为"课群臣之能"因"因任而授官"的根据。但韩非却又说:"明主使法择人,不自举也;使法量功,不自度也。"(《韩非子·有度》)可见授官量功之"术"亦即是"任法",而且"治法之至明者,任数不任人"(《韩非子·制分》),所以"任法""治法"都是"术"的问题。因此可见,以统治之目的而言,"任法"也就是国君的统治"术"。这种意义的"术"又何尝仅是萧氏所谓的"心中暗运之机智"?

韩非认为"赏罚者,利器也,君操之以制臣,臣得之以拥主"*,故赏罚权的运用就是"任势",而韩非批评舜在尧时,统治人民躬亲而德化,不知"赏罚使天下行之","不亦无术乎?"(《韩非子·难一》)可见以统治之观点视之,"任势"亦为统治之"术"。

韩非是一个重实际的思想家,在他的思想体系中,有了"术"之后,法和势的理论不仅是一套抽象的概念,而且具有了实践的方法。

(二)术的原理与运用

在韩非的哲学思想中,充满了矛盾的概念,如"君臣异利""公私相背""上下一日百战"等,若这些矛盾不能解决,在政治上,所呈现的局面是"乱"而不是"治",为了达到"专制"的目的,所以"术"在基本上,乃是以国君的立场,去统一这些矛盾的方法。

归纳韩非所言的"术",基本上可以有四大类,即立法的"术"、执法的"术"、御臣的"术"和外交之"术"。前二者先进法家多已言之,且多行之,韩非固有一定的批评和辩护,但所言不多。至于第三者,乃是他总结了历来法家执政的得失,得到"明主治吏不治民"的结论后所特别强调的。这也就是说,他认为历来"法治"之所以失败,并不在于"法治"的本身,而在于人主无"术"以御臣,以至于"法治"破坏。至于最后者,涉及外交和国防,他坚持"外交是内政之延长"的观点。

1. 立法之术

韩非的基本哲学主张"因自然"和"守自然之道",一切法令的

---

* 语出《韩非子·内储说下》。——编者

对象都是人，人的"自然"就是"人情"，"人情"的"自然之道"乃是"好恶"。所以，"因人情"，乃是立法的第一原则。

因为"人情"是"自为"的，是"好利恶害"的，因此臣民与国君必然会有对立的冲突，以"法"来解决这项矛盾，不能违背"人情"之"自然"以禁止臣民之"自为"，因为"利所禁，禁所利，虽神不行"，故必须守"人情"的"好利恶害"的"自然之道"，以厚赏满足臣民好利的"自为"，一方面又以重罚来提醒臣民恶害的"自为"。赏是赏其守法而有功，罚是罚其违法而有罪。因此，立法必须是立以赏罚使臣民守法之法。故所立之法必须是"设民所欲以求其功，故为爵禄以劝之；设民所恶以禁其奸，故为刑罚以威之"（《韩非子·难一》）。而对一般人民还需立法"赏必出乎公利，名必在乎为上"（《韩非子·八经》），亦即使之导向耕战。臣守法，民耕战，则有功受赏而能"自为"，而对国君则是"大臣有行则尊君，百姓有功则利上"（同上）。因此，国君与臣民之利可以由立法而统一起来。

韩非说："法莫如一而固，使民知之。"（《韩非子·五蠹》）"一"就是说，所立之法相互间不可以矛盾，而必须要有逻辑的一致性。韩非曾以此批评申不害"不擅其法""不一其宪令"，使人民无所适从，官吏则可以利用法令的矛盾而玩法。故使得法令不能达成其禁奸的目的。

"固"就是说既立法之后，则不可以朝令夕改，使人民不知所从，而失去法令之所以为人民行为准则的原则。"使民知之"即法令的文字必须明确清晰，不可以是"微妙之言"，因为"微妙之言，上智之所难知也。今为众人法，而以上智之所难知，则民无从识之矣"（同上）。

韩非主张所立之法,除了易知外,还要能易行。他认为"贤者然后能行之,不可以为法"*,而必须是"立可为之赏,设可避之罚"(《韩非子·用人》)才能"其法易为,故令行。"

他"其法易为"是因为"明君见小奸于微,故民无大谋;行小诛于细,故民无大乱。此谓图难于其所易也,为大者于其所细也"(《韩非子·难三》),故主张重罚轻罪。据说弃灰于街会引起族人相残之大恶,故殷用重刑罚之,他引孔子的话说:"且夫重罚者,人之所恶也;而无弃灰,人之所易也。使人行之所易,而离所恶,此治之道。"(《韩非子·内储说上》)韩非还说到"重罪者人之所难犯也,而小过者人之所易去也,使人去其所易无离其所难,此治之道。夫小过不生,大罪不至,是人无罪而乱不生也",就是商君"以刑去刑"的主张(同上)。这也就是说用重刑禁大恶于其初萌易行之时,故言:"古之善守者,以其所重禁其所轻,以其所难止其所易。"(《韩非子·守道》)另外,要使人民便于遵守法,故"法必详事"(《韩非子·八说》)。

立法是为了禁奸,禁奸要能知奸,为了知奸商鞅就曾"令民为什伍而相收司连坐,不告奸者腰斩,告奸者与斩敌首同赏,匿奸者与降敌同罚"(《史记·商君列传》)。此即连坐法。韩非也主张立连坐之法,即"发奸之密,告过者免罪受赏,失奸者必株连刑"(《韩非子·制分》),并且"谒过赏,失过诛。上之于下,下之于上,亦然。是故上下贵贱相畏以法,相诲以利"(《韩非子·八经》)。

韩非立法以如此之"术",亦可谓苛细矣。

---

* 语出《韩非子·八说》。——编者

2. 执法之术

法要作为一种对私田主的统治术,因为"赏罚不阿则民用",故执法所秉持的第一原则必须要公平,要"不辟亲贵,法行所爱",要"其赏罚无私"(《韩非子·六反》)。

法家主张以"法"维持统治,故要使人民知道执法者的决心,而对"法"有所信仰,否则"赏罚不信,则禁令不行"(《韩非子·外储说左上》)。吴起"倚车辕"以立信,韩非称之"赏誉厚而信者下轻死"(《韩非子·内储说上》)。商君于秦变法,也曾立木为信(《史记·商君列传》)。

要建立赏罚的威信,还必须有赏罚的必然性,否则"刑罚不必,则禁令不行"(《韩非子·内储说上》)。所以说,明主必须"归利于上者必闻,闻者必赏;污秽为私者必知,知者必诛"(《韩非子·难三》)。并且只有在必闻知的情形下,才能必赏罚,即"明能照远奸而见隐微,(行)必行之令"(同上)。"必赏""必诛"可以操之在君,但"必闻""必知"则不能完全操之在君,而必须"求善而赏之,求奸而诛之"(《韩非子·奸劫弑臣》)。"求善""求奸"的"术"就是连坐法,故"明主者,使天下不得不为己视,使天下不得不为己听。故身在深宫之中,而明照四海之内,而天下弗能蔽,弗能欺者",亦唯如此才能赏罚必。

在行赏罚之时,除了以法为客观之标准外,必须要有确实的证据,故"有赏者,君见其功;有罚者,君知其罪"(《韩非子·难一》)。换言之,即"赏不加于无功,而诛必行于有罪者也"(《韩非子·奸劫弑臣》)。由于证据确实,赏罚客观,所以"以罪受诛,人不怨上。……以功受赏,臣不德君"(《韩非子·外储说左下》)。

赏罚之用必须适当,否则将"用赏过者失民,用刑过者民不畏",并且即使有确实之犯罪证据,用刑时也要"名刑相当"(《韩非子·诡使》),所以"刑当无多,不当无少"(《韩非子·难二》)。这也就是说,行赏罚之时,不可以轻重其法,必须以法律所规定的赏罚赏罚之。

在执法之时,赏罚的大权必须由国君掌握之,人臣不得在其中弄权,否则"听其臣而行其赏罚,则一国之人皆畏其臣而易其君,归其臣而去其君矣"(《韩非子·二柄》)。但这并不是说国君必须亲自听讼断狱,而是说人臣只能根据代表国君权威的法律行赏罚,而不能根据人臣的私意,让其以行赏罚窃取国君的权势。这种"术"当然又是以君权为目的的。

3. 御臣之术

韩非所言之"术"有大部分是御臣之术,也就是人主"藏之于胸中,以偶众端,而潜御群臣"的术。因为从李悝集诸国法典而为《法经》之后,法家所主张的"法"已有一定的成熟和相当程度的完备了。但战国以来相继变法的各国,除了秦国外,却也都相继地没落了。总结其原因,韩非认为乃人主无术以御臣之患也。加之韩非讲实践,重方法,故熊十力言:"韩非之书,千言万语,一归于任术而严法,虽法术兼持,而究以术为先。"[①]

至于韩非所论御臣之术,或可分为任官及监官二部分来讨论。

以任官来说,韩非因为认为人必自为而为私,故不可能有什么天生的"清洁之吏",唯有在周密的知奸之术和严厉的刑罚下,官吏才能必然地不敢枉法为私。因此,他基本上是主张任贤不任德的,

---

① 熊十力:《韩非子评论》,兰台书局1972年版,第17页。

故言"臣有奸者必知,知者必诛。是以有道之主,不求清洁之吏,而务必知之术也"(《韩非子·八说》)。

韩非说"明主使法择人,不自举也",其实就是以法使得"臣相进也,不自贤功,功相徇也,论之于任,试之于事,课之于功,故群臣公正而无私。不隐贤,不进不肖,然则人主奚劳于选贤?"(《韩非子·难三》)"且官职所以任贤也,爵禄所以赏功也。设官职,陈爵禄,而士自至,君人者奚其劳哉?"(《韩非子·难二》)法家之法讲求公正,有刑则"王子犯法庶人同罪",有官亦当"外举不避仇,内举不避子"(《韩非子·外储说左下》),或"内举不避亲,外举不避仇"(《韩非子·说疑》)。因此,而可使宗法亲属团体外的私田主进入统治机构。

韩非曾主张任法和任势,但反对任智和任贤,而用人又要任贤,看来似乎矛盾,其实不然。对国君而言,他主张"专制"而"尊君",君不尽智也不尽贤,故不能要求国君智且贤,对人臣而言,他所反对的是私术之智和私行之贤,而与"智术之士"的智及"公正而无私"的贤不同,其实也就是宗法封建之贤智与国君专制之贤智的不同。

此外,他批评商鞅是"以斩首之功为医匠",而主张因各人之所长,"程能而授事"(《韩非子·八说》),故言"治国之臣,效功于国以履位,见能于官以受职,尽力于权衡以任事。人臣皆宜其能,胜其官,轻其任,而莫怀余力于心,莫负兼官之责于君"(《韩非子·用人》)。

韩非反对"兼官"还说过"明主之道,一人不兼官,一官不兼事"(《韩非子·难一》)。《商君书·禁使》篇中曾言:同级的官吏之间要"利异而害不同",上级与下级之间要"事合而利异",连最高级的监察机构——丞监,也要"别其势,难其道"。如此,官吏之间才能相互监督检举,不得为奸。韩非亦言:"明主之蓄臣,臣不得越官而有功,不得陈言而不当。越官则死,不当则罪,守业其官,所言者贞也,则群臣不得朋党相为矣。"(《韩非子·二柄》)

"越官"就是虽"不兼官"却"兼事"了,并知韩非之反对"兼官"其目的在于"群臣不得朋党相为",而与《商君书》之义同。韩非又言:"人主乐乎使人以公尽力,而苦乎以私夺威。人臣安乎以能受职,而苦乎以一负二。故明主除人臣之所苦,而立人主之所乐,上下之利莫长于此。"(《韩非子·用人》)"朋党相为"就是"以私夺威",故韩非反对"兼官"的真正理由,恐怕不是人臣的"苦乎以一负二",而当是人主的"苦乎以私夺威"才对。

由"一人不得兼官,一官不得兼事"的结果,不但"群臣不得朋党相为",并且也就是建立一职责分明,层层负责的官僚体系所必须者。

另外,韩非还谈到官职的升迁,也必须有一定的原则,他说:"明主之吏,宰相必起于州部,猛将必发于卒伍。夫有功者必赏,则爵禄厚而愈劝;迁官袭级,则官职大而愈治。夫爵禄大而官职治,王之道也。"(《韩非子·显学》)

至于监官之术,为了要知道臣下是否有违法之奸,他虽然反对"越官而有功",但也反对"治不逾官,虽知弗言",因为"人主以一国目视,故视莫明焉;以一国耳听,故听莫聪焉。今知而弗言,则人主尚安假借矣?"(《韩非子·定法》)他除了要人臣知奸必言外,还要动用连坐法,说是"明君之道,贱得议贵,下必坐上,决诚以参,听无门户,故智者不得诈欺"(《韩非子·八说》)。

要"听无门户",因此就必须"卑贱不待尊贵而进,论大臣不因左右而见。百官修通,群臣辐凑"(《韩非子·难一》)。反过来说也就是"观听不参,则诚不闻;听有门户,则臣壅塞"(《韩非子·内储说上》)。能使人君"壅塞"的多是左右重臣,所以韩非慨然而言:"术之不行,有故。不杀其狗则酒酸。夫国亦有狗,且左右皆社鼠也。"(《韩非子·外储说右上》)

人臣必须守法,而法律毕竟不能详尽一切的事项,但是"若其无法令,而可以接诈、应变、生利、揣事者,上必采其言而责其实"(《韩非子·问辩》),这也就是涉及人臣以进言而为奸的问题,对这个问题,韩非说:"……形名者,言与事也。为人臣者陈而言,君以其言授之事,专以其事责其功。功当其事,事当其言,则赏;功不当其事,事不当其言,则罚。"(《韩非子·二柄》)这也就是要人臣必须对国君言行一致,不得欺骗。并且,还必须"夫言行者,以功用为之的彀者也"(《韩非子·问辩》),这乃因为"磐石千里,不可谓富;象人百万,不可谓强,石非不大,数非不众也,而不可谓富强者,磐石不生粟,象人不可使距敌也"(《韩非子·显学》)。这也就是说,人臣对国君不得欺骗外,也不得乱扯一些无用的空话。

人主为了知道臣下的实情,不但要自己心无成见地"虚静无为",即使有成见,有喜怒好恶,也不能让臣下得知,此乃因"喜见则德偿,怒见则威分"(《韩非子·八经》),并且"好恶见,则下有因,而人主惑矣;辞言通,则臣难言,而主不神矣"(《韩非子·外储说右上》)。如此,在不能揣摸国君喜怒好恶的情形下,臣下只能把他所见所闻的真实情形,一五一十地反映给国君,国君才能有"聪明之势"。

要能监察臣下,基本上要能知臣下之实情,故而韩非由知臣之术,而发展出了一套认识论来。正如冯友兰所言:"稷下学派讲了不少君主统御臣下的方法,从关于这些方法的理论,可以得出认识论的结论。韩非关于认识论的思想也有这种情形。"①

4. 外交之术

韩非的外交思想是受到韩国处境的重大影响,当时韩国实行过合纵,也实行过连横。但至韩非时,韩是入朝于秦,完全成为"弱国无外交"的状况。因此,韩非根本反对当时国际外交上的纵横之术。

他批评纵横时说:"事大未必有实,则举图而委,效玺而请兵矣。献图则地削,效玺则名卑,地削则国削,名卑则政乱矣。事大为衡未见其利也,而亡地乱政矣。……救小未必有实,则起兵而敌大矣。救小未必能存,而交大未必不有疏,有疏则为强国制矣。出兵则军败,退守则城拔。救小未见其利,而亡地败军矣。"(《韩非子·五蠹》)所以,他提出警告说:"城郭恶,无畜积,财物寡,无守战之备而轻攻伐者,可亡也",并且"国小而不处卑,力少而不畏强,无礼而侮大邻,贪愎而拙交者,可亡也"(《韩非子·亡征》)。

纵横的结果,不但对外失败,并且纵横之士假外权而造成内政上的"国利未立,封土厚禄至矣;主上虽卑,人臣尊矣;国地虽削,私家富矣"(《韩非子·五蠹》)。由于国君纵横,依赖外国,而造成大臣的"内党外援以争事势"(《韩非子·亡征》),甚至可以挟外国的势力以压迫国君,国君的地位亦将动摇。

虽然韩非反对当时纵横的外交政策,但无法否认韩国必处于当时的国际关系之中,他进一步分析国际关系的本质,发现实为

---

① 冯友兰:《中国哲学史新编》第一册,第576页。

"力多则人朝,力寡则朝于人"(《韩非子·显学》)。所以,"国小则事大国,兵弱则畏强兵,大国之所索,小国必听,强兵所加,弱兵必服"(《韩非子·八奸》)。

由此可知,他认为"力"才是决定外交成败的因素,但"力"的多寡也不完全是决定于国土面积的大小,而是决定于军事的强弱,故言"国虽大兵弱者,地非其地,民非其民。无地无民,尧舜不能以王,三代不能以强"(《韩非子·饰邪》)。要兵强又必须仓廪充实,故生产力必须提高。此亦强调耕战之理由。要能耕战则必须明法、任势、用术,也就是内政修明。故韩非说"明主坚内故不外失"(《韩非子·安危》)。"坚内故不外失"也就是:

> 明其法禁,必其赏罚,尽其地力,以多其积,致其民死以坚其城守,天下得其地则其利少,攻其国则其伤大,万乘之国莫敢自顿于坚城之下,而使强敌裁其弊也,此必不亡之术也。(《韩非子·五蠹》)

若能明法术,而励耕战,则人主就有"威势",人主有"威势",韩非的外交并不止于"坚内",而是"万乘之主,千乘之君,所以制天下而征诸侯者,以其威势也"(《韩非子·人主》)。

四、君主民本的专制思想

从韩非所论的法、势、术来讲,其最后都归结于国君的集权,但他又自述:

夫治天下之柄,齐民萌之度,甚未易处也。然所以废先王之教,而行贱臣之所取者,窃以为立法术,设度数,所以利民萌便庶众之道也。故不惮乱主暗上之患祸,而必思齐民萌之资利者,仁智之行也。惮乱主暗上之患祸,而避乎死亡之害,知明夫身而不见民萌之资利者,贪鄙之为也。臣不忍向贪鄙之为,不敢伤仁智之行。(《韩非子·问田》)

郭沫若曾对这段文字,予以严厉的批评,说是:

看他这抱负俨然是以救世主自命了,他是不惮祸患,不避死亡而专为人民底利益的。或许也怕不是欺心之论吧?因为无论是怎样的明君术士,没有人民你也"术"不起来。奴隶主虽然剥削奴隶,但何尝又不爱惜奴隶?牛马也要有草吃才能耕作的,主人丰衣足食,牛马的草秣也才可以有充分的分量。极端君权论者的韩非,他脑里所怀抱的"救群生""利民萌",是应该作如是观的。①

并且,郭氏还说:"我并不否认韩非是文章的妙手,也不否认他的权谋底深刻,正因他是文学家,他也可能有美妙的画皮来掩饰他的权谋底可怕。"②

"文章的妙手"可能不止韩非,并应该包括二千多年后的郭氏

---

① 郭沫若:《十批判书》,第338页。
② 同上书,第337页。

在内,郭氏为了反对"极端君权论",而以"妙手"抹煞了韩非思想在特定历史发展阶段中的进步性了。殊不知韩非正是要以"极端君权论""救群生""利民萌"的,并且若不能"救群生""利民萌"也就不能达成他的"极端君权论"。

中国自古政治上有民本思想的传统,即"民惟邦本,本固邦宁"(《尚书·夏书·五子之歌》),并且说为政之道"在知人,在安民","知人则哲,能官人。安民则惠,黎民怀之"(《尚书·皋陶谟》)。到商,告诫统治者的也是"汝克黜乃心,施实德民"(《尚书·商书·盘庚》)。到西周,亦言"民之所欲,天必从之"(《左传·襄公三十一年》,引《泰誓》)。到东周,甚至民本思想凌驾于神权思想之上,而有言"夫民,神之主也。是以圣王先成民,而后致力于神"(《左传·桓公六年》),"国将兴,听于民,将亡,听于神,神聪明正直而一者也,依人而行"(《左传·庄公三十二年》)。直到百家争鸣,在政治思想上,也莫不以民本为依归。孔子言爱众,墨子曰兼爱,孟子说民贵。

荀子之后,渐渐打破君权神授的"奉天承命"之说,而言"天之生民非为君也。天之立君,以为民也"(《荀子·大略》)。慎到亦言:"古者,立天子而贵之者,非以利一人也。曰:天下无一贵,则理无由通,通理以为天下也。故立天子以为天下,非立天下以为天子也。"(《慎子·威德》)《商君书》上也说"古者民藂生而群处乱,故求有上也"(《商君书·开塞》),"故尧舜之位天下也,非私天下之利也,为天下位天下也"(《商君书·修权》)。

古代中国的民本思想,虽然由于历史阶段和社会经济的结构不同,而与近代的民主思想不同,但是即使近代的民主亦不能脱离民本的目的。脱离了民本，近代民主又何尝不沦为资本家专制的工具？当然，传统中国的民本思想亦受到统治者的利用，一方面是统治者用以自我警惕，在一定的情形下得以改良，而继续其压迫人民的统治。另一方面是欺骗人民，软化人民的反抗。但也不能否认民本思想也成为历来知识分子为人民奋斗的崇高理想。

韩非之言亦不过是继承这个思想的传统而将之附着在新的专制制度之上，他虽贵为韩国之诸公子，但并非有政治的权力，从《难言》《说难》《孤愤》诸篇中，均可知韩非不但是一个被排斥在权力圈外的人，并且受到当权派之压迫，而又思富国强兵的改革家。何况，当时是堂豁公劝韩非不要提倡法术，以免像吴起、商鞅一样，国虽富强而身遭杀戮，故引起韩非这段话的议论。若说他的民本思想只是"画皮"，只有当权派才需要欺骗人民的"画皮"，难道他是为自己所反对而不两立的当权派作"画皮"不成？由此可见，郭氏之言实为厚诬古人。

韩非之民本思想乃撷取前人之言，自成体系，而有别于前人。

首先，他认为国君之立，也是由于人民"自为"的结果，如"有巢氏""燧人氏"之"王天下"是他们的贡献使"民悦之"的结果。所以，"人主者，天下一力以共载之故安，众同心以共立之故尊"。为了巩固国君的地位，就必须"群臣百姓之所善则君善之，非群臣百姓之所善则君不善之"（《韩非子·八奸》）。他批评桀纣是"人不得乐所长而忧所短，失所长则国家无功，守所短则民不乐生"（《韩非子·安危》）。他考察历代明主之所诛与所举之人，所诛的原因都是"以其害国伤民败法"，所举之人都是因为"以其能为可以明法便国利民"（《韩非子·说疑》）。因此，他说："圣人之治民，度于本，不从其欲,期于利民而已"(《韩非子·心度》)。"利民"当然是"救群生""利民萌",韩非并不掩饰他专制的尊君论,并以专制建立于民本之上,这又如何是"画皮"呢?

由于历史条件的局限,当时各家之民本主张是否"画皮",并不决定于尊君与否,而决定于谁能给私田主更多发展的自由和谁能提高生产力而富国强兵,也就是谁能推翻阻碍上述发展的封建制度。而历史的答案显然是法家思想。韩非虽身为贵族,但却攻击封建贵族不遗余力,并在攻击封建贵族之余衬出他的民本思想。他尝言:

> 上古之传言,春秋所记,犯法为逆以成大奸者,未尝不从尊贵之臣也。然而法令之所以备,刑罚之所以诛,常以卑贱,是以其民绝望,无所告诉。(《韩非子·备内》)

又如:

> 徭役多则民苦,民苦则权势起,权势起则复除重,复除重则贵人富……故曰徭役少则民安,民安则下无重权,下无重权则权势灭,权势灭则德在上矣。(同上)

这正是民本与尊君的结合,之所以会有这种结合,实乃因当时阻碍生产力提高的是井田主,亦即封建主或重人,他们为了维护自己的利益是上欺于君、下压其民,而使得私田主与国君在对付这批重人的这点上利益是共同的。故使得在当时具体的条件下,造成相对的专制而利民的情形。

但是君主和民本毕竟在本质上是矛盾的,但在政治上,中国一直要到 20 世纪,才能以民主取代君主来作为解决之途。

韩非在思想上当然遭遇到这个问题,但他的解决之道却是"不从其欲,期于利民而已"。这也就是否认人民是具有普遍理性的,并需假定唯有国君是具有"独道之容"的,是执行公利正义的。故言"民智之不可用,犹婴儿之心也"(《韩非子·显学》)。并且认为"愚赣窳墯之民,苦小费而忘大利",故"人主者,明能知治,严必行之,故虽拂于民心,立其治"(《韩非子·南面》)。

韩非以"利民萌,便庶众"自许,而又坚持君主专制,而否定"民智",因此他的思想不能不出现矛盾。即若"民智之不可用","有巢氏"和"燧人氏",又如何能得到"民悦"而"王天下"呢?"民智之不可用",难道"民悦"就可用吗? 再说,他明知人是"自为"的,而说"君臣异利",也指出君民也异利。国君之"自为"既与民利冲突,又如何能"利民萌,便庶众"呢?

当然,这个民本与统治的问题不是韩非所能解决的,即使近代欧美民主的政治也不能回答。如果能,为什么 19 世纪以来西方民主国家内的社会革命有增无已? 他们也只能呼吁理性的改良主义以缓和革命的冲击而已,这恐怕是一个人类政治上需要长期追求答案的开放的问题。

第五章　秦的兴亡与法家之治

从周天子式微,无力以宗法封建制一匡天下之后,中国的政治局面由春秋五霸到战国七雄,诸侯间的攻伐兼并愈演愈烈,正是顾炎武所言:

> 春秋时犹尊礼重信,而七国则绝不言礼与信矣。春秋时犹宗周王,而七国绝不言王矣。春秋时犹祭祀重聘享,而七国则无其事矣。春秋时犹论宗姓氏族,而七国则无一言及之矣。春秋时犹宴会赋诗,而七国则不闻矣。春秋时犹有赴告策书,而七国则无有矣。邦无定交,士无定主,此皆变于一百三十三年之间。史之阙文,而后人可以意推者也。不待始皇之并天下,而文武之道尽矣!(《日知录·周末风俗》)

在政治上,由宗法而专制,由封建而郡县;而经济上,亦由井田而私田。固"不待始皇之并天下,而文武之道尽矣",但是一统天下而使得"文武之道尽矣"之后的法家之治得以初具一个全国性的规模,这项历史的使命却不能不说是由秦始皇来完成的。

一、秦的兴起与变法

秦是一中国西方的游牧部族,传说曾佐舜调驯鸟兽,赐姓嬴氏。夏桀无道,曾佐殷并败桀于鸣条。周武王伐纣,杀秦恶来。周宣王以秦仲为大夫,诛西戎,并以秦仲后为西垂大夫。周幽王被杀于骊山之下,秦襄公帅兵相救。周东徙,秦襄公又以兵送周平王。平王遂以岐以西之地赐秦,并封为诸侯。秦始正式为国。

由此可知秦是一个文化落后的国,故代表中原文化的宗法封建势力在秦亦为薄弱。当宗法封建渐形崩坏而产生尖锐的内部矛盾,秦因薄弱之故,故其矛盾亦无其他各国那么尖锐。且在"土无定主"的情形下,不断接纳在各国遭排挤的激进之士,故其落后反成了各国革新竞争中的有利条件。在各国陷于重重不可解决的矛盾之时,秦却渐渐地兴起于西方。

春秋初期齐晋争霸,秦至缪公用虞大夫百里奚等开始东进。至孝公励精图治,下求贤令曰:

> 昔我缪公自岐雍之间,修德行武,东平晋乱,以河为界,西霸戎翟,广地千里,天子致伯,诸侯毕贺,为后世开业,甚光美。……寡人思念先君之意,常痛于心。宾客群臣有能出奇计强秦者,吾且尊官,与之分土。(《史记·秦本纪》)

孝公三年(前359年)在魏受排挤的卫公子鞅至秦,说孝公而行变法,致秦国富兵强,受封于商,称商鞅。

商鞅在实行变法之前,曾和秦大臣甘龙、杜挚有一场理论上的辩论如次:

> 卫鞅曰:"疑行无名,疑事无功。且夫有高人之行者,固见非于世,有独知之虑者,必见敖于民。愚者暗于成事,知者见于未萌,民不可与虑始而可与乐成。论至德者不和于俗,成大功者不谋于众。是以圣人苟可以强国,不法其故;苟可以利民,不循其礼。"孝公曰:"善。"甘龙曰:"不然。圣人不易民而教,知者不变法而治。因民而教,不劳而成功;缘法而治者,吏习而民安之。"卫鞅曰:"龙之所言,世俗之言也。常人安于故俗,学者溺于所闻。以此两者居官守法可也,非所与论于法之外也。三代不同礼而王,五伯不同法而霸。智者作法,愚者制焉;贤者更礼,不肖者拘焉。"杜挚曰:"利不百,不变法;功不十,不易器。法古无过,循礼无邪。"卫鞅曰:"治世不一道,便国不法古。故汤武不循古而王,夏殷不易礼而亡。反古者不可非,而循礼者不足多。"孝公曰:"善。"(《史记·商君列传》)

从以上的引文中可以知道,韩非"世异则事异""事异则备变"(《韩非子·五蠹》)及"法与时转则治,治与世宜则有功"(《韩非子·心度》)之类的说法,其实就是"三代不同礼而亡,五伯不同法而霸"及"治世不一道,便国不法古"的理论补充。

商鞅讲要"有独知之虑",韩非说要有"独道之容"(《韩非子·扬权》);商鞅说"知者见于未萌",韩非说"圣人见微以知萌,见端以知末"(《韩非子·说林上》);商鞅说"民不可与虑始而可与乐成",

韩非也说"禹利天下,子产存郑,皆以受谤,夫民智之不足用亦明矣"(《韩非子·显学》);商鞅说"苟可以利民,不循其礼",韩非甚至认为苟可以"利民萌便庶众"而"不惮乱主暗上之患祸"(《韩非子·问田》)。另外,至于商鞅之主张"强国"与韩非相同,更不在话下。

由此可见,商鞅恃以变法的理论,实为法家之论。由甘龙主张"缘法而治"而商鞅主张"论于法之外"来看,商鞅所主张的变法,实不是由无变有,也不是在既成的法律之下的变法,而是以政治的力量来变更法律制度的。其变法的实践则分为二阶段,第一阶段为:

> 令民为什伍,而相牧司连坐,不告奸者腰斩,告奸者与斩敌首同赏,匿奸者与降敌同罚。民有二男以上不分异者,倍其赋。有军功者,各以率受上爵;为私斗者,各以轻重被刑大小,僇力本业,耕织致粟帛多者复其身。事末利及怠而贫者,举以为收孥。宗室非有军功,论不得为属籍,明尊卑爵秩等级,各以差次,名田宅臣妾衣服,以家次。有功者显荣,无功者虽富无所芬华。(《史记·商君列传》)

虽然第一阶段的变法"行之十年,秦民大说,道不拾遗,山无盗贼,家给人足。民勇于公战,怯于私斗,乡邑大治"(同上),但是从另一面来看,"商君相秦十年,宗室贵戚多怨望者"(同上)。《战国策》亦云:"商君治秦,法令至行,公平无私,罚不讳强大,赏不私亲近,法及太子,黥劓其傅。期年之后,道不拾遗,民不妄取,兵革大强,诸侯畏惧。然刻深寡恩,特以强服之耳。"(《战国策·秦策一》)然商君却不顾反对,接着又开始了第二阶段的变法。"令民父子兄弟同室内息者为禁。而集小（都）乡邑聚为县，置令、丞，凡三十一县。为田开仟伯封疆，而赋税平。平斗桶权衡丈尺。"（《史记·商君列传》）

孝公死后，商鞅被"宗室贵戚"和公子虔车裂，其中固有恩怨在内，但亦不能说没有"大臣太重者国危，左右太亲者身危。今秦妇人婴儿皆言商君之法，莫言大王（按：指秦惠王，即公子虔）之法，是商君反为主，大王更为臣也。且夫商君，固大王仇雠也，愿大王图之"（《战国策·秦策》）的双层理由。商君虽死，但无论如何说，后世秦的霸业是从商鞅变法的基础上建立起来的。

韩非为商鞅之后的一个法家集大成者，对商鞅亦多有评述，韩非所述的商鞅变法，可以与《战国策》及《史记》相互补充，其主要的有——

> 商君教秦孝公以连什伍，设告坐之过，燔诗书而明法令，塞私门之请而遂公家之劳，禁游宦之民而显耕战之士。孝公行之，主以尊安，国以富强。（《韩非子·和氏》）
>
> 古秦之俗，君臣废法而服私，是以国乱兵弱而主卑。商君说秦孝公以变法易俗而明公道，赏告奸，困末作而利本事，当此之时，秦民习故俗之有罪可以得免，无功可以得尊显也，故轻犯新法，于是犯之者其诛重而必，告之者其赏厚而信，故奸莫不得而被刑者众，民疾怨而众过日闻。孝公不听，遂行商君之法，民后知有罪之必诛，而私奸者众也，故民莫犯，其刑无所加。是以国治而兵强，地广而主尊。（《韩非子·奸劫弑臣》）

虽然韩非以商鞅为"世之仁贤忠良有道术之士"(《韩非子·难言》),并且为商鞅之死打抱不平,但是其对商鞅也有一定的批评。他一是批评商鞅"无术以知奸,则以其富强也资人臣而已矣",二是批评商鞅以"官爵之迁而斩首之功相称"是"以斩首之功为医匠也"(《韩非子·定法》)。

从秦孝公到秦始皇之间,秦还历经惠王、武王、昭襄王、孝文王和庄襄王。至荀子入秦所见为:

> 其百姓朴,其声乐不流污,其服不挑,甚畏有司而顺,古之民也。及都邑官府,其百吏肃然,莫不恭俭敦敬忠信而不楛,古之吏也。入其国,观其士大夫,出于其门,入于公门,出于公门,归于其家,无有私事也;不比周,不朋党,偶然莫不明道而公也,古之士大夫也。观其朝廷,其间听决,百事不留,恬然如无治者,古之朝也。故四世有胜,非幸也,数也;是所见也,故曰:佚而治,约而详,不烦而功,治之至也。秦类之矣。虽然,则有其諰矣;兼是数具者而尽有之,然而县之以王者之功名,则倜倜然其不及远矣。是何也?则其殆无儒邪!故曰:粹而王,驳而霸,无一焉而亡。此亦秦之所短也。(《荀子·强国》)

从以上的所述中可以知道变法以后的秦的政治经济方向有几点:

(1)秦以法律取消了以前的宗法,并且这种法律是严刑峻法和普遍实行连坐,并依法建立一有效率的官僚体系。

(2) 正式全面地废除井田制,建立一公平的赋税制度,鼓励自耕农出现,而使得农业生产力达到一个新的水准。

(3) 除了鼓励农耕外,还鼓励战士,打破原有贵族统率军队的制度,而建立了一套以斩首为功的升迁制度,致使战斗力大为提高。

(4) 建立国君直辖的县。

(5) 秦还实行文化政策,禁止了旧有的意识形态的传播,以巩固其所建立的新制度。

由于秦的变法包括经济方面,打破了原有生产制度的局限,且秦为一开发落后之国而亟待开发,且有可开发之地,故《商君书》中有说秦王以徕三晋之民的记载,①而云"意民之情,其所欲者田宅也,晋之无有也信,秦之无有也必。必若此而民不西者,秦士戚而民苦也。今利其田宅,而复之三世,此必与其所欲,而不使行其所恶也。然则山东之民,无不西者矣"(《商君书·徕民》)。另外,《商君书》还说到,因为"富贵之门必出于兵,是故民闻战而相贺"(《商君书·赏刑》)。《商君书》是否商鞅之作或可争议,然视是为商鞅变法之后秦的政治社会之反映,则应无疑。

韩非对商鞅的变法虽多褒之,但亦有批评,他对商鞅之后的秦也有批评,言其缺点乃在于商鞅变法的不足,不能彻底废止封建以至"无术以知奸",不能彻底完成君权的集中。他说:

及孝公、商君死,惠王即位,秦法未败也,而张仪以秦殉

---

① 陈启天说:"马骕绎史谓'篇内多言鞅以后事,非商子本书也',本篇非鞅所作。"见所著《商君书校释》,第96页。故徕民之说恐非商鞅之议,而另有所言者。

韩、魏。惠王死,武王即位,甘茂以秦殉周,武王死,昭襄王即位,穰侯越韩、魏而东攻齐,五年而秦不益尺土之地,乃城其陶邑之封;应侯攻韩八年,成其汝南之封;自是以来,诸用秦者皆应、穰之类也。故战胜则大臣尊,益地则私封立,主无术以知奸也。(《韩非子·定法》)

张仪曾以合纵屡次为秦取得外交上的胜利,故太史公曰:"三晋多权变之士,夫言从衡强秦者大抵皆三晋之人也。"(《史记·张仪列传》)甘茂虽后亡秦奔齐之楚,但亦曾为秦拔韩之宜阳,城武遂,致使魏太子来朝;至于穰侯魏冉,太史公说:"而秦所以东益地,弱诸侯,尝称帝于天下,天下皆西乡稽首者,穰侯之功也。"(《史记·穰侯列传》)应侯范雎曾以"远交近攻"之策为秦拔韩之少曲,高平、汾陉,而城河上、广武,并破赵于长平而围邯郸,亦非无功之辈。故韩非对彼等的批评似不公平。

不过秦虽立县,但未彻底废止封建,因此"战胜则大臣尊,益地则私封亡",并非无的放矢。如商鞅就封于商而称商君,魏冉受封于穰,复益封陶;范雎则受封于应;再者如吕不韦封为文信侯,食蓝田十二县。如此则有损君权之集中,"故乘强秦之资,数十年而不至于帝王者"(《韩非子·定法》)。"大臣尊""私封立",乃韩非认为秦"不至于帝王"的原因。

秦到嫪毐被族,吕不韦自杀之后,始皇和李斯才克服了"大臣尊""私封立"的主观障碍,实行国君的集权。在客观上,其他各国由于政治腐败而日以削弱。故秦终于统一了天下,建立了中国第一个专制帝国。

二、秦始皇与李斯

秦始皇名政,其生父据说为吕不韦。吕不韦为邯郸大贾。当子楚为秦诸孽孙质于赵时结识吕不韦,吕不韦阴谋说服太子安国君的宠妾华阳夫人,使子楚得立为嫡嗣。吕不韦并将自己的宠姬,知其有孕而与子楚,生而为政。昭襄王死,安国君为王,一年又死。谥孝文王,子楚继位为庄襄王,以吕不韦为丞相,封文信侯。庄襄王即位三年死,政立为王,年十三,吕不韦为相国,号"仲父"。

吕不韦以一商贾助子楚取得秦王之位,自己亦与之共享。据说他事前是曾和其父亲商量过的。据载:"曰:耕田之利几倍?曰:十倍。曰:珠玉之赢几倍?曰:百倍。曰:立国家之主赢几倍?曰:无数。"(《战国策·秦策五》)

由于生产工具的革新,生产力增加,也促进了商业的发达。商人致富进而干政者于先秦亦多有之,如郑商人弦高就曾以一己之力却秦师(《史记·秦本纪》)。越勾践复国即重用范蠡、计然之谋,此二人亦商人。孔子的学生"子贡结驷连骑,束帛之币以聘享诸侯,所至,国君无不分庭与之抗礼"(《史记·货殖列传》)。其他如猗顿、郭纵也都"与王者埒富"(同上)。乌支倮、巴寡妇清也都以商致富,而"秦始皇帝令倮比封君,以时与列臣朝请",并对寡妇清"以为贞妇而客之,为筑女怀清台"(同上)。

吕不韦一介商贾以"奇货可居",相国封侯,后更为秦王之生父,可谓商人干政之极至者。

至秦始皇即位,秦已为七国之最雄者,王年少,大权落入吕不韦之手。吕亦野心勃勃"招致宾客游士,欲以并天下"(《史记·秦始皇本纪》),其食客之众达三千人,而与信陵君、春申君、平原君、孟尝君相倾,并"使其客人人著所闻,集论以为八览、六论、十二纪,二十余万言。以为备天地万物古今之事。号曰:《吕氏春秋》"(《史记·吕不韦列传》)。

吕不韦除控制秦国的朝政大权,培植私人党羽,掌握学术文化,发动舆论制造个人声望外,还欺始皇年少,在庄襄王死后继续与太后淫乱。及始皇年稍长,又恐致祸,而阴以嫪毐诈称宦人供太后纵淫,并生二子而匿之,且阴谋以其子为秦王,嫪毐亦以太后之宠而封为长信侯。① 始皇九年,事发,嫪毐遭夷三族,迁太后于雍,二子亦遭杀。并事连吕不韦,然因其奉先王功大,并且宾客辩士为游说者众,故未致法。由此亦可见吕不韦对始皇有尾大不掉之势。始皇十年,以齐人茅焦之说迎太后于雍,复归咸阳,免吕不韦相,并令出咸阳就国河南。十一年,吕不韦就国岁余,而诸侯宾客使者相望于道,始皇恐其生变,而致其函曰:"君何功于秦?封君河南,食十万户。君何亲于秦?号称仲父。其与家属徙处蜀!"(同上)吕不韦恐诛,饮鸩而死。

吕不韦死后,秦国的实权才真正回归始皇之后。

李斯是楚人,曾从荀子学帝王之术,与韩非同学,而自认不如韩非之才,李斯至秦,值庄襄王死,而求为吕不韦之舍人,不韦贤之,而任以为郎,至说秦始皇,拜为长吏,有功再拜为客卿。后韩人

---

① 裴骃《史记集解》引《说苑》曰:"毐与侍中左右贵臣博弈饮酒,醉,争言而斗,瞋目大叱曰:'吾乃皇帝假父也,窭人子何敢乃与我亢!'所与门者走,行白始皇。"

郑国来间秦,秦宗室大臣言于始皇曰:"诸侯人事秦者,大抵为其主游间于秦耳,请一切逐客。"(《史记·李斯列传》)李斯上书谏始皇而止逐客令。后渐重用其计谋,官至廷尉,经营二十余年,统一中国,并官至丞相。始皇死,二世立,李斯为赵高所陷,夷三族。李斯虽被夷族,但秦的统一中国,李斯却是实际的策划人,则毋庸置疑。

至于秦始皇、李斯的主张和思想分述于后。

(一) 大一统的思想

虽然宗法封建制在政治上是维系着以周天子为天下大宗的大一统局面,但各国封内的社会经济之发展则各异其趣,尤其周天子式微,农业和手工业有进一步的发展之后,社会和经济的活动日趋复杂,其活动的范围也日趋扩张,都由一自足的经济体系进而有各地之间的经济活动。正是由老子所说的"甘其食,美其服,安其居,乐其俗,邻国相望,鸡犬之声相闻,民至老死不相往来"(《老子》第六十七章),到太史公所说的——

> 夫山西饶材、竹、谷、纑、旄、玉石;山东多鱼、盐、漆、丝、声色;江南出楠、梓、姜、桂、金、锡、连、丹沙、犀、瑇、珠玑、齿革;龙门、碣石北多马、牛、羊、旃裘、筋角;铜、铁则千里往往山出棋置;此其大较也。皆中国人民所喜好,谣俗被服饮食奉生送死之具也。故待农而食之,虞而出之,工而成之,商而通之。(《史记·货殖列传》)

另外,农业之发达依赖水利灌溉,而灌溉之河渠,亦非独立可行,并经常是贯穿数国,如"荥阳下引河东南为鸿沟,以通宋、郑、陈、蔡、曹、卫,与济、汝、淮、泗会。于楚,西方则通渠汉水、云梦之野,东方则通(鸿)沟江淮之间。于吴,则通渠三江、五湖。于齐,则通菑济之间。于蜀,蜀守冰凿离碓,辟沫水之害,穿二江成都之中。此渠皆可行舟,有余则用溉浸,百姓飨其利。至于所过,往往引其水益用溉田畴之渠,以万亿计,然莫足数也"(《史记·河渠书》)。由于河渠灌溉是各地相关联的,并且粮食的互通有无也是各地相关联的,所以春秋时齐桓公盟宋、鲁、卫、郑、许、曹诸国于葵丘时,规定"无曲防,无遏籴"①(《孟子·告子下》)。水有灌溉之利,也有为灾之患,孟子就说到当时有人主张利用河渠"以邻国为壑"(同上)。

从农业、商业和手工业的民生观点视之,政治上虽各国分立,但是经济上却由于经济的发达,而彼此间的依赖性也愈高。虽然经济的依赖性愈来愈高,但是在制度上却又是"秦以前之七国*,田畴异亩,车途异轨,律令异法,衣冠异制,言语异声,文字异形"(许慎《说文解字序》)。由经济上的相互依赖,而要求制度的划一;由民生的祸福与共,政治统一的要求也是一自然的趋势。

复次,由于连年战乱,没落的统治阶层已渐丧失面对战争的斗志,如道家"养生"之思想反映,故有战国以后的连横之说。一般平民为战争之最大受害者,亦有反战之情绪,也有墨子之"非攻""兼爱"之思想反映。为了免除战祸,需要和平,需要政治的统一。

---

① 朱熹注曰:"无曲防,不得曲为堤防壅泉激水,专以小利病邻国也。无遏籴,邻国凶荒,不得闭籴也。"见《四书集注》(乙种本),世界书局 1960 年版,第 97 页。

* 原文如此,疑误。或为"其典籍分为七国"。——编者从经济民生及一般人的心理都渐趋于政治统一的情形下,周天子却是一个再也扶不起的阿斗了。但是人们的愿望和思想总要有一个理想的寄托。所以,春秋末期主张"尚同"的墨子就说:"然计天下之所以治者,何也?唯而以尚同一义为政故也。天下既已治,天子又总天下之义以尚同于天。"(《墨子·尚同下》)孟子回答梁襄王"天下恶乎定"时也说"定于一"(《孟子·梁惠王上》)。要求政治的统一,到战国已不是一个偶然之事,只是尚哪一种同、定于哪一种一,各家有不同的说法而已。

李斯之所以见重于始皇,就是他主张以秦之强,吞灭六国,统一中国。他说:

> 胥人者,去其几也,成大功者,在因瑕衅而遂忍之。昔者秦穆公之霸,终不东并六国者,何也?诸侯尚众,周德未衰,故五伯迭兴,更尊周室。自秦孝公以来,周室卑微,诸侯相兼,关东为六国,秦之乘胜役诸侯,盖六世矣。今诸侯服秦,譬若郡县。夫以秦之强,大王之贤,由灶上骚除,足以灭诸侯,成帝业为天下一统,此万世之一时也。今怠而不急就,诸侯复强,相聚约从,虽有黄帝之贤,不能并也。(《史记·李斯列传》)

秦之所以为七国之最雄者,而"足以灭诸侯,成帝业,为天下一统",据李斯所言乃是因为"孝公用商鞅之法,移风易俗,民以殷盛,国以富强,百姓乐用,诸侯亲服,获楚、魏之师,举地千里,至今治强。惠王用张仪之计,拔三川之地,西并巴、蜀,北收上郡,南取汉中，包九夷，制鄢、郢，东据成皋之险，割膏腴之壤，遂散六国之从，使之西面事秦，功施到今。昭王得范雎，废穰侯，逐华阳，强公室，杜私门，蚕食诸侯，使秦成帝业"(《史记·李斯列传》)。有了六世之经营，秦在内政、外交上已具有一统天下之政治条件，并且秦在经济文化上，又亟须取得他国之供应，正如李斯所言：

> 今陛下致昆山之玉，有随、和之宝，垂明月之珠，服太阿之剑，乘纤离之马，建翠凤之旗，树灵鼍之鼓。此数宝者，秦不生一焉，而陛下说之，何也？必秦国之所生然后可，则是夜光之璧不饰朝廷，犀象之器不为玩好，郑、卫之女不充后宫，而骏良駃騠不实外厩，江南金锡不为用，西蜀丹青不为采。……夫击瓮叩缶弹筝搏髀，而歌呼呜呜快耳(目)者，真秦之声也；郑、卫、桑间、昭、虞、武、象者，异国之乐也。今弃击瓮叩缶而就郑、卫，退弹筝而取昭虞，若是者何也？(同上)

虽然这段话是李斯为谏《逐客令》而说的，但亦反映他对各地间文化经济相互依赖性的认识和了解。

至秦统一中国后，从此结束春秋战国以来各国纷争的局面，并且"收天下兵，聚之咸阳，销以为钟鐻，金人十二，重各千石，置廷宫中"(《史记·秦始皇本纪》)，这除了预防有人持兵再战外，也是安抚久已厌战的民心，告诉人民，和平已经来到。秦之统一天下，也正是韩非生前所说："万乘之主，有能服术行法以为亡征之君风雨者，其兼天下不难矣。"(《韩非子·亡征》)

（二）中央集权

秦的"大一统"不是封建的统一，而是专制的统一，专制的工具就是法令，故"海内为郡县，法令由一统，自上古以来未尝有，五帝所不及"（《史记·秦始皇本纪》），亦非虚言。

虽然秦在战国时代即已置县，但统一天下以后的"海内为郡县"，还是经过一番思想上的争论而决定的，当时的丞相王绾就提议"请立诸子，唯上幸许"，而群臣皆曰便。唯李斯反对之，他说：

> 周文武所封子弟同姓甚众，然后属疏远，相攻击如仇雠，诸侯更相诛伐，周天子弗能禁止。今海内赖陛下神灵一统，皆为郡县，诸子功臣以公赋税重赏赐之，甚足易制，天下无异意，则安宁之术也。置诸侯不便。（同上）

秦始皇闻李斯之言后也说："天下共苦战斗不休，以有侯王。赖宗庙，天下初定，又复立国，是树兵也，而求其宁息，岂不难哉！廷尉议是。"（同上）

"诸子功臣以公赋税重赏赐之"，但不准"立国"和"树兵"，也正是韩非所说"大臣之禄虽大，不得藉威城市，党与虽重，不得臣士卒"（《韩非子·爱臣》）。

秦虽二世而亡，且因其严刑峻法而受到历代学者的非难，但其废封建立郡县，却有唐朝的柳宗元为其辩护而说：

> 秦有天下，裂都会而为之郡邑，废侯卫而为之守宰。据天

下之雄图,都六合之上游,摄制四海运于掌握之内,此其所以为得也。……汉有天下,矫秦之枉,徇周之制,剖海内而立宗子,封功臣,数年之间,奔命扶伤之不暇。……然封建之始,郡邑居半,时则有叛国,而无叛郡,秦制之得,亦明矣。①

废封建、立郡县诚然是中央集权,再者,法令是代表国君之权威,也是国君专制的工具,若法令不能统一,则国君之威分,故韩非不但反对"不一其宪令"(《韩非子·定法》),并且不断强调"法莫如一而固"(《韩非子·五蠹》),"一法而不求智"(同上)及"法不两适"(《韩非子·问辩》)。当时七国各有其法,秦统一天下后,为其中央集权,不能不统一法令。故亦"一法度衡石丈尺,车同轨,书同文字"(《史记·秦始皇本纪》)或言"明法度,定律令,皆以始皇起。同文书"(《史记·李斯列传》),并且统一所有的度量衡制度,使天下通用之。

这是秦始皇统一天下的一大贡献,故秦亦以此自矜,而秦始皇至各地的刻石勒碑中也多提及,如:

> 皇帝临位,作制明法,臣下修饬。……治道运行,诸产得宜,皆有法式。……贵贱分明,男女礼顺,慎遵职事。(《史记·秦始皇本纪》,泰山刻石)
>
> 普天之下,抟心揖志。器械一量,同书文字。日月所照,舟舆所载。皆终其命,莫不得意。应时动事,是维皇帝。……

---

① [唐]柳宗元:《柳河东集》,河洛图书出版社1974年版,第45—46页。

除疑定法,咸知所辟。方伯分职,诸治经易,举错必当,莫不如画。(《史记·秦始皇本纪》,琅琊刻石)

大圣作治,建定法度,显箸纲纪。外教诸侯,光施文惠,明以义理。……普施明法,经纬天下,永为仪则。(《史记·秦始皇本纪》,之罘刻石)

虽然这是一些歌功颂德的文字,但是其所表现的思想不正是韩非等的法家思想吗?韩非说:"就公法者,民安而国治。"(《韩非子·有度》)换句话说,不正是"治道运行,诸产得宜,皆有法式"吗?因为"明主言法,则境内卑贱莫不闻知也"(《韩非子·难三》),所以,才能"除疑定法,咸之所辟"啊!"举错必当,莫不如画"也正是"明主之国,官不敢枉法,吏不敢为私,货赂不行,是境内之事尽如衡石也"(《韩非子·八说》)。

"车同轨"即指秦开驰道,使全中国之交通连接起来,缩短了往来的时日,更利于中央集权的统治,据说当时的情形是:"(秦)为驰道于天下,东穷燕晋,南极吴楚,江湖之上,濒海之观毕至,道广五十步,三丈而树,厚筑其外,隐以金椎,树以青松,为驰道之丽至于此。"(《汉书·贾邹枚路传》)

至于"书同文字",乃是将各国之文字同一于秦,许慎言:"秦始皇帝初兼天下,丞相李斯乃奏同之,罢其不与秦文合者,斯作《仓颉篇》,中车府令赵高作《爰历篇》,太史令胡毋敬作《博学篇》,皆取史籀大篆,或颇省改,所谓小篆者也。"(《说文解字序》)萨孟武认为此"书同文字"之实施乃是"吾国人民能够自觉为一个民族的基础原因"[①]。

---

① 萨孟武:《中国社会政治史》第一册,自印本,1969年,第52页。

秦不但统一了中国,并且因其中央集权的制度,更促成了中国的统一性,在"一法度衡石丈尺,车同轨,书同文"的情形下,使中国成为一难以分裂的整体。虽然后世中国不断有分裂之局面,但是从此"大一统"成为中国人无内战能太平的政治理想。

(三) 专制思想

秦除了立郡县一法令以使中央集权外,并且从秦昭王用范雎"强公室,杜私门"(《史记·李斯列传》)到秦始皇诛嫪毐及吕不韦自杀,统治阶层的中央内部,也变成了一人独尊的局面了。真是韩非所言:"万物莫如身之至贵也,位之至尊也,主威之重,主势之隆也。"(《韩非子·爱臣》)

尤其在统一了天下之后,李斯、冯劫、王绾等皆曰:"昔者五帝地方千里,其外侯服夷服诸侯或朝或否,天子不能制。今陛下兴义兵诛残贼,平定天下,海内为郡县,法令由一统,自上古以来未尝有,五帝所不及。臣等谨与博士议曰:'古有天皇,有地皇,有泰皇,泰皇最贵。'臣等昧死上尊号,王为'泰皇。'"秦始皇亦在志满踌躇之余而言"去'泰',著'皇',采上古'帝'位号,号曰'皇帝'"。自为"始皇帝",而欲"后世以计数,二世三世至于万世,传之无穷"(《史记·秦始皇本纪》)。

秦始皇巡行天下到处刻石也是大搞尊君思想,例如,"皇帝作始,端平法度,万物之纪""皇帝之德,存定四极""六合之内,皇帝之土""人迹所至,无不臣者""体道行德,尊号大成"(同上,琅琊刻石)。

商鞅要实行法家之治而又行专制,除了用强制的法律以建立政治经济的制度外,进而控制意识形态和思想,而有"燔诗书而明法令"的措施。

秦始皇统一中国后,虽王绾等"请立诸子"遭拒,但封建和郡县在思想上的争执并未停止。后来又因仆射周青臣歌功颂德地说:"他时秦地不过千里,赖陛下神灵明圣;平定海内,放逐蛮夷,日月所照,莫不宾服。以诸侯为郡县,人人自安乐,无战争之患,传之万世。"因而引起博士淳于越的反击说:"臣闻殷周之王千余岁,封子弟功臣,自为枝辅。今陛下有海内,而子弟为匹夫,卒有田常、六卿之臣,无辅拂,何以相救哉?事不师古而能长久者,非所闻也。今青臣又面谀以重陛下之过,非忠臣。"(《史记·秦始皇本纪》及《李斯列传》)

秦始皇不悦淳于越之言而下其议,李斯则言:

> 五帝不相复,三代不相袭,各以治,非其相反,时变异也。今陛下创大业,建万世之功,固非愚儒所知。……古者天下散乱,莫之能一,是以诸侯并作,语皆道古以害今,饰虚言以乱实,人善其所私学,以非上之所建立。今皇帝并有天下,别黑白而定一尊。私学而相与非法教,人闻令下,则各以其学议之,入则心非,出则巷议,夸主以为名,异取以为高,率群下以造谤。如此弗禁,则主势降乎上,党与成乎下。禁之便。臣请史官非秦记皆烧之。非博士官所职,天下敢有藏诗、书、百家语者,悉诣守、尉杂烧之。有敢偶语诗书者弃市。以古非今者族。吏见知不举者与同罪。令下三十日不烧,黥为城旦。所不去者,医药卜筮种树之书。若欲有学法令(徐广曰:无"法

令"二字。《李斯列传》亦无之),以吏为师。(《史记·秦始皇本纪》及《李斯列传》)

这就是史称的"焚书",但由于"焚书"不包括"博士官所职",又"若欲有学(法令),以吏为师",故萨孟武认为:

> 秦不是只许人民学习法令,而是禁止人民设立私塾。战国时代百家杂兴,各以自己的学说批评政府的施设,即如李斯所言,"闻令下,则各以其学议之",思想不统一,始则"异取以为高",终则"党与成乎下"。这在国基未固之时,当然有很大的害处。这就是秦始皇禁私塾的原因,不是单单要愚黔首而已。①

胡适对李斯的"焚书"之议,亦有其看法,他说:

> 我们研究中国古代思想史的人,看了这篇宣言,并不觉得有什么可以惊异的论点。古来的思想家,无论是那一派,都有压迫异己的倾向。……所以古代思想派别虽多,在压迫异己思想和言论一点上,他们是一致的。……后世儒者对于孔丘杀少正卯的传说都不曾有贬辞,独要极力丑诋李斯的焚书政策,真是知二五而不知一十了。②

---

① 萨孟武:《中国社会政治史》第一册,第52—53页。
② 胡适:《中国中古思想史长编》(手稿本),胡适纪念馆1971年版,第200—202页。

虽然先秦诸子"无论是哪一派,都有压迫异己思想的倾向",然李斯的"焚书"之论,显然是属于法家的,除了商鞅有"燔诗书而明法令"的措施外,韩非也明言:"故明主之国,无书简之文,以法为教,无先王之语,以吏为师。"(《韩非子·五蠹》)

除了"焚书"外,秦始皇还施出了一个绝招,即"坑儒"。"坑儒"之发生乃是说秦始皇以"真人者,入水不濡,入火不爇,陵云气与天地久长"的卢生与侯生私自逃亡,又批评秦始皇为:

> 始皇为人,天性刚戾自用,起诸侯,并天下,意得欲从,以为自古莫及也。专任狱吏,狱吏得亲幸。博士虽七十人,特备员弗用。丞相诸大臣皆受成事,倚辨于上。上乐以刑杀为威,天下畏罪持禄,莫敢尽忠。上不闻过而日骄,下慑伏谩欺以取容。秦法,不得兼方不验,辄死,然候星气者至三百人,皆良士,畏忌讳谀,不敢端言其过。天下之事无小大皆决于上,上以衡石量书,日夜有呈,不中呈不得休息,贪于权势至如此,未可为求仙药。(《史记·秦始皇本纪》)

秦始皇闻之大怒,认为"吾前收天下书不中用者尽去之"(同上)的政策未能贯彻,而坑杀犯禁者四百六十余人于咸阳,其长子扶苏进谏言:"天下初定,远方黔首未集,诸生皆诵法孔子,今上皆重法绳之,臣恐天下不安。唯上察之。"(同上)亦遭贬黜。

从扶苏之言可知被坑之人是"皆诵法孔子"的儒家,而卢、侯二生攻击秦始皇的作为多为法家路线。秦始皇也正是韩非思想的信徒,曾讲韩非子之书而言"寡人得见此人与之游,死不恨矣"

(《史记·老子韩非列传》),如"上乐以刑杀为威,天下畏罪持禄,莫敢尽忠"。韩非也说过,"杀戮之谓刑,庆赏之谓德。为人臣者,畏诛罚而利庆赏,故人主,自用其刑、德,则群臣畏其威而归其利矣"(《韩非子·二柄》),甚至明言:"君通于不仁,臣通于不忠,则可以王矣。"(《韩非子·外储说右下》)而"贪于权势至如此",韩非不也说过"明君操权而上重"(《韩非子·心度》)吗?韩非说"人主虽不肖,臣不敢侵也"(《韩非子·忠孝》),又极力抨击"儒以文乱法,侠以武犯禁"(《韩非子·五蠹》),诸儒生以身试法,又以诽侵上,其被坑之命运已必然矣。

至于秦始皇治理国事到"不中呈不得休息"的地步,歌功颂德也说他是"不懈于治,夙兴夜寐"(《史记·秦始皇本纪》,泰山刻石),故秦始皇勤于治是可信的。这一点当是后代儒家明君的特质,却不一定合符韩非的理想。因为韩非说过明君当"治不足而日有余"(《韩非子·有度》),明君不当"事无大小皆决于上",而应该"事在四方,要在中央,圣人执要,四方来效"(《韩非子·扬权》)。

始皇死,二世立,更恣意于享受,横征暴敛,盗贼蜂起,而加之严刑峻法,李斯等进谏:"请且止阿房宫作者,减省四边戍转。"(《史记·秦始皇本纪》)二世不悦而引韩非反对今之人主应如尧舜夏禹之语——"尧舜采椽不刮,茅茨不翦,饭土塯,啜土形,虽监门之养,不觳于此,禹凿龙门,通大夏,决河亭水,放之海,身自持筑臿,胫毋毛,臣虏之劳不烈于此矣"[①](同上)——而言"彼贤人之有天下也,

---

① 《史记》所引此语,《秦始皇本纪》与《李斯列传》义同而文略异,并与现本《韩非子·五蠹》之文略异。

专用天下适己而已矣,此所贵于有天下也"(《史记·李斯列传》)。李斯恐罪,为阿二世也引韩非"布帛寻常,庸人不释,铄金百溢,盗跖不搏"之语,并引申不害"有天下而不恣睢,命之曰以天下为桎梏",以悦二世。然李斯亦言:"若此则谓督责之诚,则臣无邪,臣无邪则天下安,天下安则主严尊,主严尊则督责必,督责必则所求得,所求得则国家富,国家富则君荣丰。"(同上)李斯此语是否是指赵高而言,不得而知。但是,二世却因此,以"税民深者为明吏",以"杀人众者为忠臣"(同上)。

二世君臣所引申、韩之言确实不误,但却为断章取义者。法家思想自来虽君主却民本,而二世君臣只知专制,不知"人情"。终于由秦始皇和李斯所开创的帝业,至二世而终。

三、秦政与秦法

在以法家思想为指导原则下的秦帝国,其政治、经济、社会的实际情况究竟如何,以往只有一些汉人的著述可资佐证,而乏秦的直接材料。然自 1975 年 12 月,在湖北云梦县附近出土了一批秦简之后,这种情况才有所改观。出土的秦简经整理后,分为《南郡守腾文书》《大事记》《为吏之道》和《秦律》四个部分。[①] 有关《秦律》的部分,除《秦律》的条文外,还有关于《秦律》的问答及案例。唯此秦简所载之《秦律》,恐非秦之法律的全貌,而是一有关地方官吏所必具之法律条文及知识而已。

---

① 秦简初步整理之释文,分别见《文物》1976 年第 6、7、8 期。

《大事记》主要记述了秦昭襄王元年(前307年)至秦始皇卅年(前217年)之间,秦统一中国的大事。《南郡守腾文书》和《为吏之道》主要是记述秦之官吏执法所应具之修养。《秦律》则是秦的法律,反映了当时统治阶层对社会经济发展要求的意志。

(一)官僚结构及其理想

李斯说二世以"督责"。法家主张"专制",固然为"秉权而立,垂法而治"(《商君书·壹言》),然法的执行却必须有一官僚体系,即"群臣守职,百官有常"(《韩非子·主道》)。班固有言:"秦兼天下,建皇帝之号,立百官之职。"(《汉书·百官公卿表上》)上自丞相下至亭长,由中央至十里之地,莫不有司。

秦的官吏皆非世袭,除由朝廷征召外,如叔孙通"秦时以文学征,待诏博士"(《史记·刘敬叔孙通列传》)。其他皆由自荐、保举和升迁而来的。韩非说:"为人臣者陈而言,君以其言授之事,专以其事责其功。"(《韩非子·二柄》)如秦孝公之用商鞅,秦昭王之用范雎,都是人臣自荐而"君以其言授之事"。又如韩非言:"故群臣公政而无私,不隐贤,不进不肖。"(《韩非子·难三》)群臣是否真"公政而无私"则不知,然秦之官吏有保举而来者却为事实,如"白起者,穰侯之所任举也"(《史记·穰侯列传》),范雎"任郑安平,使击赵"(《史记·范雎蔡泽列传》)。以一般地方官吏而言,亦有"审民能,以任吏"(《秦简·为吏之道》)之责。然在"不进不肖"下,韩信因"贫无行,不得推择为吏"(《史记·淮阴侯列传》)。"明主之国,迁官袭级,官爵授功"(《韩非子·八说》)。如"(萧)何乃给泗水卒史事,第一。秦御史欲入言征何,何固请,得毋行"(《史记·萧相国世家》),李斯也是由一吕不韦的"舍人"而致丞相之贵的。

"专制"是主权在君,建立起一套官僚制度,如何"迁官袭级,官爵授功",那就必须要有一套考核制度。秦的考核制度据了解,主要的是"上计"。如"昭王召王稽,拜为河东守,三岁不上计"(《史记·范雎蔡泽列传》)。《史记索隐》引司马彪曰:"凡郡掌治民、进贤、劝功、决讼、检奸,常以春行所至县,劝民农桑,振救乏绝;秋冬遣无害吏案讯问诸囚,平其罪法,论课殿最;岁尽遣吏上计。"由于"上计"实由郡县制和私田制而来,故此制度不独秦有。又如"西门豹为邺令……居期年,上计"(《韩非子·外储说左下》),"李克治中山,苦陉令上计而入多"(《韩非子·难二》)。

法家要建立一套官僚体制,国君的"专制",才能有取代封建的必然性,故韩非强调"明主治吏不治民"(《韩非子·外储说右下》),如何"治吏"则是"因任而授官,循名而责实,操杀生之柄,课群臣之能"(《韩非子·定法》),"上计"为考核地方官吏的方法之一。

此外,秦建立了中国的宰相(丞相)制度,君位固为血缘之世袭,然宰相以下非世袭,而宰相又是总理一切政务,而能与君有一定的平衡和互补之作用。且又建立廷议制度,如商鞅变法就在秦孝公面前有一激辩,王绾等"请立诸子"遭拒也是经过辩论的,"焚书"政策也是有过朝廷上的辩论。被赵高壅塞的二世,闻陈涉起兵,也得"与群臣谋"(《史记·秦始皇本纪》)。赵高为控制廷议才需要"指鹿为马"(同上)。由此可见其政策需经辩论后才由秦王下决定的。这种制度正体现了韩非所说:"使智者尽其虑,而君因以断事,故君不穷于智。贤者效其材,君因而任之,故君不穷于能。"(《韩非子·主道》)

在"焚书"之前,未必"以吏为师",但是,官吏是以法令替君主实行统治的,故其必须具有法令的修养,当无可疑。《南郡守腾文书》是一篇南郡守对其属下的训话记录,所言之内容正是官吏对法令应有的认识。腾是秦始皇时的人,据记载:"十六年九月,发卒受地韩南阳,假守腾。""十七年,内史腾攻韩,得韩王安,尽纳其地,以其地为郡,命曰颍川。"(《史记·秦始皇本纪》)《为吏之道》则是言秦之官吏所应遵守的一些为政行法的原则。秦之官吏是否确实遵守这些原则,那又是另一问题。

商鞅"变法"本是以私田制为经济基础对上层政治文化体制之改造,并集中于法律的变革。这种法律与风俗习惯的规范并不相同,而是"上之所以一民使下也"(《管子·任法》),故须"万事皆归于一,百度皆准于法"(《尹文子》卷上)。故腾亦曰:"古者,民各有乡俗,其所利与所恶不同,或不便于民,害于邦。是以圣王作为法度,以矫端民心,去其邪僻,除其恶俗。"(《秦简·南郡守腾文书》)

在古代中国,法、律、令各有不同的意义,如"夫法者,所以兴功惧暴也;律者,所以定分止争也;令者,所以令人知事也"(《管子·七主七臣》)。身为执法之臣亦当知之,故腾言:"法律未足,民多诈巧,故后有间令下者。"(《秦简·南郡守腾文书》)由此可知,"法"当指刑法,"律"当指民法,"令"则为行政命令。此三者在秦时已具。

法家讲"专制"要"民一于君,事断于法"(《慎子》佚文),即要"民一于君"就要"事断于法",因为法律就是国君权威的象征,所以"夫令必行,禁必止,人主之公义也"(《韩非子·饰邪》)。故言:"威不两错,政不二门,以法治国。"(《管子·明法》)若"今法律令已具矣,而吏民莫用,乡俗、淫佚之民不止,即是废主之明法也"(《秦简·南郡守腾文书》)。如果法律已布,而群臣不能执行,是为不忠,从令、丞以下皆要负责,而有大罪,即"闻吏民犯法,为间私者不止,私好、乡俗之心不变,自从令、丞以下知而弗举论,即是避明主之明法也,而养匿邪僻之民。如此,则为人臣亦不臣矣。若弗知,是即不胜任,不智也;知而弗敢论,是即不廉也。此皆大罪也"(《秦简·南郡守腾文书》)。这就是为了要达成韩非所说的"污秽为私者必知,知者必诛"(《韩非子·难三》)。

法家虽然主张"专制"而尊君,然而仍以民本思想为其最高理想。韩非认为:"正明法,陈严刑,将以救群生之乱,去天下之祸,使强不陵弱,众不暴寡,耆老得遂,幼孤得长,边境不侵,君臣相亲,父子相保,而无死亡系虏之患。"(《韩非子·奸劫弑臣》)秦始皇自我歌功颂德也说:"皇帝作始。端平法度,万物之纪。以明人事,合同父子。……诛乱除害,兴利致福。节事以时,诸产繁殖。黔首安宁,不用兵革。六亲相保,终无寇贼。"(《史记·秦始皇本纪》)因此,其官吏就必须做到"除害兴利,慈爱万姓,毋罪毋罪,(毋罪)可赦。孤寡穷困,老弱独转,* 傲悍裹暴,垦田人邑,赋敛毋度"(《秦简·为吏之道》)。

韩非言法术之士必须是"智术之士,必远见而明察,不明察不能烛私,能法之士,必强毅而劲直,不劲直不能矫奸"(《韩非子·孤愤》)。秦简中亦云:"凡为吏之道,必精洁正直,慎谨坚固,审悉毋私,微密纤察,安静毋苛,审当赏罚。"(《秦简·为吏之道》)

法家虽讲严刑峻法,但必须是"明主使其群臣不游意于法之外,不为惠于法之内,动无非法"(《韩非子·有度》),而言"诛既不

---

* 原文如此。"老弱独转"后似缺一句"均徭赏罚"。——编者

当,而以尽为心,是与天下为仇也"(《韩非子·难四》),及"用刑过者民不畏"(《韩非子·饰邪》)。故韩非子虽主张严刑,但非苛暴。且言法要"通乎人情,关乎治理"(《韩非子·制分》),秦对官吏的要求也是"严刚毋暴,廉而毋刖,毋复期胜,毋以忿怒夬。宽俗忠信,和平毋怨,悔过勿重,慈下勿陵,敬上勿犯,听间勿塞。审知民能,善度民力,劳以率之,正以矫之"(《秦简·为吏之道》)。且秦对于违纪不法的官吏也有一定的惩罚,如秦始皇就"适治狱吏不直者,筑长城及南越地"(《史记·秦始皇本纪》)。

腾还说明了"良吏"与"恶吏"的区别,他说:

> 凡良吏明法律令,事无不能也,又廉洁敦悫而好佐上;以一曹事不足独治理也,故有公心;又能自端也,而恶与人辨治,是以不争书。恶吏不明法律令,不知事,不廉洁,毋以佐上,偷惰疾事,易口舌,不羞辱,轻恶言而易病人,毋公端之心,而有冒抵之治,是以善斥事,喜争书。(《秦简·南郡守腾文书》)

宗法封建在政治上固然是私天下,然而无论理想如何大公无私,专制集权受其制度上的局限,毕竟也只能落得是另一种私天下的局面。所以虽宗法封建与专制集权有制度上的不同,但是在私天下这点上,专制集权也不能脱离宗法封建的窠臼。韩非虽然批评为父而逃战者而为"夫父之孝子,君之背臣也"(《韩非子·五蠹》),但是也不得不赞同"臣事君,子事父,妻事夫三者顺则天下治,三者逆则天下乱,此天下之常道也,明主贤臣而弗易也"(《韩非子·忠孝》)。故秦吏讲"公心",但也说是"为人君则怀,为人臣则忠，为人父则慈，为人子则孝，为人上则明，为人下则圣。能审行此，无官不治，无治不彻。君怀臣忠，父慈子孝，政之本也；志彻官治，上明下圣，治之纪也"（《秦简·为吏之道》）。

此外，《为吏之道》还说到官吏当"临财见利，不敢苟富；临难见死，不敢苟免"，"处如资，言如盟，出则敬"，"一堵失言，四马弗能追也"，"毋喜富，毋恶贪，正行修身，祸去福存"。

更值得注意的是，在中央君臣以申韩之言对答的情形下，也就是当法家之学及云梦秦简为官学时，但已有老子思想，而不是汉初才有"黄老"。如"怒能喜，乐能哀，智能愚，壮能衰，勇能屈，刚能柔，仁能忍。强良不得，审耳目口，十耳当一目，安乐必戒，毋行可悔。……君子不病也，以其病病也"（同上）。这正是老子正言若反的辩证思想。如"大直若屈，大巧若拙，大辩若讷"（《老子》第四十五章），"弱之胜强，柔之胜刚，天下莫不知，莫能行"（《老子》第七十八章），"物壮则老"（《老子》第四十五章），"君子不病也，以其病病也"更是直接引述"圣人不病，以其病病。夫唯病病，是以不病。"*（《老子》第七十一章）的文字。

秦之君臣是否确如秦简所言而行，或者所言只是一意识形态而已。这个问题我们将在下面有进一步的分析。唯秦简为秦统一中国之官学，即使仅是意识形态，秦挟此意识形态并六国一海内，则是一历史的事实。

（二）经济制度与经济政策

中国古代发展到春秋战国，已有一定的商业贸易，当早已非以

---

* 原文如此。今通行本作："夫唯病病，是以不病。圣人不病，以其病病。"——编者

物易物。周景王二十一年,已有铸钱之事(《文献通考·历代钱币之制》)。然秦至商鞅变法初时(前359年)则有"予十金""予五十金"(《史记·商君列传》)之说。至惠文王二年(前337年)又有"行钱"之说(《史记·六国年表》)。至秦始皇九年(前238年)有"赐钱百万"(《史记·秦始皇本纪》)之语。秦始皇统一天下后,至三十七年(前210年)"复行钱"(《史记·六国年表》),或应视为全中国钱币的统一,并且"贾市居列者及官府之吏,毋敢择行钱布,择行钱布者,列伍长弗告,吏循之不谨,皆有罪"(《秦律·金布律》),可知秦是不许私人或地方官吏铸钱和私行他钱的。故此实为中国古代币制之一大革命。

司马迁说:

虞夏之币,金为三品,或黄、或白、或赤;或钱、或布、或刀、或龟贝。及至秦,中一国之币为二等,黄金以溢为名,为上币;铜钱识曰半两,重如其文,为下币。而珠玉、龟贝、银锡之属为器饰宝藏,不为币。(《史记·平准书》)

在秦统一天下之前,中国古代的商业已有一定程度的发达,钱币的统一当是由此需要而来,以利于货品的流通。至于农业与商业的利润比较,据吕不韦之父言,"耕田之利"为"十倍","珠玉之赢"为"百倍"。

故当时民间传说:"以贫求富,农不如工,工不如商,刺绣文不如倚市门。"(《汉书·货殖传》)富豪之家更是累积巨万,商人致富者甚众。虽然韩非也言"利商市关梁之行,能以所有致所无,客商归之,外货留之"(《韩非子·难二》),但却反对"珠玉之赢"者类的商人,且视之为五蠹之一,而言"夫明主治国之政,使其商工游食之民少而名卑,以寡趣本务而趋末作者"(《韩非子·五蠹》)。秦始皇亦"发诸尝逋亡人,赘婿,贾人略取陆梁地"(《史记·秦始皇本纪》)。裴骃注引瓚曰:"赘,谓居穷于有子,使就其妇家为赘婿。"颜师古言:"行卖曰商,坐贩曰贾。"(《汉书·食货志上》注)"逋亡人"或指逃亡之人口。由此可见,秦所压制的人,包括游民、无土地之穷人及中间剥削的商人。然而王孝通说:

> 始皇之政策,在勤劳政事,上农除末,故尝发诸逋亡人赘婿贾人,略取陆梁地。应劭曰:"秦时以适发之名适戍,先发吏有过,及赘婿贾人,后以尝有市籍者发,又后以大父母、父母尝有市籍者,其法似极严酷",然始皇开边,专以有市籍者戍之,意以边境贫瘠。使内地商贾经营其地,或可为兵略之助,惜吾国人民,素无进取思想,以戍为苦,故其殖民政策未能见效耳。①

不过从前引韩非之言来看,秦的戍边是真,但不是要"以内地商贾经营其地",而是要彼等"以寡舍本务而趣末作者"。那是一个农业的经济目的,而不是一个商业的经济目的。其实这套办法早在秦始皇之前,吴起就曾用来对付过"贵人",因为"荆所有余者,地也,所不足者,民也。今君王以所不足益所有余,臣不得为也",所以"令贵人往实广虚之地,皆吾苦之"(《吕氏春秋·贵卒》)。汉初晁错主张"入粟于边",也是因为"游食之民未尽归农也"(《汉书·食货志

---

① 王孝通:《中国商业史》,台湾商务印书馆1974年版,第49页。

上》)。由此可见,秦的经济政策是重农抑商,一面减少内地的中间剥削,一面发展边境的农业经济。这种经济政策显然是有利于自耕农或地主的,而忽视商人和贫民及城市游民的利益。

秦始皇是把逋亡人、赘婿、贾人及不直吏送到边疆,却又"徙天下豪富于咸阳十二万户"(《史记·秦始皇本纪》)。以前文之"收天下兵,聚之咸阳,销以为钟鐻"来看,可能有加强控制以消灭之反抗意。然消灭反抗,并非消灭豪富。因为秦始皇还曾礼遇过乌氏倮及寡妇清,而引起太史公说:"夫倮鄙人牧长,清穷乡寡妇,礼抗万乘,名显天下,岂非以富邪?"(《史记·货殖列传》)其实,这项政策汉也实行,司马迁说:"汉兴,海内为一,开关梁,弛山泽之禁,是以富商大贾周流天下,交易之物莫不通,得其所欲,而徙豪杰诸侯强族于京师。"(同上)由此可见商人以其豪富而形成压榨阶级,为一历史发展的必然,且亦非法律或政策所能压抑,正是晁错所言:"今法律贱商人,商人已富贵矣;尊农夫,农夫已贫贱矣。"(《汉书·食货志上》)故始皇君臣自称"上农除末,黔首是富"(《史记·秦始皇本纪》)固为其政策之理想,然而实际的情形却事与愿违。

自李悝起,为平衡粮价,以固民生,而有"籴粜法"的实施,即政府在粮价贱时购入,而在高时售出(《汉书·食货志上》)。因此,要行"籴粜法"则政府必须要有粮仓,以备军粮民食之用,并转运各地。这项政策在基本上乃是保护农民生产之不受操纵的剥削。秦统一天下后,不但实行此一制度,并且在各地设有转运粮食的粮仓。如刘邦进咸阳城时说:"仓粟多,非乏,不欲费人。"(《史记·高祖本纪》)又如郦食其说:"夫敖仓,天下转输久矣。臣闻其下乃有藏粟甚多。"(《史记·郦生陆贾列传》)为管理粮仓,故《秦律》中明列《仓律》,有详细的规定。

为"粜粜"或"赋税平"都必须要"平斗桶权衡丈尺",这固是商鞅变法的施政。在《秦律》中也有详细的规定,如"衡石不正,十六两以上,赀官啬夫一甲;不盈十六两到八两,赀一盾""斗不正,半升以上,赀一甲;不盈半升到少半升,赀一盾"(《秦律·效律》)。由此亦可知,度量衡的统一与大一统帝国的统治亦有其密切的关系。

管理仓为有司之责,若有毁损,并有一定的惩罚和赔偿。如"仓漏朽禾粟,及积禾粟而败之,其不可食者,不盈百石以下,谇官啬夫;百石以上到千石,赀官啬夫一甲;过千石以上,赀官啬夫二甲;令官啬夫、冗吏共偿败禾粟。禾粟虽败而尚可食也,程之,以其耗石数负之"(同上)。若有短缺或赢余不报者,则以法论之。如"禾、刍、稿积廥,有赢、不备,而匿弗谒者,及诸移赢以偿不备,群它物当负偿而伪出之以彼偿,皆与盗同法。大啬夫、丞知而弗罪,以平罪人律论之,又与主廥者共偿不备"(同上)。由《秦律》中亦反映出秦的"上农"政策,有司必须密切地注意农作物的生长及其自然灾害,并要对上级有书面报告,且限时送达,如:

> 雨为澍,及秀粟,辄以书言澍稼、秀粟及垦田暘无稼者顷数。稼已生后而雨,亦辄言雨少多,所利顷数;旱及暴风雨、水潦、螽蚰、群它物伤稼者,亦辄言其顷数。近县令轻足行其书,远县令邮行之,尽八月□□之。(《秦律·田律》)

《秦律》中对自然界的生物资源也有一定的保护政策,例如"春二月,毋敢伐材木山林及雍堤水。不夏月,毋敢夜草为灰,取生荔麛卵鷇,毋……毒鱼鳖,置阱罔,到七月而纵之"(《秦律·田律》)。

由于秦的钱币统一、度量衡统一,并没收民间兵器,因此这些器物的制造概由政府经手。而有大量的政府工人,且多为官奴,故《秦律》中有《工律》,内容多指政府之工人。如度量衡,则"县及工室听官为正衡石累、斗桶升,毋过岁壹。有工者勿为正。假试即正"(《秦律·工律》),亦可见秦对度量衡标准的要求。并且,"为器同物者,其小大、短长、广亦必等"(同上)。"公甲兵各以其官名刻久之",其他"公器"亦然。这可能是表示有司负责之意(同上)。韩非反对"綦组锦绣刻画而为末作者"(《韩非子·诡使》),而《秦律》中则规定"隶妾及女子用针为缉绣它物,女子一人当男子一人"(《秦律·工人程》)及"隶臣有巧可以为工者,勿以为人仆养"(《秦律·均工》),这似乎是鼓励"綦组锦绣刻画而为末作者"了。不过我们当知道,韩非反对"綦组锦绣刻画而为末作者"为私利富,而《秦律》所鼓励的"为缉绣它物"及"有巧可以为工者"多是"隶妾"和"隶臣",是公家的男女工奴。虽不一定合乎韩非之意,但也与韩非之反对略有不同。并且从《秦律》中知道,秦时政府已有工人技术的训练,如"工师善教之,故工一岁而成,新工二岁而成。能先期成学者谒上,上且有以赏之。盈期学不成者,籍书而上内史"(同上)。

季勋说:"据《秦律》的历史推测,简中所解释的很可能是商鞅制定的法律条文。"[①]若果真如此,则由秦对技术工人的长期培养,至秦始皇而能大开驰道,建阿房之宫,筑万里长城,以完成古代人类伟大的工程,亦非偶然之事。

---

① 季勋:《云梦睡虎地秦简概述》,《文物》1976年第5期。

(三)《秦律》与人民生活

从西周以来,一些战俘沦为奴隶,虽然秦废井田与宗法封建而开阡陌行专制郡县,然栾布始时就曾因"彭越之去巨野为盗而布为人所略卖,为奴于燕"(《史记·季布栾布列传》)。可见奴隶还是存在的,为社会贱民。至汉并有工商业主也蓄奴,如"齐俗贱奴虏,而刀间独爱贵之,桀黠奴,人之所患,唯刀间收取,使之逐鱼盐商贾之利,或连车骑交守相,然愈任之,终得其力,起数千万"(《汉书·货殖传》)。"桀黠奴,人所患",亦可见当时奴隶的反抗,使得奴隶制度不得不有所转变。

秦除了有家奴的存在,而且还有官奴的制度,商鞅就行"事末作及怠而贫者,举以为收孥"的政策,《史记索隐》谓:"以言懈怠不事事之人而贫者,则纠举而收录其妻子,没为官奴婢。"《秦律》中屡言及"隶臣""隶妾",其实就是"官奴婢"。如古代"其奴男子入于罪隶,女子入狱舂槀"(《周礼·秋官司寇》)。郑司农云:"谓坐为盗贼而为奴者,输于罪隶舂人、槀人之官也。由是观之,今之为奴婢古之罪人也。"(《周礼注疏》卷三十六)栾布正是秦时犯罪"坐为盗贼"而"为奴于燕"的,也正是"寇降,以为隶臣"(《秦律》*)。另外,官奴还有一个来源,即打仗时的不能死战者,如"不死者归,以为隶臣"(同上)。

秦的官奴也是可以买卖的,如"隶臣将城旦,亡之,完为城旦,收其外妻、子。子小未可别,令从母为收。何为从母为收?人固

---

* 据《秦出土文献编年订补》(三秦出版社 2014 年版),此篇名或为《秦律杂抄》。全书余同。——编者

卖,而小不可别,弗卖子母谓也"(《秦律问答》*)。官奴不但可卖,并且可借,如"妾未使而衣食公,百姓有欲假者,假之,令就衣食焉,吏辄罢事之"(《秦律·仓律》)。"未使"为未成年,"假"为借。就是说,要由公家供给衣食的未成年女奴,百姓如有人借,只要供应衣食,就可借去,吏就没事了。可卖,可借,官奴还可以被作为赏品,如"有投书,勿发,见辄燔之,能捕者购臣妾二人"(《秦律问答》)。"购"为悬重价以求得其物,即悬赏之意。又如"捕亡完城旦,购几何?当购二两"(同上),"购"亦悬赏之意。故"能捕者购臣妾二人"意即能捕得所要的罪犯,可赏官奴二人。不过秦的官奴至少是不可以随意杀害的,如"其小隶臣疾死者,告其□□之;其非疾死者,以其诊书告官论之"(《秦律·厩苑律》)。

官奴是要从事劳动的,包括种田、筑城、制器、缗绣及仆养等。其口粮的规定为:"隶臣妾其从事公,隶臣月禾二石,隶妾一石半;其不从事,勿禀。"(《秦律·仓律》)其衣服的规定为:"禀衣者、隶臣、府隶之无妻者及城旦,冬人百一十钱,夏五十五钱;其小者冬七十七钱,夏卌四钱。春冬人五十五钱,夏卌钱;其小者冬卌四钱,夏卅三钱;隶臣妾之老及小不能自衣者,如春衣。亡、不仁其主及官者,衣如隶臣妾。"(《秦律·金布律》)

官奴如有毁损器物或走失畜生还要自己负责,从衣食费中扣除。如"隶臣妾有亡公器、畜生者,以其日月减其衣食:毋过三分取一,其所亡众,什之,终岁衣食不足以稍偿,令居之"(同上)。

秦统一天下后,以官奴筑长城,开驰道,屯边疆者,无以计之

---

* 据《秦出土文献编年订补》,此篇名或为《法律答问》。全书余同。——编者

外,仅阿房宫和骊山的工程,就是发"隐宫徒刑者七十余万人"(《史记·秦始皇本纪》)。隐宫徒刑者就有七十万人之众,其他刑而为官奴者更不知凡几。故班固说秦是"赭衣塞路,囹圄成市,天下愁怨"(《汉书·刑法志》)。

秦为什么会有这么多的刑徒官奴,不能不说,实在是秦法太苛,由《秦律》中也反映了秦时人民的一般生活。

在《秦律问答》中,规定"或盗采人桑叶,赃不盈一钱"就得"赀徭三旬"。"甲盗,赃值千钱,乙知其盗,受分赃不盈一钱"就算"同论"。若"甲盗不盈一钱",而乙"见知之而弗捕",乙也要"当赀一盾"。若"夫盗三百钱,告妻,妻与共饮食之",是前谋就"同罪",非前谋也得"当为收"。又"盗赃值百一十,其妻、子知,与食肉,当同罪""前盗赃值百五十,告甲,甲与其妻、子知,共食肉,甲妻、子与甲同罪"。

另外,侵占了他人的田地和畜生,也是犯罪。如"盗徙封,赎耐。如何为封?封即田仟伯顷畔封也,且非是而盗徙之,赎耐,何重也?是不重"。又"小畜生入人室,室人以几又梃伐杀之,所杀值二百五十钱,何论?当赀二甲"(《秦律问答》)。可见《秦律》对私人财产的保护甚力,且处罚甚重,亦为对私田主利益之维护。

盗固然要罚,并且知者皆连坐。再者,唆使犯和未遂犯都要罚,如"求盗盗,当刑为城旦""甲谋遣乙盗。一日,乙且往盗,未到,得,皆赎黥"。

如果是集体为盗,其处罚就更重了。如"五人盗,赃一钱以上,斩左止,又黥以为城旦,不盈五人,盗过六百六十钱,黥劓为城旦;不盈六百六十到二百廿钱,黥为城旦;不盈二百廿以下到一钱,迁之。求盗比此"。"求盗比此"即唆使者同罪。

从这些处罚的规定来看,不可不谓是严刑峻法。虽然韩非说"夫惜草茅者耗禾穗,惠盗贼者伤良民"(《韩非子·难二》),但是盗采桑叶不盈一钱,盗钱而与妻子"共饮食""与食肉"者又会是些什么人,最多不过是"贫无行"而已。所以,可见法家之治固然是摧毁了封建贵族,获得了相对的平等,推动了历史的进步,但是其政权不能不说仍然是建立在对广大人民的压榨和血泪上的。虽然严刑峻法是为了"去其邪僻,除其恶俗",可是得到严酷镇压的多是无告诉之小民。

秦对人身的保障也有相当完备的法律,从"斗杀人、廷行事为贼"(《秦律问答》),可知此乃"贼"律,亦为规定杀人和伤人的法律。刘邦为秦民苦法苛,入咸阳而有约法三章,谓"杀人者死,伤人及盗抵罪"(《史记·高祖本纪》),故知《秦律》杀人之处罚当重于"杀人者死"。

杀人固在禁止之列,在《秦律问答》中,我们还可知道,唆使人也不行。如"甲谋遣乙盗杀人,受分十钱",甲就得"当磔"。此律一行,一切豢养游侠私剑者,均将绳之以法。故"法术之士"当不必再怕"重人"的"其不可被以罪过者,以私剑而穷之"了(《韩非子·孤愤》)。秦严厉地禁止私斗,杀死固有重刑,伤害人体,若耳、若唇、若鼻,"皆当耐"。甚至拔人头发、须眉、扯人发髻,也"当完为城旦"。并且,又贼杀伤人,而在一定的距离之内,旁观不援者也"当赀二甲"。有如此严厉之法律,故太史公言商鞅变法而"民勇于公战,怯于私斗",当非虚言。

《秦律》中也反映和规定了当时的一些亲属关系,在《秦律问答》中,我们知道父母"擅杀子,黥为城旦舂",是有处罚的,"直以多子故,不欲其生,即弗举而杀之"也以杀子论。"父母之于子也,产男则相贺,产女则杀之",因为"女子杀之者,虑其后便,计之长利也"(《韩非子·六反》)。可知中国古代家贫者有杀女婴之俗,而此俗为秦所禁。"后子"为有爵之人的爵位继承人,为男儿。而"擅杀、刑、髡其后子,谳之"。奴隶也不能杀子,"人奴擅杀子,城旦黥之,畀主"。父母只有在一种情形下杀子是无罪的,即"其子新生而有怪物其身,及不全而杀之"。由此可见,《秦律》中并没有"父要子亡,子不得不亡"的绝对父权。如果杀的不是亲子而是养子,那罪就更重,如"士伍甲无子,其弟子以为后,与同居,而擅杀之,当弃市"。

父母诚然不可杀子,但子女如"殴大父母"或"殴高大父母",也不可,而当"黥为城旦舂"。另外,丈夫也不得伤害妻子,即使"妻悍,夫殴治之,决其耳若折肢指、胅体";和伤其他人一样也"当耐",而与后来唐律的"诸殴伤妻者,减凡人二等"(《唐律疏义·斗讼》)的意义不同。

妻的地位在前者的情形下,当与后者也有所不同。由春秋战国以来的社会变迁,原有的社会秩序被破坏了。因此,原有的贵族失去了原有的社会地位之后,一部分转为私田主,一部分就成了说客、谋士、家臣,更等而下之者,则为食客游民。韩非认为他们是蠹虫,而秦亦有明文的规定要处罚,如"游士在,亡符,居县赀一甲,卒岁,责之。有为故秦人出,削籍,上造以上为鬼薪,公士以下为城旦"(《秦律·游士律》)。

原来的贵族没落了,转变成了"游士",也和平民一般动辄即触法网而沦为刑徒官奴。且秦的官僚体系严密,由中央而至地方,在县以下的"大率十里一亭,亭有长,十亭一乡,乡有三老、有秩、啬夫、游徼。三老掌教化。啬夫职听讼,收赋税。游徼徼循禁盗贼"(《汉书·百官公卿表上》),真是"秦法繁于秋荼,而网密于凝脂"

(《盐铁论·刑德》)。至此,先秦法家所讲的"以刑去刑"(《商君书·靳令》)及韩非的"小过不生,大罪不至"(《韩非子·内储说上》)的严刑峻法的意义则丧失殆尽。

四、秦的覆亡

先民事迹多不可考,然可略知人类在远古的时代,由于生产工具的不发达,而面对自然的生存竞争,每一个人的生产力能自求苟活,育养子女,已经是件很不容易的事了,甚不可能将自己生产的生活资料提供他人,若有他人掠夺或欲压榨其生活资料,则必引起生死存亡的搏斗。故值此时,社会内部不可能有压榨剥削之现象。连部族的领袖也必须很辛苦地工作。因无内部的压榨剥削,故少内部的斗争,而只有部族间的掠夺与征服。并为了共同的生存,内部极团结。

印证之于中国古代的传说,也正是如此。如传说中有黄帝与蚩尤之战,有舜与有苗之战,而未闻有巢氏、燧人氏、伏羲氏、神农氏遭内部推翻之说。这时候,尧"虽监门之服养,不亏于此矣",禹则"虽臣虏之劳不苦于此矣",故能"轻辞天子"揖让而治(《韩非子·五蠹》)。一般的人也"人寡而相亲"且"轻利易让"(《韩非子·八说》)。此亦《礼运》篇所说的"大同"。从神农氏到禹,中国古代的农业想已渐渐普遍,大禹治水当与农业有一定的关系,所以孔子说:"卑宫室而尽力乎沟洫。禹,吾无间然矣。"(《论语·泰伯》)

有了农业和水利,古代中国的生产力有了提高,而建立了夏的国家。生产力提高了,一个人的生产所得就能养活自己而有余,而其所余也就提供了压榨和剥削的可能性。内部可以分化为统治者和被统治者,而有夏的建国。有压榨和剥削,也就有内部的斗争。不过当时生产有限,统治者的压榨剥削所得,充其量不过多喝一点酒,多吃一点肉,多几个女人。但一过分,就会影响到民生而被推翻,故当时一些暴虐的统治者,多如"羲、和湎淫",孔甲"事淫乱","桀不务德而武伤百姓,百姓弗堪"(《史记·夏本纪》),最不道的商纣则"以酒为池,悬肉为林,使男女倮相逐其间,为长夜之饮"(《史记·殷本纪》)。这段时期或可为《礼运》篇所说的"小康"。生产力愈发达,就愈有得压榨剥削,故周厉王有芮良夫谏之曰:"夫利,百物之所生也,天地之所载也,而有专之,甚害多矣。"(《史记·周本纪》)

生产力愈发达,就愈有得压榨剥削,愈压榨剥削,社会冲突亦愈大。但也因为有压榨剥削,所以有人开始脱离生产,"行有余力,则以学文"(《论语·学而》)。孔子还说:"耕也,馁在其中矣。学也,禄在其中矣。"(《论语·卫灵公》)因而创造了古代中国辉煌的文明。尤其是到了春秋时代,宗法封建制度开始动摇,生产力又有跃进的趋向,"于是商通难得之货,工作亡用之器,士设反道之行,以追时好而取世资。……富者木土被文锦,犬马余肉粟,而贫者裋褐不完,含菽饮水。其为编户齐民,同列而以财力相君,虽为仆虏,犹亡愠色。故夫饰变诈为奸轨者,自足乎一世之间;守道循理者,不免于饥寒之患"(《汉书·货殖传》)。

春秋末期以后,铁器出现,铁耕普及,民生经济又有一大进步。秦汉之后,天下一统,关梁大开,驰道纵横。即使"非有爵邑奉禄弄法犯奸"者,他们"与时俯仰,获其赢利,以末致财,用本守之"亦可

致富,故:"若至力农畜,工虞商贾,为权利以成富,大者倾郡,中者倾县,下者倾乡里者,不可胜数。"(《史记·货殖列传》)

由于"以末致财,用本守之",在私田制下,中国出现了一批"不可胜数"的大小地主。因此,始皇君臣所说的"上农除末,黔首是富",也并非完全没有所指。然而在"黔首是富"的情形下,当时一般的人民确实付出了惨重的代价。

秦统一天下,并不是人民的革命,而是专制推翻了封建,私田推翻了井田。在统一战争时,"秦之所杀三晋之民数百万"(《史记·苏秦列传》),其战事之惨则为"刳腹绝肠,折颈摺颐,首身分离,暴骸骨于草泽,头颅僵仆,相望于境,父子老弱系脰束手为群虏者相及于路。鬼神孤伤,无所血食。人民不聊生,族类离散,流亡为仆妾者,盈满海内矣"(《史记·春申君列传》)。故太史公曰:"秦逐以兵灭六王,并中国,外攘四夷,死人如乱麻,因以张楚并起,三十年之闲兵相骀藉,不可胜数。自蚩尤以来,未尝若斯也。"(《史记·天官书》)在人民牺牲惨重之余,诚然推翻了封建和井田,但当专制和私田制建立完成之后,人民又被套上了另一枷锁,而在严刑峻法中挣扎。

秦统一中国之后,除了"黔首是富"外,一般老百姓还要负担沉重的赋税和徭役,以供维持官僚、军队及王室的挥霍。兹据《史记》摘其劳民伤财之事如下:

二十六年,秦统一中国,"秦每破诸侯,写放其宫室,作之咸阳北阪上,南临渭,自雍门以东至泾、渭,殿屋复道周阁相属。所得诸侯美人钟鼓,以充入之"。

二十七年,"始皇巡陇西、北地,出鸡头山,过回中。焉作信宫渭南,已更命信宫为极庙,象天极。自极庙道通骊山,作甘泉前殿。筑通道,自咸阳属之"。

二十八年,始皇"南登琅邪,大乐之,留三月,乃徙黔首三万户琅邪台下,复十二岁。作琅邪台,立石刻,颂秦德,明得意"。"遣徐市发童男女数千人,入海求仙人"。过彭城,"欲出周鼎泗水。使千人没水求之,弗得"。又"使刑徒三千人皆伐湘山树,赭其山"。

二十九年,始皇"为盗所惊。求弗得,乃令天下大索十日"。

三十一年,始皇"夜出逢盗兰池,见窘,武士击杀盗,关中大索二十日"。

三十二年,"使韩终、侯公、石生求仙人不死之药"。"燕人卢生使入海还,以鬼神事,因奏录图书,曰'亡秦者胡也'。始皇乃使将军蒙恬发兵三十万人北击胡"。

三十三年,"发诸尝逋亡人、赘婿、贾人略取陆梁地"。"又使蒙恬渡河取高阙、阳山、北假中,筑亭障以逐戎人。徙谪,实之初县"。

三十四年,"适治狱吏不直者,筑长城及南越地"。且焚书。

三十五年,建阿房宫及骊山墓陵,"发北山石椁,乃写蜀、荆地材皆至"。又坑儒。

三十六年,有坠星下东郡,上刻"始皇帝死而地分",闻之,"遣御史逐问,莫服,尽取石旁居人诛之,因燔销其石"。

三十七年,始皇梦与海神战,问占梦,"乃令入海者赍捕巨鱼具,而自以连弩候大鱼出射之。自琅邪北至荣成山,弗见。至之罘,见巨鱼,射杀一鱼"。

始皇死,二世立,"复作阿房宫。外抚四夷,如始皇计。尽征其材士五万人为屯卫咸阳,令教射狗马禽兽,当食者多,度不足,下调郡县转输菽粟刍稿,皆令自赍粮食,咸阳三百里内不得食其谷"。

虽然到了秦,古代生产力有较前的增高,但这些施为和浪费已超过了当时生产力的负荷限度,又加之地主和酷吏的政治及经济的双重压迫,当时的情形有如董仲舒所言:

> 至秦……除井田,民得卖买,富者田连仟伯,贫者亡立锥之地,又颛川泽之利,管山林之饶,荒淫越制,逾侈以相高;邑有人君之尊,里有公侯之富,小民安得不困?又加月为更卒,已复为正,一岁屯戍,一岁力役,三十倍于古;田租口赋,盐铁之利,二十倍于古。或耕豪民之田,见税什五。故贫民常衣牛马之衣,而食犬彘之食。重以贪暴之吏,刑戮妄加,民愁亡聊,亡逃山林,转为盗贼,赭衣半道,断狱岁以千万计数。(《汉书·食货志上》)

秦时中国并无近代资本主义之生产条件,而可以发展帝国主义,然却轻易黩武拓边,而造成严安所说的:"秦祸北构于胡,南捷于越,宿兵于无用之地,进而不得退。行十余年,丁男被甲,丁女转输,苦不聊生,自经于道树,死者相望。"(《汉书·严朱吾丘主文徐严终王贾传》)而至边境的戍卒,又是"秦之戍卒不能其水土,戍者死于边,输者偾于道,秦民见行,如往弃市",故"发之不顺,行者深怨,有背畔之心"(《汉书·爰盎晁错传》)。故首先发难的陈胜、吴广就是戍卒。

如果我们以法家思想的立场来检讨之,当可知道,秦行中央集权,严刑峻法,上农除末,并开驰道,一钱币,严督责,行郡县,设廷议,尚耕战,坏井田,这等等基本上都与先秦法家的原则相吻合。可是这些原则在先秦法家,尤其是韩非,并不是绝对的,也不是可以孤立行之的。

不错,韩非是主张严刑峻法以治国的,但也说"凡治天下,必因人情"(《韩非子·八经》),故必"立可为之赏,设可避之罚"(《韩非子·用人》)。然在贫民"衣牛马之衣,而食犬彘之食"的情形下,已无"可避之罚"了,而必然走向反抗之路。在如此不"因人情"之下,故"断狱岁以千万计数"。另外,韩非还说过,"重不辜,民所以起怨者也"(《韩非子·难一》)及"用刑过则民不畏"(《韩非子·饰邪》),而秦"重以贪暴之吏,刑戮妄加",正是"诛既不当,而以尽为心,是与天下为仇也"。故始皇末年盗贼蜂起,不是没有原因的。

韩非是一参验主义者,故对一切的鬼神、占卜、星相、时日、长生不死,一概反对之,他说"龟筴鬼神,不足举胜,左右背乡,不足以专战。然而恃之,愚莫大焉"(同上),并批评燕王求"不死之道"是"信不然之物"(《韩非子·外储说左上》)。而警告人主"用时日,事鬼神,信卜筮,而好祭祀者,可亡也"(《韩非子·亡征》)。秦始皇却好祭祀而封禅,大事铺张,为求不死之药,遣童男女数千于海,受愚而不察;为占梦而劳师动众入海捕巨鱼,遣刑徒伐山,事鬼神而因"亡秦者胡"使蒙恬伐匈奴。韩非说"无地固,城郭恶,无蓄积,财务寡,无守战之备而轻攻伐者,可亡也"(同上),及"内不量力,外恃诸侯,则削国之患也"(《韩非子·十过》),虽秦已无外恃之诸侯,但在连年征战之余,民困兵疲,信鬼神而轻启战端,也未免太"内不量力"了。

韩非说:"俭于财用,节于衣食,宫室器械,周于资用,不事玩好,则入多。"(《韩非子·难二》)然而,秦始皇及二世做阿房之宫,建骊山之陵,穷极奢侈,正是"好宫室台榭陂池,事车服器玩好,罢露百姓,煎靡货财者,可亡也"(《韩非子·亡征》)。

另外,秦亡还有一个统治阶层的内部矛盾,即秦王一人穷极奢侈,而其官吏则动辄得咎,且俸禄甚薄,固仲长统说:"夫薄吏禄以丰军用,缘于秦征诸侯,续以四夷……危国乱家,此之由也。"(《后汉书·仲长统传》)

秦之兴不能不说是由于法家之治"行之十年,秦民大说,道不拾遗,山无盗贼,家给人足,民勇于公战,怯于私斗,乡邑大治",也不能不说在这种情形下,法家之治确实有其"利民萌便众庶"(《韩非子·问田》)的内涵。但由秦之亡,也暴露了法家思想的局限性。

在井田崩溃,草莱初辟,新的生产力正在蓬勃发展之际,以严刑峻法驱民于耕战,而有秦之富国强兵,"侈而堕者贫,而力而俭者富"(《韩非子·显学》)虽为一具有相当经验的论断,然而至私田制度发展完成之后,土地的垄断出现,"富者田连仟伯,贫者无立锥之地",就不再是"侈而堕者贫,而力而俭者富"了。并且,真正的得以垄断土地之人,也非"力而俭者富",而且"以末致财,用本守之"而已,其土地资本的累积是由剥削而来,并非由"力而俭"来。这是法家经济思想的局限性。

先秦法家虽倡法治,但行专制;虽倡"君臣上下贵贱皆从法",但"生法者君也"(《管子·任法》)。韩非说要"听无门户"(《韩非子·备内》)[*],秦也有廷议,但是秦始皇"博士虽七十人,特

---

* 原文如此,疑误。当为《韩非子·八说》。——编者

备员弗用","候星气者至三百人,皆良士,畏忌讳谀,不敢端言其过",谁又能将其奈何。由于"生法者君也",故"二世然高之言,乃更为法律"(《史记·李斯列传》),谁又能要二世从既定之法,而不得更改法律?李斯是助秦始皇一海内并六国的法家,但对秦始皇的一些措施及秦二世的乱政亦无可如何,最后身陷囹圄,只有仰天长叹而言:

>且二世之治岂不乱哉!日者夷其兄弟而自立也,杀忠臣而贵贱人,作为阿房之宫,赋敛天下。吾非不谏,而不吾听也。凡古圣王,饮食有节,车器有数,宫室有度,出令造事,如费而无益于民利者禁,故能长久治安。今行逆于昆弟,不顾其咎;侵杀忠臣,不思其殃;大为宫室,厚赋天下,不爱其费。三者已行,天下不听。(同上)

由此可见,秦的虐政不但汉代的儒家反对,就是当时身为丞相的法家李斯也是反对的。因此,韩非所说"治民无常,唯法为治"(《韩非子·心度》)的法治,在专制下并不能得到必然的保证。这是法家法治思想的局限性因秦亡而暴露。

有了秦亡的经验,虽然汉以后在基本上还是秦政秦法的规模,但却有了进一步的修正,其指导政治的思想也有了改变。

第六章　汉初的黄老之治与法家思想

秦以申韩法家为官学,致使天下怨愤,二世而绝。秦亡后,经过楚汉相争,中国又复归统一。唯在政治体制上,先封功臣为王,后取消之,又封刘姓为诸侯王,并且出现了"黄老之治"。又窦太后也"好黄老术"(《汉书·儒林传》),故黄老思想成为一时之显学,或称"道家"。

"黄老"是分指黄帝和老子而言的。"黄"是指当时托言黄帝所著的某些书,"老"是指老子的《道德经》。后来有关论述政治的"黄"失传了,而《老子》又是一些抽象的哲学之言,"故著书辞称微妙难识"(《史记·老子韩非列传》),其言者多非政治倾向的"无为自化,清静自正"(同上)。后经魏晋南北朝,政治紊乱,士人不易自处,多有遁世之想,尚清谈,而以《庄子》《老子》《周易》并称为"三玄"。其思想偏向养生处世的人生哲学,道家的面貌一变而为遁世的"老庄"。"黄老"之"黄"已渐不知所指,后世多只能以"老庄"猜测之。

据胡适说,汉初"这时期的道家思想,差不多完全等于清静无为的政术"[1]。又说"大凡无为的政治思想,本意只是说人君的聪明有限,本领有限,容易做错事情,倒不如装呆偷懒,少闹一些乱子罢"[2]。

---

[1] 胡适:《中国思想史长编》(手稿本),第272页。
[2] 同上书,第278页。

陶希圣也说,"老学转变为南面术,便与黄帝的学说相结合"①,并引了些《黄帝》佚文说,"这些都是无为主义放任主义的意思。君主除了防止侵害人民的行为而外,对人民一切不干涉。君主没有作为,没有思虑,一任万物自然的发展"②。在《黄帝经》佚失、《道德经》又是非政治倾向的"微妙难识"情形下,胡、陶的说法也是一般学者流行的意见。

但是,对这流行的意见令人不免有一疑问,一个偌大的汉帝国岂是可以"清静无为""一任万物自然的发展"所能统治的。

老子思想和法家的关系,从申不害、慎到至韩非子,我们可以理解法家采用了老子的辩证思想,韩非子书中且有《解老》《喻老》二篇,但法家富国强兵之主张显与老子小国寡民之政治理想不符。汉是一大一统的帝国,又如何能实践老子小国寡民之政治理想而有"黄老之治"呢?因此,我们不能不求助于《黄帝经》来作理解,但是《黄帝经》又付诸阙如,虽有佚文亦难窥其全貌。

直到1973年底,在长沙马王堆三号汉墓中,出土了包括失传已久的先秦古籍在内的帛书,约十二万字。这批帛书中,有两种《老子》的写本,但都是《德经》在前、《道经》在后,与今本相反,而与《韩非子》的《解老》篇次序相合。并且,在《老子》乙本的卷前,发现有《经法》《十大经》《称》《道原》四篇佚文,而被判断为失传已久的《黄帝四经》,即"可能就是《汉书·艺文志》中著录的《黄帝四经》,是黄老合卷的一部分"③。并且,还有一篇佚文,被称为《伊尹·九

---

① 陶希圣:《中国政治思想史》第二册,第33页。
② 同上书,第35页。
③ 唐兰:《黄帝四经初探》,第239页。

主》，因为此篇内容正是太史公所说，伊尹曾"言素王及九主之事"（《史记·殷本纪》）。而经初步研究，"《伊尹·九主》应属'黄老'刑名之学"①。因此，我们对"黄老"之"黄"得以有初步的资料，才能揭开了汉初"清静无为"的"黄老"之谜。

一、黄老之学的起源与概略

黄帝是传说中的古帝，太史公说："学者多称五帝，尚矣。然《尚书》独载尧以来；而百家言黄帝，其文不雅驯，荐绅先生难言之。"（《史记·黄帝本纪》）故"百家言黄帝"非黄帝所著书，太史公已知之。至东汉，班固在《汉书·艺文志》道家类所著录有关黄帝之著作计有：

《黄帝四经》四篇。

《黄帝铭》六篇。

《黄帝君臣》十篇。（注：起六国时，与《老子》相似也。）

《杂黄帝》五十八篇。（注：六国时贤者所作。）

《力牧》二十二篇。（注：六国时所作，托之力牧。力牧，黄帝相。）

除了著录于道家类者外，另阴阳家类者有《黄帝泰素》二十篇*，注曰"图三卷"；《封胡》五篇，注曰"黄帝臣，依托也"；《风后》十三篇注曰"图二卷。黄帝臣，依托也"；《力牧》十五篇，"皇帝臣，依托也"；《鬼容区》三篇，注曰"图一卷。皇帝臣，依托"；《鹓冶子》

---

① 《九主研究》，《帛书老子》，第184页。

* 原文如此，疑误。当为《黄帝》十六篇。——编者一篇,注曰"图一卷";《地典》六篇。杂家类有《孔甲盘盂》二十六篇,注曰"黄帝之史或曰夏帝孔甲,似皆非"。小说家类有《黄帝说》四十篇,注曰"迂诞依托"。天文家有《黄帝杂子气》三十三篇。历谱家有《黄帝五家历》三十三卷。五行家有《黄帝阴阳》二十五卷及《黄帝诸子论阴阳》二十五卷。杂占家有《黄帝长柳占梦》十一卷。医经家有《黄帝内经》十八卷、《外经》三十九卷。经方家有《神农黄帝食禁》七卷、《泰始黄帝扁鹊俞拊方》二十三卷。房中家有《黄帝三王养阳方》二十卷。神仙家有《黄帝杂子步引》十二卷、《黄帝岐伯按摩》十卷、《黄帝杂子芝菌》十八卷、《黄帝杂子十九家方》二十一卷。

由此可知"百家言黄帝"并非虚言,然而若"黄老"是为道家,则"黄老"之黄帝当只指道家类所著录者。可是胡适认为"黄老"出自齐学,是一种神仙方术之说,又因儒墨讲尧舜,所以他们抬出一个更古的仙人黄帝来,他说:"故后起的齐系思想用老子一系的哲学思想作底子,造出了无数半历史半神话的古人伪书,其中最古最尊的就是那骑龙上天的仙人黄帝。"接着又说:

> 他们讲神仙,必须归到清静寡欲,适性养性;他们讲治术,必须归到自然无为的天道。阴阳的运行,五行的终始,本是一种自然主义的宇宙论;但他们又注重機祥灾异,便已染上了墨教的色彩了。……但他们又去寻种种丹药和方术来求长生不死,形解尸化,这便不是自然主义的本意了。然而当日的学者却没有这种自觉,于是这些思想也就混成了一家了。老子太简单了,不能用作混合学派的基础,故不能不抬出黄帝等人

来;……于是这一个大混合的思想集团就叫做"黄老之学"。因为这一系思想都自附于那个自然变化的天道观念,故后来又叫做"道学"。①

这段话乍看似乎言之成理,但却多是想当然耳的说法。"黄老"之为道家,这话虽说没错,但是胡适却忽略了阴阳、五行、小说、杂占、经方、天文、房中、神仙等各家均有黄帝,但此黄帝并非只是道家,然胡适以为各家之黄帝皆道家黄帝。长沙马王堆汉墓所葬之人是葬于汉文帝十二年(前168年),正是"黄老"流行之时,其《黄帝四经》与《老子》合帖,在在说明了"黄老"之"黄"是"与老子相似也"的"黄",而不是"百家言黄帝"的"黄"。

胡适虽然没有看到马王堆的资料,但是应该读过司马谈的《论六家要旨》,其中言"夫阴阳、儒、墨、名、法、道德,此务为治者也,直所从言之异路,有省不省耳"(《史记·太史公自序》)。六家言治固有迷信玄谈,然而神仙丹药方术又与政治思想何干?故此亦不在《论六家要旨》之中。司马谈为一"黄老"的道家,他已知之。

再说,老子的思想与神仙说相去甚远,如"有物混成,先天地生,寂兮寥兮,独立而不改,周行而不殆,可以为天地母,吾不知其名,字之道。……人法地,地法天,天法道,道法自然"(《老子》第二十五章),这种宇宙论又如何容得下神仙。所以"黄""老"合称,也不是想当然地可以用"当日的学者却没有这样的自觉"来解释的。

---

① 胡适:《中国思想史长编》(手稿本),第262—264页。

另外,顾颉刚则以为"黄""老"之并称,乃是因为儒家把老子"儒家化"了,编了一个孔子问礼于老子的故事,使老子发生"二重人格",所以道家"索性再进一步,使出手段来拉拢黄帝。他们把本学派的货色尽量向黄帝身上装,结果使黄帝也像了老子"①。顾氏之说,基本上还是猜测之辞。因为,今天谁能证明老子书早于黄帝书?不能证明则无以肯定"黄帝也像了老子",说不定也可能是老子像黄帝。诚然,儒家有孔子问礼于老子的故事,但太史公也说过"孔子所传《宰予问五帝德》及《帝系姓》儒者或不传"(《史记·五帝本纪》)。为什么老子"二重人格",黄帝就不"二重人格"?又为什么后来的儒家要把老子"儒家化",却又对黄帝"儒者或不传"?另外,还有一个更基本的问题:老子究竟是谁?

老实说,今天虽有汉文帝时的二种《老子》写本的出土,但我们还是无以知道老子究竟是谁。不要说我们现在不晓得,就是距离先秦时间极近而又博学的太史公也不知道,太史公虽引述了孔子问礼于老子李耳的故事,但又说老子"莫知其所终",又说"或曰:老莱子亦楚人也",老莱子也可能是老子,又说"盖老子百有六十余岁,或言二百余岁",又说"或曰(太史)儋即老子,或曰非也,世莫知其然否",但又说"老子之子名宗,宗为魏将,封于段干。宗子注,注子宫,宫玄孙假,假仕于汉孝文帝,而假之子为胶西王卬太傅"。但二千多年后的胡适却认定孔子问礼于老子,并且还说:

大概孔子见老子在三十四岁(西历前五一八年日食)与四十一岁(定五年,西历前五一一年日食)之间。老子比孔子至

---

① 顾颉刚:《汉代学术史略》,影印版,第57页。

多不过大二十岁。老子当生于周灵王初年,当西历前五七〇年左右。①

因而,胡适在其《中国古代哲学史》中,将老子置于孔子之前。胡适此论一出,即引起当时学者的辩难,如梁启超就根据《史记》所述老子系谱指出:

> 魏列为诸国,在孔子卒后六十七年,老子既是孔子先辈,他的世兄还捱得到做魏将,已是奇事;再查孔子世家,孔子十代孙藂为汉高祖将,封蓼侯,十三代孙安国,当汉景帝时;前辈的老子八代孙,和后辈的孔子的十三代孙同时未免不合情理。②

当时参加讨论的学者,除胡、梁二人外,以《古史辨》搜集的讨论文章言,还有张煦、张寿林、唐兰、高亨、黄方刚、素痴(张荫麟)、冯友兰、张季同、罗根泽、顾颉刚、钱穆、谭戒甫、马叙伦、张福庆、熊伟、叶青(任卓宣)、郭沫若等人。大致的结论正是冯友兰所说的:

> 至于在孔子以前或同时有没有名老聃的一个人,我认为无关重要,总之《老子》一书是出在孔子以后的。③

---

① 胡适:《老子略传》,《古史辨》第四册,明伦出版社1970年影印版,第304页。
② 梁启超:《论〈老子〉书作于战国之末》,同上书,第306页。
③ 冯友兰:《读〈评论近人考据年代的方法〉答胡适之先生》,《古史辨》第六册,第417页。

"《老子》一书是出在孔子以后的"这一结论大多学者均能承认,但后于何时,则又有争论。如张季同以为"《老子》书是战国初的作品,老子思想是春秋末战国初的思想"[①];顾颉刚则认定"我说《老子》是战国末年或西汉初年的著作,并且是撷取各家说而形成的"[②];梁启超又是"很疑心《老子》这部书的著作年代,是在战国之末"[③]。而这些说法都是根据太史公之外的《吕氏春秋》《庄子》《韩非子》及《礼记》等立说的,然而这些著作的成书年代及篇章真伪又是一片争论。因此,我们唯一可以肯定的就是《老子》这本书必早于以上诸著作成书之前而已。并且经过讨论后,老子之思想当为春秋以后者,即后于孔子思想,也是当时一般的看法。

胡适在当时实无力反驳反对他的论据;但在当年参加讨论的学者大多留在大陆而无法和他讨论之时,他却在台北大做"心理分析"地说:

> 二三十年过去了,我多吃了几担米,长了一点经验。有一天,我忽然大觉大悟! 我忽然明白:这个老子年代的问题,原来不是一个考证方法的问题,原来只是一个宗教信仰的问题像冯友兰先生一类的学者,他们诚心相信中国哲学史的当然认孔子是开山老祖,当然要认孔子是"万世师表"。在这个诚

---

① 张岱年:《关于老子年代的一假定》,《古史辨》第四册,第441页。后来张氏又说:"我现在对老子年代问题,不敢有所主张了。而以前的主张,我也不甚执持了。"见同文"附识"。
② 顾颉刚:《从吕氏春秋推测老子之成书年代》,同上书,第488页。
③ 梁启超:《论〈老子〉书作于战国之末》,同上书,第305页。

心的宗教信仰里,孔子之前当然不应该有个老子。在这个诚心的信仰里,当然不能承认有一个跟老聃学礼助葬的孔子。①

老实说,老子之事迹太史公只是有闻必录,而不能断其真伪已明言矣,而在没有新资料出土以前,一口咬定孔子问礼于老子,正是韩非所说:"无参验而必之者,愚也,弗能必而据之者,诬也。故明据先王,必定尧舜者,非愚则诬也。"(《韩非子·显学》)这岂不正是胡适的写照?

黄帝为传说中的古帝,老子为何人则不知,但其书究竟源自何时我们也无法详考,而唯知其思想自战国以后渐渐流行。至于其书,唯知后来的《吕氏春秋》和《韩非子》都明确地言及或引述黄老,《庄子》则引述《老子》。并且形成一本有系统的著作,必有一些先行的片段观念,故一些不明确言及黄老,而其中部分与黄老思想类近之著作出现,并不能成为判断黄老之书已出现的充足根据。亦如孔子之前早已有与孔子相类似的思想出现,但却不能据此而将孔子的年代上移。

至于黄老学派的形成,太史公曾言:"乐氏之族有乐瑕公、乐臣(一作"巨")公,赵且为秦所灭,亡之齐高密。乐臣公善修黄帝、老子之言,显闻于齐,称贤师。"接着太史公又说:

> 乐臣公学黄帝、老子,其本师号曰河上丈人,不知其所出。河上丈人教安期生,安期生教毛翕公,毛翕公教乐瑕公,乐瑕

---

① 胡适:《中国古代哲学史》卷一,第7页。

公教乐臣公,乐臣公教盖公,盖公教于齐高密、胶西,为曹相国师。(《史记·乐毅列传》)

赵亡于秦始皇十九年(前228年)故黄老学派当形成于战国中末期,而黄老思想及黄老之书当在此之时或在此之前,而不至于迟至汉初。再则,赵亡后黄老之学的嫡传至齐,故胡适言"后起的齐学思想用老子一系的哲学思想作底子"的说法,根本没有根据。胡适为了把黄老说成"方仙道",还说"安期生在《封禅书》里称为'仙者',大概河上丈人也是乌有先生一流的仙人。毛翕公以下,大概是黄老之学的初期大师"①。

但是,《封禅书》说到安期生,是因为汉武帝好神仙故有齐方士公孙卿诡称得黄帝宝鼎神策以进,而"所忠视其书不经,疑其妄书",故"卿因嬖妾人奏之",公孙卿才得以受召进见,为证明其非"妄书",才说"受此书申公,申公已死",及"申公,齐人,与安期生通,受黄帝言,无书,独有此鼎书"(《史记·封禅书》)。这显然是因当时流行"黄老",故才有公孙卿的攀附之言,当时已有人知之,唯求仙心切的武帝不察。另外,太史公还说道,"公孙卿之候神者,犹以大人迹为解,无其效。天子益怠厌方士之怪迂语矣,然终羁縻弗绝,冀遇其真。自此之后,方士言祠神者弥众,然其效可睹矣"(《史记·孝武本纪》)。"然其效可睹矣",《史记集解》引徐广曰:"犹今人云'其事已可知矣',皆不信之耳。"可见太史公虽引述公孙卿等的神仙之言的附会,已知其伪,且所忠亦知其妄。唯二千多年后的

---

① 胡适:《中国思想史长编》(手稿本),第266—267页。

胡适却与汉武帝一般见识而以其为真邪？

从太史公的话中，还给了我们一个线索，即神仙之说的黄帝，实因武帝的爱好而起者，而与黄老的面目大相径庭。司马谈父子是学黄老的，但在《论六家要旨》中却不言"黄老"而言"道德"，且有道家之说，是否有意区别"百家言黄帝"则不得而知。

太史公不以神仙之说为"道德"，但却说：

> 申子之学本于黄老而主刑名。
> 韩非者……而其归本于黄老。
> 申子卑卑，施之于名实。韩子引绳墨，切事情明是非，其极惨礉少恩。皆原于道德之意，而老子深远矣。（《史记·老子韩非列传》）

胡适之把黄老看成神仙之说，实基于其一向只凭主观，而不根据批判，就认为太史公不可靠的成见所造成的。① 但是，从司马迁的话里，我们可以知道，申韩之学虽非道家，但却"本于黄老""原于道德之意"。太史公所言之申韩，主要是指以申韩之名所传之书，尤其是申不害，其书是否为其本人所著，则是一问题。《申子》书虽不传，但《韩非子》书的思想显然是反对神仙说的，如"用时日，事鬼神，信卜筮而好祭祀者，可亡也"（《韩非子·亡征》）。"施之于为名实"，"引绳墨，切事情，明是非，其极惨礉少恩""皆原于道德之意"，

---

① 胡适：《中国古代哲学史》卷三，第82页。如胡适说韩非子之《孤愤》、《说难》、《说林》、内外《储》，虽是司马迁所举的篇名，但是司马迁的话是不很靠得住的"。此说亦为胡适的臆断而已，此问题之讨论请参见本书中《韩非思想的哲学基础》一章。

可见当时所谓的"道德"是可以演绎出法家所讲的这套道理的。但是,近代学者一直被道家的"清静无为"所迷惑,而忽略了太史公的这些说法。

其实,黄老家的司马谈早就在《论六家要旨》中为我们透露了道家与法家的关系。他在论及道家的时候说道:

> 道家使人精神专一,动合无形,赡足万物。其为术也,因阴阳之大顺,采儒墨之善,撮名法之要,与时迁移,应物变化,立俗施事,无所不宜,指约而易操,事少而功多。(《史记·太史公自序》)

司马谈说"阴阳之大顺"就是"夫春生夏长,秋收冬藏,此天道之大经也,弗顺则无以为天下纲纪"。此乃中国古代农业社会的自然知识,在这一点上,孔子说"吾不如老农""吾不如老圃"(《论语·子路》)。但韩非却说,"举事慎阴阳之和,种树节四时之适,无早晚之失,寒温之灾,则入多"(《韩非子·难二》)。"入多"才能富国。要"入多"当然要农耕适时,韩非也必须"因阴阳之大顺"才行。

司马谈说"儒墨之善"的儒善乃是"列君臣父子之礼,序夫妇长幼之别",而墨善则是"强本节用,则人给家足之道也"。韩非说:"臣之所闻曰:'臣事君,子事父,妻事夫,三者顺则天下治,三者逆则天下乱。此天下之常道也。明主贤臣而弗易也。'则人主虽不肖,臣不敢侵也。"(《韩非子·忠孝》)这不正是"虽百家弗能易"的儒善吗?只是韩非没有明白标榜"礼"而已。

至于墨家的"强本节用","本"是指农,法家从来是重农的,韩非不断地强调"能趋力于地者富"(《韩非子·心度》),"仓廪所以实者,耕农之本务也"(《韩非子·诡使》)。韩非还说过,"好宫室台榭陂池,事车服器玩好,罢露百姓,煎靡货财者,可亡也"(《韩非子·亡征》),及反对"宫室供养太侈,而人主弗禁"(同上),这正是司马谈所说的墨家的"节用"。至于实行"家给人足"的不是别人,正是法家的商鞅,商鞅变法"行之十年秦民大说,道不拾遗,山无盗贼,家给人足。民勇于公战,怯于私斗,乡邑大治"(《史记·商君列传》)。

司马谈所说的"明法之要",乃是法家的"尊主卑臣,明分职不得相逾越"和名家的"控名责实,参伍不失"。法家之要固不待言。名家之要的"控名责实"也就是韩非所主张的"据法直言,名刑相当;循绳墨,诛奸人"(《韩非子·诡使》);"参伍不失"也就是"偶参伍之验,以责陈言之实"(《韩非子·备内》)。

如此说来,道家和法家并无不合,而司马谈却说:"法家不别亲疏,不殊贵贱,壹断于法,则亲亲尊尊之恩绝矣。可以行一时之计,而不可长用也。"另外,还引了《鬼谷子》的一句话——"圣人不朽,时变是守。虚者道之常也,因者君之纲",作为道家天子的最高政治法则,以批评法家。

"时变是守"是主张变,而要求"长用","长用"是不变,变与不变这是两个矛盾的概念。其实,司马谈的意思是变是"一时之计",不变才是"长用"之道。变的时候是"不别亲疏,不殊贵贱,壹断于法",变完了之后就得以"亲亲尊尊"为"长用"。

司马谈的记述反映了一种愿望,就是与法家之君一起打天下的法家之臣，在取得政权之后，他们要求新的阶级的特权，而喊出了宗法封建的口号——"亲亲尊尊"。在变的时候，君主固然要"因"——"时变是守"——法家之臣的变，在变完了之后，君主也要"因"法家之臣的不变。这就是"因者君之纲"。

以君主统治的立场来看，既已取得天下至尊之位，再变就是变掉自己的天下。何况，贾谊也明白说出"曩者之为秦，今转而为汉矣"(《新书·时变》)。因此，君主就必须团结在变中所造成的既得利者，以形成统治集团，并缓和其内部冲突，对这些人也就必须"列君臣父子之礼"以"亲亲尊尊"，而不能壹断于法了。

再者，从制度的转变来看，封建和井田诚然为一亲属关系的政治结构，封建领主的地位也是一亲属承继关系，并且其社会结构，为以此为基础的一种阶级社会，故反映在伦理上者为尊尊亲亲。但是专制和私田制度，及君主的政治地位也是一亲属承继关系。私田的所有权诚可买卖，但亦有亲属之承继，虽与封建和井田的制度略有不同，但亦是包括亲属关系在内的阶级社会；故"不别亲疏，不殊贵贱，壹断于法"，在对付封建的井田主时则可，即"不可长用也"。在建立了专制和私田制度之后，道家修正了法家的"不别亲疏，不殊贵贱，壹断于法"，于是由革命的法家所主张的专制私田的思想，转而为保守的道家所主张的专制私田制的思想。故而再度喊出了"尊尊亲亲"的口号。当然，也因此使得专制君主的政权基础落实到私田主的阶层上。并且，道家之说也为后来实际上以法家为内涵，而表面上以儒家为标榜的"罢黜百家，独崇儒术"做好了思想上的准备。

二、汉初的黄老之治及其思想

由于黄老思想的流行，汉初出现了一批黄老的政治人物及思想人物。当时流行的道家著作，除"黄老"外，据《汉书·艺文志》所录还有：

《伊尹》五十一篇。（注：汤相。）

《太公》二百三十七篇。（注：吕望为周师尚父，本有道者，或近世又以为太公术者所增加也。）《谋》八十一篇，《言》七十一篇，《兵》八十五篇。

《辛甲》二十九篇。（注：纣臣，七十五谏而去，周封之。）

《鬻子》二十二篇。（注：名熊，为周师，自文王以下问焉，周封为楚祖。）

《管子》八十六篇。（注：名夷吾，相齐桓公，九合诸侯，不以兵车也，有列传。）

《文子》九篇。（注：老子弟子，与孔子并时，而称周平王问，似依托者也。）

《蜎子》十三篇。（注：名渊，楚人，老子弟子。）

《关尹子》九篇。（注：名喜，为关吏，老子过关，喜去吏而从之。）

《庄子》五十二篇。（注：名周，宋人。）

《列子》八篇。（注：名圉寇，先庄子，庄子称之。）

《老成子》十八篇。

《长卢子》九篇。（注：楚人。）

《王狄子》一篇。

《郑长者》一篇。(注：六国时，先韩子，韩子称之。)

《楚子》三篇。

《公子牟》四篇。(注：魏之公子也，先庄子，庄子称之。)

《田子》二十五篇。(注：名骈，齐人，游稷下，号天口骈。)

《老莱子》十六篇。(注：楚人，与孔子同时。)

《黔娄子》四篇。(注：齐隐士，守道不诎，威王下之。)

《宫孙子》二篇。

《鹖冠子》一篇。(注：楚人，居深山，以鹖为冠。)

《周训》十四篇。

《孙子》十六篇。(注：六国时。)

《捷子》二篇。(注：齐人，武帝时说。)

《曹羽》二篇。(注：楚人，武帝时说于齐王。)

《郎中婴齐》十二篇。(注：武帝时。)

《臣君子》二篇。(注：蜀人。)

《道家言》二篇。(注：近世，不知作者。)

以上所列之书，多半已经失传，班固之注是否确实，不得而知；且如太公之书已明言有"增加"，《文子》之篇"似依托"。也就是说，这些书的真伪我们或已无法考证，但大概多是战国至汉初之作，并为汉时流行之作，及为班固所见者，则殆无疑义。这些著作已非黄老所能概括，也可能是这样的理由，而称"道德"或"道家"的，唯汉初对政治有影响者，可能还是以黄老为主，且马王堆出土之《伊尹九主》可能与《伊尹》五十一篇有关，或应属道家的思想范畴之内者。

其实老子与黄帝或法家的政治主张有很大的不同；老子的政治主张是"小国寡民"(《老子》第八十章)，而法家却是专制帝国，黄老之治也是专制帝国。故老子认为"法令滋彰,盗贼多有"(《老子》第五十七章),而法家主张严刑峻法,"黄老"的曹参,亦以"狱市为寄"(《史记·曹相国世家》)。只是老子充满辩证的智慧为法家所运用,并借此重新解释老子的一些思想主张,如"无为而无不为"(《老子》第三十七章),老子之意是不要法令,而法家则以法治为"无为",故言"垂法而治"(《商君书·壹言》),曹参亦以"法令既明"为"清静"。

故有人说汉初"黄老"乃是"援道入法,使法家思想有了形而上的哲理作为它的根据,自然可以取精用宏,无往不利了"[①]。不过,"援道入法"并不只是汉初的"黄老",早在先秦的法家就是如此。

在这样的道家思想流行下,其对实际政治有何影响,则分述于下。

(一) 曹参与盖公

曹参于秦时是一个狱吏,随刘邦打天下,而后身为相国之尊。在"以法为教,以吏为师"的情形下,曹参实为一典型的法家刀笔吏。

在曹参任齐丞相的时候,曾经"尽召长老诸生,问所以安集百姓,如齐故诸儒以百数,言人人殊,参未知所定。闻胶西有盖公,善治黄老言,使人厚币请之。既见盖公,盖公为言治道贵清静而民自定,推此类具言之。参于是避正堂,舍盖公焉。其治要用黄老术,故相齐九年,齐国安集,大称贤相"(《史记·曹相国世家》)。

"贵清静而民自定"正是老子所言之"我无为而民自化,我好静而民自正,我无事而民自富,我无欲而民自朴"(《老子》第五十七章)。

[①] 《帛书老子研究》,见《帛书老子》,第 92 页。

后来，曹参继萧何而为相国，其施政为"萧规曹随"，所谓"萧规"即"相国萧何捃摭秦法，取其宜于时者，作律九章"（《汉书·刑法志》），其实只是"更加悝所造《户》《兴》《厩》三篇，谓九章之律"（《唐律疏义·名例》），故实为战国以来法家所造之律。而"曹随"当然也是随战国以来法家所造之律。且其"萧规曹随"的理由乃是"法令既明，今陛下垂拱，参等守职，遵而勿失，不亦可乎"（《史记·曹相国世家》）。由此已透露了曹参的清静并非单纯的"清静"，因为"法令既明，今陛下垂拱，参等守职，遵而勿失"，不正是"秉权而立，垂法而治"（《商君书·壹言》）及申不害所说的"治不逾官"（《韩非子·难三》）吗？

我们再看他在齐为相的"清静"真相，他说要"以齐狱市为寄，慎勿扰也"，因为"夫狱市者，所以并容也，今君扰之，奸人安所容也？吾是以先之"（《史记·曹相国世家》）。所以，他的"清静"实为以"狱市"为先的"垂法而治"的"清静"。韩非也说过，"故镜执清而无事，美恶从而比焉；衡执正而无事，轻重从而载焉。夫摇镜则不得为明，摇衡则不得为正，法之谓也"（《韩非子·饰邪》）。

"法令既明"，法令就如"镜""衡"，执政者不可用主观的作为去"摇"，自然可以"清""正"，也就可以"民自定"。无主观的作为即可"清静""无事""垂拱"而治，亦即"垂法而治"。故曹参的勿扰"狱市"及"萧规曹随"，就是勿"摇"已明具之法令。"萧规"既是法家之规，故曹参的"黄老之治"也就是执行法家之规的统治。

再者，曹参为相国时，"择郡国吏木讷于文辞，重厚长者，即召除为丞相史。吏之言文深刻，欲务声名者，辄斥去之"及"参见人之有细过，专掩匿覆盖之，府中无事"（《史记·曹相国世家》）。这种作风似乎是与法家不同的道家思想,要"重厚长者",不要"欲务声名者",这是要保守不要激进,人有过而"掩匿覆盖之",自然"府中无事",而上下"亲亲"了。这也正是老子所言"挫其锐,解其纷,和其光,同其尘,湛兮,似或存"(《老子》第四章)。而当然与韩非所说"明君见小奸于微,故民无大谋;行小诛于细,故民无大乱"的意义也不合。但韩非也说过,"不逆天理,不伤情性;不吹毛而求小疵,不洗垢而察难知;不引绳之外,不推绳之内;不急法之外,不缓法之内"(《韩非子·大体》)。"人之有细过",究竟是"行小诛于细"的"细",还是"不吹毛而求小疵"的"疵",这就是执法之吏的判断问题了。显然言听黄老家的曹参是倾向于后者。

所以,太史公说"参为汉相国,清静极言合道。然百姓离秦之酷后,参与休息无为,故天下俱称其美矣"(《史记·曹相国世家》)。班固也说曹参是"因民之疾秦法,顺流与之更始"(《汉书·萧何曹参传》)。其实,这些黄老的政绩只能是相对秦时"外攘夷狄,内兴功业,海内之士力耕不足粮饷,女子纺绩不足衣服"(《史记·平准书》)而言的。

(二) 陈平与田叔

陈平是刘邦的谋臣之一,"少时,本好黄帝老子之术"(《史记·陈丞相世家》),曾为高祖六出奇计,唯"奇计或颇秘,世莫得闻也"(《汉书·张陈王周传》)。当然,我们现在更不得而知此一阴谋家的阴谋,但他自己却说,"我多阴谋是道家所禁"(《史记·陈丞相世家》)。

其少时曾为宰分肉,"分肉甚均"受父老称道,而自言"嗟乎,使平得宰天下,亦如是肉矣"!故太史公说"方其割肉俎上之时,其意固已远矣"(《史记·陈丞相世家》)。使"均"是法的作用,若此为其学则可知其所学的黄老与法家思想有一定的关系。

在文帝时陈平出任左丞相,文帝问决狱与钱谷,陈平一概不知,而要文帝去问廷尉和治粟内史,并且说宰相之职,只是"上佐天子理阴阳,顺四时,下育万物之宜,外镇抚四夷诸侯,内亲附百姓,使卿大夫各得任职焉"(同上)。

他的这段话固然含有黄老的"无为"之意,但是也是法家的说法,申不害说过"治不逾官,虽知弗言"(《韩非子·难一》),故陈平不兼决狱与钱谷之事,正合法家之义。

田叔曾"学黄老术于乐巨公"(《史记·田叔列传》),是齐"黄老"的嫡传。其为人"刻廉自喜"。高祖时,为赵王郎中时"切直廉平"(同上)。太史公说商鞅是"其天资刻薄人也"(《史记·商君列传》)。"刻廉"之"刻",即"刻薄"之"刻","切直廉平"正是执法公正,故田叔具有法家人物之性格明矣。

后来赵王被诬谋反,被捕解送长安,并有诏书:"赵有敢随王者罪三族",而"唯孟舒、田叔等十余人赭衣自髡钳,称王家奴,随赵王敖至长安"(《史记·田叔列传》)。这正是韩非所说的"不难破家以便国,杀身以安主"(《韩非子·说疑》)的古之忠臣了。

景帝时,其为鲁相,初到,"民自言相,讼王取其财物百余人",而怒之曰:"王非若主邪?何自敢言若王!"而笞拷告鲁王之民。鲁王闻之大惭,而发中府钱,使相偿之。而田叔却说:"王自夺之,使相偿之,是王为恶而相为善也。相毋与偿之。"(《史记·田叔列传》)田叔不准老百姓告鲁王,正是韩非所言"忠臣不危其君,孝子不非其亲"(《韩非子·忠孝》)。韩非说"行义示则主威分"(《韩非子·八经》),故"明主之道,臣不得以行义成荣"(同上)。田叔为了"臣不得以行义成荣",所以说"相毋与偿",而要王自偿之。

田叔的这些行为表现,无一不是合乎法家所要求者,故可见"黄老"在"刻廉自喜""切直廉平"及"君尊臣卑",这些方面与法家并无不合。

但是当景帝要田叔案梁孝王使人杀袁盎之事时,景帝问,田叔答以"有之",但又要景帝"上毋以梁事为问也",因为"今梁王不伏诛,是废汉法也;如其伏诛,太后食不甘味,卧不安席,此忧在陛下"(《汉书·季布栾布田叔传》)。这与商鞅"法之不行,自上犯之"(《史记·商君列传》)及韩非之"法不阿贵,绳不挠曲"(《韩非子·有度》)不合,而正是韩非所批评的"爱多者,则法不立"(《韩非子·内储说上》)。但却可以避免司马谈对法家的批评——"不别亲疏,不殊贵贱,壹断于法",而保持统治阶层的"亲亲尊尊之恩"。这也正是黄老与法家的区别。

(三) 王生与邓公

王生是"善为黄老言"(《史记·张释之冯唐列传》)的处士,在文、景之时,与张释之交好。张释之为廷尉,他曾在廷中当众要张释之结袜,有人以其辱廷尉责之,他则言"吾老且贱,自度终无益于张廷尉。张廷尉方今天下名臣,吾故聊辱廷尉,使跪结袜,欲以重之"(同上)。

景帝为太子时,张释之曾罪太子,及景帝立,恐罪,遂"用王生计卒见谢,景帝不过也"(同上)。王生用何黄老术得使张释之得免,已不得而知。

以辱之而重之,这是黄老的辩证哲学,也是法家之哲学基础。在专制淫威下全性保真,则是老子的人生哲学。

张释之是汉初有名的法家之臣。文帝时,太子与梁王共车入朝,不下司马门,犯汉宫卫令,张释之追止二人,并劾彼等不下公门的不敬之罪,迫使文帝亲自谢罪言"教儿子不谨"(《史记·张释之冯唐列传》),这正是商鞅刑太子傅的作风,亦即法家"王子犯法,庶人同罪"的法家精神。及其为廷尉时,有人犯跸及盗高庙玉环,文帝怒而欲重刑之,而释之坚持以法刑之。这不正是韩非所说"不急法之外,不缓法之内"吗?

王生能与释之交善,亦即黄老家与法家交善。

邓公是景帝时人,"多奇计","其子章以修黄老言显于诸侯之间"(《史记·袁盎晁错列传》)。这又是一黄老世家。

七国乱起,景帝诛晁错以谢天下,人莫敢谏,唯邓公言:"夫晁错患诸侯强大不可制,故请削地以尊京师,万世之利也。计画始行卒受大戮,内杜忠臣之口,外为诸侯报仇,臣窃为陛下不取也"(同上)。晁错是汉初有名之法家思想者,《汉书·艺文志》之法家类亦著录有《晁错》三十一篇,亦可见黄老世家对法家的同情。

晁错初言削诸侯地时,错父即言"侵削诸侯,疏人骨肉,口让多怨",故"刘氏安矣,而晁氏危",而饮药自杀。(同上)这也可能是司马谈为什么不同意"不别亲疏,不殊贵贱,壹断于法"的原因啊!

当时主张削诸侯地的不止晁错,如贾谊、如主父偃等人皆有类似主张,其实这是中央集权趋向的一种必然的思想反映。主父偃就主张:"愿陛下令诸侯得推恩分子弟,以地侯之。彼人人喜得所愿,上以德施,实分其国,不削而稍弱矣。"(《史记·平津侯主父列传》)主父偃与晁错之目的相同,但手段不同。而"黄老"的太史公却言:

> 晁错刻削诸侯,遂使七国俱起,合从而西乡,以诸侯太盛,而错为之不以渐也。及主父偃言之,而诸侯以弱,卒以安。安危之机,岂不以谋哉?(《史记·孝景本纪》)

由此亦可见,"黄老"是温和的法家,而法家是激进的"黄老",故申韩皆"本黄老",而非"黄老"。

(四) 窦太后与黄生

窦太后,景帝母,"好黄帝老子之言,景帝及诸窦不得不读老子,尊其术"(《汉书·外戚传》)。

景帝时,儒家的辕固为博士,窦太后召辕固问老子书,而辕固答以"此是家人言耳",太后怒曰:"安得司空城旦书乎?"而令固入圈刺豕(《史记·儒林列传》)。

武帝时,儒者王臧为郎中令,赵绾为御史大夫,绾之师申公为太中大夫,"欲议古明堂城南,以朝诸侯"(《史记·孝武本纪》)。而明堂也,正是孟子所讲的"夫明堂者,王者之堂也。王欲行王政则勿毁之矣"(《孟子·梁惠王下》)。但是,"太皇窦太后好老子言,不说儒术,得赵绾、王臧之过以让上,上因废明堂事,尽下赵绾、王臧吏,后皆自杀。申公亦疾免以归,数年卒"(《史记·儒林列传》)。

由此可见,"黄老"与儒家冲突不仅在思想上,且在于政治上有斗争。"黄老"的窦太后"不说儒术",法家的韩非更言"儒以文乱法"(《韩非子·五蠹》)。可知"黄老"与法家在对待儒家这点上,也是敌忾同仇的。

景帝时辕固和司马谈的老师黄老家的黄生曾有一场御前辩论,事见《史记·儒林列传》,兹录之如下:

> 黄生曰:"汤武非受命,乃弑也。"辕固生曰:"不然。夫桀纣虐乱,天下之心皆归汤武,汤武与天下之心而诛桀纣,桀纣之民不为之使而归汤武,汤武不得已而立,非受命为何?"黄生曰:"冠虽敝,必加于首;履虽新,必关于足。何者,上下之分也。今桀纣虽失道,然君上也;汤武虽圣,臣下也。夫主有失行,臣下不能正言匡过以尊天子,反因过而诛之,代立践南面,非弑而何也?"辕固生曰:"必若所云,是高帝代秦即天子之位,非邪?"景帝曰:"食肉不食马肝,不为不知味;言学者无言汤武受命,不为愚。"

这场辩论显然是战国时儒法之争的延长,连其论据亦复相同,齐宣王问孟子汤放桀及武王伐纣,而言:"臣弑其君可乎?"孟子答以:"贼仁者谓之贼,贼义者谓之残。残贼之人谓之一夫。闻诛一夫纣矣。未闻弑君也。"(《孟子·梁惠王下》)并且还说过"桀纣之失天下也,失其民也。失其民者,失其心也"(《孟子·离娄上》)。这正是辕固的理论根据。

而黄生的话则根据法家而来的,韩非曾言:"尧为人君而君其臣,舜为人臣而臣其君,汤武为人臣而弑其主,刑其尸,而天下誉之,此天下所以至今不治者也。"(《韩非子·忠孝》)韩非还曾引述赵简子的话——"车席泰美。夫冠虽贱,头必戴之;屦虽贵,足必履之。今车席如此,大美,吾将何属以履之?夫美下而耗上,妨义之本也"——以喻"失臣主之理"(《韩非子·外储说左下》)。黄生驳辕固的辩论,不但尊君的理论与韩非同,而且连所作的比喻都相同。故法家在先秦也许是"本于黄老",但是汉初的黄老不能不说也应会受到先秦法家的影响。

在这个辩论中,景帝不能不承认两造之言皆有理,但辩论下去,他却陷入了二难的窘局,不是高祖为不忠之臣,就是人民有权推翻专制,故只有停止辩论,且"是后学者莫敢明受命放杀者"(《史记·儒林列传》)。由此,亦可以看到由黄老之过渡而至阳儒阴法的契机。

(五) 汲黯

汲黯,"学黄老之言,治官理民,好清静,择丞史而任之"。景帝时,为东海太守,"其治,责大指而已,不苛小。黯多病,卧闺阁内不出。岁余,东海大治"。其为主爵都尉时,"治务在无为而已,弘大体,不拘文法"。武帝时,独崇儒术,"而黯常毁儒,面触(公孙)弘等徒怀诈饰智以阿人主取容,而刀笔吏专深文巧诋,陷人于罪,使不得反其真,以胜为功"。并在武帝高谈儒家理想时,他却说:"陛下内多欲而外施仁义,奈何欲效唐虞之治乎?"(《史记·汲政列传》)

从以上所述来看,汲黯好"清静""无为",又"常毁儒",不喜"仁义",不好"唐虞之治",是为一黄老政治家,其与法家并无不合。韩非早就说过言尧舜是"非愚则诬也"。

但是从另外一方面来看,他也多具备法家的性格。武帝好儒而黜毁之,正是韩非所言的法术之士"将以法术之言矫人主阿辟之心,是与人主相反也"(《韩非子·孤愤》)。他反对"怀诈饰智以阿人主取容"之徒,正是反对"凡奸臣皆欲顺人主之心以取亲幸之势者也。是以主有所善,臣从而誉之;主有所憎,臣因而毁之"(《韩非子·奸劫弑臣》)。并且,韩非还说过,"臣下饰于智能,则法禁不立矣,是妄意之道行,治国之道废也"(《韩非子·饰邪》)。

至于"陷人于罪"的刀笔吏,汲黯主要指张汤,韩非也说过,"赏不加于无功,罚不加于无罪"(《韩非子·难一》),并且"诛既不当,而以尽为心,是以天下为仇也"(《韩非子·难四》)。

唯韩非早就知道"人主亦有逆鳞,说者能无婴人主之逆鳞则几矣"(《韩非子·说难》),故汲黯"亦以数直谏,不得久居位"(《史记·汲郑列传》)。

(六)郑当时与杨王孙

郑当时,字庄,"好黄老之言,其慕长者如恐不见",其为官时,属下有善言,"常引以为贤于己","与官属言,若恐伤之",又"闻人之善言,进之上,唯恐后","然郑庄在朝,常趋和承意,不敢甚引当否"。"庄廉,又不治其产业",故"卒后家无余赀财"(《史记·汲郑列传》)。

郑庄所为应较偏向黄老中的老子之人生哲学。老子曾言,"我有三宝,持而保之:一曰慈,二曰俭,三曰不敢为天下先"(《老子》第六十七章),虽廉洁但圆滑太过。

杨王孙,武帝时人,"学黄老之术,家业千金,厚自奉养生,亡所

不致",而令其子将其死后裸葬,其友祁侯不以为然,而王孙答之曰:

> 夫死者,终生之化,而物之归者也。归者得至,化者得变,是物各反其真也。反真冥冥,亡形亡声,乃合道情。夫饰外以华众,厚葬以鬲真,使归者不得至,化者不得变,是使物各失其所也。且吾闻之,精神者天之有也,形骸者地之有也。精神离形,各归其真,故谓之鬼,鬼之为言归也。其尸块然独处,岂有知哉?(《汉书·杨胡朱梅云传》)

这是一套道家的自然哲学,也是人生哲学,古代道家以为"凡人之生也,天出其精,地出其形,合此以为人,和乃生,不和不生"(《管子·内业》);故言"精神者天之有也,形骸者地之有也"。老子又说"道生一,一生二,二生三,三生万物"(《老子》第四十二章),且"天下万物生于有,有生于无"(《老子》第四十章),故人之生亦由"道",由"无",而产生者。又"夫物芸芸,各复归其根"(《老子》第十六章),亦即回到"道"或"无",也就是"物各反其真也"。而"道"即"无",故"反真冥冥,亡形亡声,乃合道情"。人必须有精神才有知觉,精神已归"天",必无知觉,故言"其尸块然,岂有知哉"?其实吴起也曾说:"夫死者,始死而血,已血而衄,已衄而灰,已灰而土,及其土也,无可为者矣。"(《韩非子·说林上》)因此亦可知"黄老"是古代无神论的,而不是什么神仙之说。

失去了政治论之后,"黄老"只剩下了一套自然哲学和人生哲学了。武帝以后,黄老之学在政治思想上没落了,甚至使后人不辨其政治论的真面目。

（七）黄老之治的真相

汉初的黄老之治可说从高祖之后,即吕太后起至武帝初年,检查史家对这段历史的评价,是件有意义的事:

> 孝惠皇帝、高后之时,黎民得离战国之苦,君臣俱欲休息乎无为,故惠帝垂拱,高后女主称制,政不出房户,天下晏然,刑罚罕用,罪人是希。民务稼穑,衣食滋殖。(《史记·吕太后本纪》)

> (文帝时)至武帝之初七十年间,国家亡事,非遇水旱,则民人给家足,都鄙廪庾尽满,而府库余财。京师之钱累百巨万,贯朽而不可校。太仓之粟陈陈相因,充溢露积于外,腐败不可食。众庶街巷有马,仟伯之间成群,乘牸牝者摈而不得会聚。守闾阎者食粱肉;为吏者长子孙,居官者以为姓号。人人自爱而重犯法,先行谊而黜愧辱焉。(《汉书·食货志上》)

> 周秦之敝,罔密文峻,而奸轨不胜。汉兴,扫除烦苛,与民休息。至于孝文,加之以恭俭,孝景遵业,五六十载之间,至于移风易俗,黎民醇厚。周云成康,汉言文景,美矣!(《汉书·景帝纪》)

但我们从另一个角度来看:以法律来说,汉法是因秦法而立者。惠帝四年(前191年)才"省法令妨吏民者;除挟书律"(《汉书·惠帝纪》)。文帝十三年(前167年)又"除肉刑,有以易之;

及令罪人各以轻重,不亡逃,有年而免"(《汉书·刑法志》)。但实际的情形是"外有轻刑之名内实杀人。斩右止者又当死。斩左止者笞五百,当劓者笞三百,率多死"(同上)。景帝元年(前156年)才改笞为棰,"自是……酷吏犹以为威,死刑既重,而生刑又轻,民易犯之"(同上)。武帝时,董仲舒还提出"去奴婢,除专杀之威"(《汉书·食货志上》)的主张。所以,汉初黄老之治的"刑罚罕用"及"人人自爱而重犯法",其实是刑法太重啊!也正是法家以严刑峻法而"以刑去刑"的主张。并且实际上,也并没有真的做到。

若从人民生活上来看,文帝六年(前174年),贾谊已对庶人富者之侈靡提出警告,"夫百人作之不能衣一人,欲天下亡寒,胡可得也?一人耕之,十人聚而食之,欲天下亡饥,不可得也。饥寒切于民之肌肤,欲其亡为奸邪,不可得也"(《汉书·贾谊传》)。另外,贾谊还曾指出:"汉之为汉几四十年矣,公私之积犹可哀痛。失时不雨,民且狼顾,岁恶不入,请卖爵、子。"(《汉书·食货志上》)

文帝十二年(前168年),晁错也上书指出:

  今农夫五口之家,其服役者不下二人,其能耕者不过百亩,百亩之收不过百石。春耕夏耘,秋获冬藏,伐薪樵,治官府,给繇役,春不得避风尘,夏不得避暑热,秋不得避阴雨,冬不得避寒冻,四时之间亡日休息;又私自送往迎来,吊死问疾,养孤长幼在其中。(同上)

反观商人,晁错接着又说:

而商贾大者积贮倍息,小者坐列贩卖,操奇赢,日游都市,乘上之急,所卖必倍。故其男不耕耘,女不蚕织,衣必文采,食必粱肉;亡农夫之苦,有仟伯之得。(《汉书·食货志上》)

商贾而有"仟伯之得",也就是太史公说的"以末致财,用本守之"(《史记·货殖列传》)。这也就是说,史、班所言的汉初之繁荣,实为以商致富的大地主之繁荣,而一般的自耕农及佃农则仍是苦不堪言。武帝时,董仲舒也说,秦时"富者田连仟伯,贫者无立锥之地",且"汉兴,循而不改"(《汉书·食货志上》)。

那么汉初的黄老之治被称道又是什么原因?从史、班所言之"休息""无为"及"国家亡事",其实已经告诉我们了:汉初之与秦不同乃在于没有对外战争和大兴土木。故武帝时"外事四夷,内兴功利,役费并兴,而民去本"(同上)。这也告诉了我们,以私田制为经济基础的帝国,是经不起对外战争和过度的对内压榨的。凡事不要过分,这正是老子的哲学。故秦汉之不同并不是基本的严刑峻法和压榨剥削之不同,其不同乃在于过分与不过分而已。

三、《黄帝经》与法家思想

虽然汉初的"黄老"人物史迹斑斑,但是由于《黄帝经》的失传,真相不彰,而使得后代学者无人敢认定那具有强烈法家倾向的实践就是"黄老"。再经过司马迁以道家立场粉饰为"清静无为",就使人更加迷惑了。

马王堆出土的《黄帝四经》对于历代对"黄老"的迷惑提出了有力的澄清。以下所分析者除了《黄帝四经》外，尚包括属于"黄老"系统的《伊尹·九主》。更可以证明"黄老"思想，尤其是《黄帝四经》和《伊尹》，和法家的基本政治主张不过大同小异而已。

（一）道法与定分

老子说"法令滋彰，盗贼多有"，但"黄老"却是主张法治的。据说："伊尹布图陈笵以明法君、法臣"（《伊尹·九主》）。由于法是由"道生法"（《黄帝四经·经法》）而来的，所以"法君者，法天地之则者。志曰：天，曰□□四时，覆生万物，神圣是则，以配天地。礼数四则，曰天纶。唯天不失企，四纶成则，古今四纶，道数不忒，圣王是法，法则明分"（《伊尹·九主》）。

"布图"是指"九主成图"。太史公说："或曰，伊尹处士，汤使人聘迎之，五反然后肯往从汤，言及素王及九主之事。汤举任以国政。"（《史记·殷本纪》）"或曰"，当是太史公表示此说未能确定。《史记集解》则引刘向《别录》曰："九主者，有法君、专君、授君、劳君、等君、寄君、破君、国君、三岁社君，凡九品，图画其形。"太史公和刘向的说法显然是来自《伊尹·九主》的，但却有一定的出入。①

"陈笵"之"笵"和"唯夫不失其企"的"企"，都是"法"的古写。"纶"就是"道"。

先秦法家言，"夫生法者君也"（《管子·任法》），而非"道"，但韩非却说"明君贵独道之容"（《韩非子·扬权》）。并且要"虚无服

---

① 《九主研究》，见《帛书老子》，第176页。

从于道理"(《韩非子·解老》)。所以,归根结底地说,法还是根据"道"而来的。至于"法君者,法天地之则者",也就是法"道"。其实《黄帝经》一面说"道生法",而一面又说"人主者,天地之□也,号令之所出也"(《黄帝四经·经法》)。所以法家和《黄帝经》都是想以"道"为"法"寻求一个形上理论的基础。

以"道"作为法的后设理论,韩非说:"道者,万物之始,是非之纪也。是以明君守始以知万物之源,治纪以知善败之端。"(《韩非子·主道》)这也就是说,以"道"为万物之本体,并为判断万物的标准。而《黄帝四经》亦言:"道者,神明之原也。神明者,处于度之内而见于度之外者也。"(《黄帝四经·经法》)"度"亦即"纪",所以"处于度之内而见于度之外者也",也就是"治纪以知善败之端"。

说到"法则明分",这正是先秦法家的一项重要主张。《管子》书说,"定府官,明名分,而审责于群臣有司,则下不乘上,贱不乘贵"(《管子·幼官》),又说"夫法者,所以兴功惧暴也。律者,所以定分止争也"(《管子·七臣七主》)。《商君书》则说,"名分未定,尧舜禹汤且皆如鹜焉而逐之。名分已定,贪盗不取","故夫名分定,势治之道也。名分不定,势乱之道也"(《商君书·定分》)。

另外,慎到说"分定之后,人虽鄙不争"(《慎子逸文》),"是以分马者之用策,分田者之用钩"(《慎子·君人》),而定人事之分则用法。尹文亦言,"名定,则物不竞;分明,则私不行"(《尹文子》卷上)。韩非也说,"法分明则贤不得夺不肖,强不得侵弱,众不得暴寡"(《韩非子·守道》)也是"定分止争"之意。而《伊尹》书对于"法则明分"进一步的说法则是:

> 天覆地载,生长收藏,分四时,故曰事分在职臣,是故受职……分也。有民、主分;以无职并听有职,主分也;听□不敬……分[也],[此]之谓明分。分名既定,法君之佐,主无声。谓天之命四则,四则当□,[天]纶乃得。(《伊尹·九主》)

这段话虽文字残缺而语义不全,但亦可了解到伊尹欲将"明分"附会为一自然律,而以法律规定之,则国君治天下就可以无为。

虽然《伊尹》书偏向于以道论法,但毕竟不同于老子的"法令滋彰,盗贼多有"的"道",其"法则明分"实际是偏向于"故夫名分定,势治之道也"的。

(二) 明法与法治

"道生法",然而法又是什么呢?《黄帝四经》说:"法者,引得失以绳,而明曲直者也。"(《黄帝四经·经法》)又说:"称以权衡,参以天当,天下有事,必有巧验。事如直木,多如仓粟。斗石已具,尺寸已陈,则无所逃其神。故曰:度量已具,则治而制之矣。"(同上)及"规之内曰圆,矩之内曰[方],□之下曰正,水之曰平。尺寸之度曰大小长短,衡之称曰轻重不爽,斗石之量曰小多有数"(同上)。

这些说法都是在强调法为唯一之标准及其客观性。并且,要求将此标准性和客观性以为法。以度量衡来作为法的标准性和客观性的论证,正是先秦法家所常见者,如:

> 先王县权衡,立尺寸,而至今法之,其分明也。夫释权衡而断轻重,废尺寸而意长短,虽察,商贾不用,为其不必也。夫

倍法度而任私议,皆不类者也。(《商君书·修权》)

韩非也说:"巧匠目意中绳,然必先以规矩为度;上智捷举中事,必以先王之法为比。故绳直而枉木斫,准夷而高科削,权衡县而重益轻,斗石设而多益少。故以法治国,举措而已矣。"(《韩非子·有度》)之所以如此,乃是因为:

夫必恃自直之箭,百世无矢;恃自圜之木,千世无轮矣,自直之箭、自圜之木,百世无有一,然而世皆乘车射禽者何也?隐栝之道用也。虽有不恃隐栝而有自直之箭、自圜之木,良工弗贵也。(《韩非子·显学》)

由"商贾不用"和"良工弗贵",我们可以了解到虽然先秦法家都主张重农抑商,但其法的观念却和当时的商业和手工业的发达有一定的关系;并且由上述也可知道,《黄帝四经》所言之法的论证和比喻都和法家的商、韩之说是雷同的。度量衡及规矩是制造器物以为利的标准和工具,而老子却说"绝巧弃利,盗贼无有"(《老子》第十九章)和"使有什伯之器而不用"(《老子》第八十章)。故《黄帝四经》言规矩与老子并不一致,而当然与庄子的"掊斗折衡,而民不争"(《庄子·胠箧》)的思想更是冲突。

先秦法家以法为一客观的标准,并且主张法律必须明文公布,甚至还要是人民能明白易知的。故韩非言:"故法莫如显……是以明主言法,则境内卑贱莫不闻知也。"(《韩非子·难三》)《商君书》也说:"故圣人为法,必使之明白易知。名正,愚智遍能知之。"(《商君书·定分》)而《黄帝四经》亦言:"是故王公慎令,民知所由。天道恒日,民自则之,爽则损命,还自服之,天之道也。"(《黄帝四经·十大经》)法家要求法的明文公布就是要使"民知所由",而与孔子所说的"民可使由之,不可使知之"(《论语·泰伯》)相反,可知《黄帝经》在这一立场上也是与法家同,而与儒家异的。

既以法为规矩,规矩则是对各事物统一的标准,故言"法莫如一而固"(《韩非子·五蠹》)。所谓"一"也就是"言无二贵,法不两适,故言行而不轨于法令者必禁"(《韩非子·问辩》)。法的运用即赏罚,故"法不两适"就得"刑过不避大臣,赏善不遗匹夫"(《韩非子·有度》)。因此,"所谓壹赏者,利禄官爵抟出于兵,无有异施也。夫固知愚、贵贱、勇怯、贤不肖,皆尽其胸臆之知,竭其股肱之力,出死而为上用也"。另外,"所谓壹刑者,刑无等级,自卿相将军以至大夫庶人,有不从王令,犯国禁,乱上制者,罪死不赦"(《商君书·赏刑》)。所以,《黄帝四经》中也说到,"世恒不可释法而用我。用我不可,是以生祸"(《黄帝四经·称》)。"用我"就是"释法",也就是破坏"法不两适",故必"生祸"。由于"法不两适",故"吾闻天下成法,故曰不多,一言而止。循名复一,民无乱纪"(《黄帝四经·十大经》)。

《商君书》说"刑无等级",韩非还说"不避亲贵,法行所爱"(《韩非子·外储说右上》),《管子》书甚至说"君臣上下贵贱皆从法"(《管子·任法》),这也就是司马谈所说的"不别亲疏,不殊贵贱,壹断于法"。《黄帝四经》则一再强调"是非有分,以法断之。虚静谨听,以法所符"(《黄帝四经·经法》),及"□执道者,生法而弗敢犯也,法立而弗敢废也"(同上)。又如"而以法度治者,不可乱也。而生法度者,不可乱也"(《黄帝四经·经法》)。更形上的说法则是"昔天地既成,正若有名,合若有形□,以守一名。上拴之天,下施之四海"(《黄帝四经·十大经》),所以国君也只得"生法而弗敢犯也,法立而弗敢废也"。

法家是以法治为至上者,故言"治民无常,唯法为治"(《韩非子·心度》),《黄帝四经》也说"案法而治则不乱"(《黄帝四经·称》),及"法度者,政之至也"(《黄帝四经·经法》),而绝不是"法令滋彰,盗贼多有"。

(三) 阳德阴刑

先秦法家以为法依于道,生于君,但也须"凡治天下必因人情"(《韩非子·八经》),而"人情"又是"自为"的,所以法家才能立赏罚之法。《黄帝四经》虽未言"因人情",但却说要"因天之则"和"中知人事",如"圣人不为始,不专己,不豫谋,不为得,不辞福,因天之则"(《黄帝四经·称》)。另外还说到"故王者不以幸治国,治国固有前道,上知天时,下知地利,中知人事"(《黄帝四经·十大经》)。"因天之则"和"中知人事",当然也就"号令合于民心,则民听令"(《黄帝四经·经法》)。如何才是"合于民心"则不知,唯知《黄帝四经》也有"自为"的观念,如"故以人之自为□□□□□□□□不仕于盛盈之国"(《黄帝四经·称》)。

韩非的法除了基于"人情"的基础上外,他还强调去私立公,一再地说"匹夫有私便,人主有公利"(《韩非子·八说》),"私行胜,则少公功"(《韩非子·外储说左下》),"明法制,去私恩"(《韩非子·饰邪》),"夫立法令者,以废私也"(《韩非子·诡使》)。《黄帝四经》

也说"去私而立公,人之稽也"(《黄帝四经·经法》),及"无私者智,至智者为天下稽"(同上)。《黄帝四经》是以"法度"为"治之至也",其所谓之"稽"当即为法度。故又言"精公无私而赏罚信,所以治也"(同上)。

在《黄帝四经》中不断的提到"无私",如"天地无私,四时不息""兼爱无私,则民亲上""唯公无私,见知不惑,乃知奋起"(同上)。儒家讲"亲亲","亲亲"是私,法家讲法,法是废私的。故可见《黄帝四经》的"无私"之说中,"兼爱"虽是墨家的,但是其所说的"无私"却是同于法家而背于儒家的。

法虽"因人情"或"因天之则",但是在执法时也必须公正,要做到"赏不加于无功,罚不加于无罪"(《韩非子·难一》)。若"赏罚无度,国虽大必弱,地非其地,民非其民也"(《韩非子·饰邪》)。所以,《黄帝四经》也说,"生杀不当谓之暴"(《黄帝四经·经法》),"诛禁不当,反受其殃"(同上),而唯"禁伐当罪,必中天理"(同上)。

由于立法是"因天之则",执法又"必中天理",所以人民所受之赏罚皆由自己行为的功罪而来,并非出自国君私人的好恶,故《黄帝四经》说"受赏无德,受罪无怨,当也"(同上)。同样的,韩非也说过,"以罪受诛,人不怨上""以功受赏,臣不德君"(《韩非子·外储说左下》)。因为赏罚公正,诛则当罪,因此,"霸主积甲士而征不服,诛罪当罪而不私其利,故令行天下而莫敢不听"(《黄帝四经·经法》)。

除了以法行赏罚外,《伊尹》书还提到以法举人,如言:"故法君者为官,求人,弗自求也。为官者不以妄予人,故智臣者不敢诬能。□主不妄予,以分听名,臣不敢妄进,自强以受也。"(《伊尹·九主》)《黄帝四经》又说"任能毋过其所长"(《黄帝四经·经法》)。这也正是韩非所讲的:"论之于任,试之于事,课之功,故群臣公正而无私,不隐贤,不进不肖,然则人主奚劳于选贤?"(《韩非子·难三》)

至于任臣,法家还有二项原则,慎到说过,"是故先王见不受禄者不臣。禄不厚者不与入难。人不得以其所以自为也,则上不取用焉"(《慎子·因循》)。《黄帝四经》亦言,"不受禄者,天子弗臣也。禄薄者,弗与犯难"(《黄帝四经·称》)。还有《黄帝四经》说"行侮而索敬,君弗得臣"(同上)。而韩非亦认为"挫辱大臣而狎其身"和"简侮大臣"都是国可亡的原因(《韩非子·亡征》)。

战国以后,各国纷纷变法,但接踵而来的是,吴起、商鞅均遭族杀。新政的局面并不稳定。《黄帝四经》的法与法家并无二致,但法家强调在"变",《黄帝经》则常强调"常"。如"居则有法,动作循名,其事若易成。若夫人事则无常,过极失当,变故易常。德则无有,措刑不当。居则无法,动作爽名,是以戮受其刑"(《黄帝四经·十大经》),又如"变故乱常,擅制更爽,心欲是行,身危有殃,是谓过极失当"(《黄帝四经·经法》),及"过极失当,天将降殃"(同上)。吴起和商鞅都是"身危有殃",而"戮受其刑"的,《黄帝经》的说法是否为此之反映,则不得而知。

为了"立法术,设度数",韩非说"不惮乱主暗上之患祸"(《韩非子·问田》)。而《黄帝四经》显然是想避免"乱主暗上之患祸"的,所以还说"不阴谋,不擅断疑,不谋削人之野,不谋劫人之宇"(《黄帝四经·十大经》)。也就是说,要在不侵犯封建重臣的权益下,实行法治。虽然《黄帝四经》反对"过极失当",却又说"当天时,与之皆断。当断不断,反受其乱"(同上),及"因天时,与之皆断。当断不断,反受其乱"(《黄帝四经·十大经》)。

先秦法家所讲的赏罚,就是刑德,他们强调"信赏必罚"。《商君书》甚至说要"重罚轻赏",而《黄帝四经》却有"阳德阴刑"或"先德后刑"之说。如"天德皇皇,非刑不行。穆穆天刑,非德必倾,刑德相养,逆顺若乃成,刑晦而德明,刑阴而德阳,刑微而德章"(同上),又如"不靡不黑,而正之以刑与德。春夏为德,秋冬为刑。先德后刑以养生"(同上)。

《黄帝四经》的这种说法显然与先秦法家有所不合,反而与汉代儒家的董仲舒之言若合符节,董仲舒说:"阳为德,阴为刑;刑主杀而德主生。……以此见天之任德不任刑也。天使阳出布施于上而主岁功,使阴入伏于下而时出佐阳;阳不得阴助,亦不能独成岁。"(《汉书·董仲舒传》)故也可见董仲舒的儒家,如非阳儒阴法,至少也是阳儒阴道的。

(四) 形名与无为

先秦著名的法家,有重术的申不害,有重法的商鞅,有重势的慎到,及集大成的韩非子。据太史公以书言人的说法,"鞅少好刑名之学"(《史记·商君列传》),申不害则"学本于黄老而主刑名",韩非亦是"喜刑名法术之学",唯言及慎到未说"刑名"而说他是"学黄老道德之术"(《史记·孟子荀卿列传》)。但是,"黄老道德之术"却是大谈"刑名"的。

"刑名"与"形名"在古代通用,《黄帝四经》中的"形"亦作"刑"。《黄帝四经》虽亦主张法治,但与法家的看法略有不同,尤其在作理论说明时,《黄帝四经》较偏向于形上的说法。

关于"名"的起源,老子说"名,可名,非常名。无名天地之始,有名万物之母"(《老子》第一章)。而《黄帝四经》也说"有物始□,建于地而溢于天。莫见其形,大盈终天地之间而莫知其名"(《黄帝四经·经法》)。"名"是物质开始分化以后才有的,所以"阴阳未定,吾未有以名,今始判为两,分为阴阳,离为四[时]"(《黄帝四经·十大经》)。直到人类出现后,对于那物质的始源,还是"人皆以之,莫知其名。人皆用之,莫见其形"(《黄帝四经·道原》),及"显明弗能为名,广大弗能为形"(同上)。

由无名而至有名,则是"昔天地既成,正若有名,合若有形□,以守一名"(《黄帝四经·十大经》),以至"天地立名,□□自生,以随天刑(形?)"(同上)。天地有了名以后,则"有物将来,其形先之。建以其形,名以其名"(《黄帝四经·称》),然后"授之以其名,而万物自定"(《黄帝四经·道原》)。

老实说,以上《黄帝四经》有关名之始源的讨论,并未见诸先秦法家。因为荀子说过:"名无固宜,约之以命,约定俗成谓之宜,异于约则谓之不宜。"(《荀子·正名》)而法家所说的"形名"乃是偏重君以名责臣之形或实。如韩非说:

> 人主将欲禁奸,则审合形名者,言与事也。为人臣者陈而言,君以其言授之事,专以其事责其功。功当其事,事当其言,则赏;功不当其事,事不当其言,则罚。(《韩非子·二柄》)

这也就是说,人主是以名为标准来要求臣下之所为,所为者合乎名的标准,则赏之;不合乎,则罚之。以名为一标准,《黄帝四经》

亦说到"美恶有名,顺逆有形,情伪有实,王公执□以为天下正"(《黄帝四经·经法》);又说"故□□卖今之曲直,审其名以称断之"(《黄帝四经·称》),帝王更当"审三名以为万事□,察逆顺以观于霸王危亡之理,知虚实动静之所为,达于名实□应,尽知情伪而不惑,然后帝王之道成"(《黄帝四经·经法》)。

以名为"帝王之道",申不害说:"昔者尧之治天下也,以名,名正则天下治。桀之治天下也,亦以名,其名倚而天下乱。是以圣人贵名之正也。"(严可均《全上古三代文》卷四)因"形"亦"刑",故《黄帝四经》也说到,"谨守吾正名,毋失吾恒刑"(《黄帝四经·十大经》),及"正名修刑,蛰虫不出"和"正名弛刑,蛰虫发声"(同上)。另外,在《经法》篇中还说到要"正名""倚名法而乱""名察则事有应矣"。

至于如何以名正实,《黄帝四经》说:"物自正也,名自命也,事自定也。三名察则尽知情伪而[不]惑矣。"(《黄帝四经·经法》)又说:"正奇有位,而名□弗去。凡事无大小,物自为舍。逆顺死生,物自为名,名形已定,物自为正。"(同上)韩非也说:"故虚静以待令,令名自命也,令事自定也。虚则知实之情,静则知动者正。有言者自为名,有事者自为形,形名参同,君乃无事焉,归之其情。"(《韩非子·主道》)此亦申不害所说:"名自正也,事自定也,是以有道者,自名而正之,随事而定之。"(严可均《全上古三代文》卷四)

运用"正名"而为"帝王之道",则是《黄帝四经》所言:

形名立,则黑白之分已。故执道者之观于天下也,无执也,无处也,无为也,无私也,是故天下有事,无不自为形名

声号矣。形名已立,声号已建,则无所逃迹匿正矣。(《黄帝四经·经法》)

此亦为申不害之所言,他说:"为人臣者,操契以责其名,名者天地之纲,圣人之符,张天地之纲,用圣人之符,则万物之情无所逃之矣。"(严可均《全上古三代文》卷四)《黄帝四经》还说:"刑名出声,声实调合,祸灾废立,如影之随形,如响物之随声,如衡不藏重与轻。"(《黄帝四经·经法》)而申不害亦说以"形名"使臣,则"明君如身,臣如手,君若号,臣如响"(严可均《全上古三代文》卷四)。

至于韩非说的"形名参同,君乃无事焉,归之其情",《黄帝四经》也说"欲知得失,请必审名察形。形恒自定,是我愈静。事恒自施,是我无为。"(《黄帝四经·十大经》)

由此来看,除了那些有关名的形上理论外,申、韩的"形名"之说几与《黄帝四经》无别,甚至连用语和比喻都是相同或类似的。太史公说申不害"学本于黄老",及韩非"归本于黄老",能不宜乎?

(五) 专制与民本

法家是反对封建而主张专制的,故言人主当"独制四海之内"(《韩非子·有度》),《黄帝四经》亦言人主当"唯余一人,兼有天下"(《黄帝四经·十大经》)。

法家认为专制之可以建立,除了法、势、术的运用外,在理论上还有官僚体制的建立和利民的民本主义。如韩非说:"群臣百姓之所善则君善之,非群臣百姓之所善则君不善之。"(《韩非子·八奸》)民本主义虽非法家首创,但以民本主义支持专制理论则是法家的特色。而《黄帝四经》亦言,明君当要做到"除民之所害,而持民之所宜"(《黄帝四经·十大经》);又说"圣[人]举事也,合于天地,顺于民,祥于鬼神,使民同利,万物赖之"(同上)。故"吾爱民而民不亡,吾爱地而地不荒"(同上)。"地不旷"又与法家的重农垦草之政策是一致的。由于这些基本主张之相同,故在政治理论上,法家与"黄老"又有许多一致之处。

基于民本的理由,《黄帝四经》以为行法治而霸王,当要有七年的计划,即"一年从其俗,二年用其德,三年而民有得,四年而发号令,五年而□□□,[六年而]民畏敬,七年而可以征"(《黄帝四经·经法》);其进一步的说明则为"一年从其俗,则知民则。二年用[其德],民则力。三年无赋敛,则民有得。四年发号令,则民畏敬。五年以刑正,则民不幸。六年□□□□□□□□。[七]年而可以征,则胜强敌"(同上)。老实说,战国初年的法家变法多是雷厉风行的,只是以人主之威势强行于全国。所以韩非也不得不说商君变法之初,因为"秦民习故习",故"民疾怨而众过日闻"(《韩非子·奸劫弑臣》)。《黄帝四经》的七年计划,是否由商鞅或吴起的教训而来,今已无从证实。有了商、吴的教训后,韩非还是说要"圣人之治民,度于本,不从其欲,期于利民而已"(《韩非子·心度》),或"圣人为法国者,必逆于世,而顺于道德"(《韩非子·奸劫弑臣》)。这大概也是《黄帝经》与法家的不同之处。

《黄帝四经》主张法治,故言"以刑正者,罪杀不赦也"(《黄帝四经·经法》),韩非也不断地强调"有罪者必诛"(《韩非子·难三》)。《黄帝四经》要"罪杀不赦"的目的是要做到"国无盗贼,诈伪不生,民无邪心,衣食足而刑罚必也"(《黄帝四经·经法》)。法家主张严刑峻法的目的亦在于此。如"同合刑名,审验法式,擅为者诛,国乃无贼"(《韩非子·主道》)。又如"是故禁奸之法,太上禁其心,其次禁其言,其次禁其事"(《韩非子·说疑》)。"禁其心",则"民无邪心";"禁其言"当可"诈伪不生"。再者,法家主张强本抑末,为的当亦是"衣食足"。

法家以法行专制,《伊尹》书所列九主,唯法君为霸王之主。其他则分别为专授之君、劳君、半君、寄主,及二种破邦之主和二种灭社之主。

《伊尹》书所说的"劳君"是指"专授之能悟者也",但"能悟,不能反道;自为其邦者,主劳臣佚"。"半君"则是"专授而□□者也",但"□主之臣成党于下,与主分权,是故臣获邦之[半],主亦获其半"。"寄主"则是"半君之不悟者"。"破邦之主"是"专授之不悟者也","百姓绝望于上,分倚父兄大臣。此王君之(?)所因以破邦也"。(《伊尹·九主》)至于"灭社之主"则因《伊尹》书之残缺,未能见。

除了法君和未知的"灭社之主"外,其他均与"专授"有关。何谓"专授",《伊尹》书说:"专授之臣擅主之前,虐下蔽上,幸主之不悟,以侵其君,是故擅主之臣罪无赦。"(同上)至于"专授"先秦法家亦有所言,说是:

> 所谓治国者,……所谓乱国者,臣术胜也。夫尊君卑臣,非计亲也,以执胜也,百官识非惠也,刑罚必也。故君臣共道则乱,专授则失。(《管子·明法》)

而进一步的"专授则失"的说明则为:

人臣之所以畏恐而谨事主者，以欲生而恶死也。使人不欲生，不恶死，则不可得而制也。夫生杀之柄专在大臣，而主不危者，未尝有也。故治乱不以法断，而决于重臣，生杀之柄不制于主，而在群下，此寄生之主也。故人主专以其威势予人，则必有劫杀之患。专以其法制予人，则必有乱亡之祸。如此者，亡主之道也。故明法曰：专授则失。（《管子·明法解》）

因此，"专授"简单地说就是"人主专以其威势予人"，以至"君臣共道"。故主张专制的韩非不断地强调，"威制共，则群邪彰矣"（《韩非子·有度》），"故主失势，而臣得国"（《韩非子·孤愤》），"赏罚共则威分"（《韩非子·八经》），"偏借其权势，则上下易位矣"（《韩非子·备内》），"势重者，人主之渊也。君人者势重于人臣之间，失则不可复得也"（《韩非子·喻老》），"人主失其势重于臣而不可复收也"（《韩非子·内储说下》）。

至于"臣成党于下"，韩非则主张"散其党，收其余，闭其门，夺其辅，国乃无虎"（《韩非子·主道》）。"百姓绝望于上，分倚父兄大臣"，韩非也说"大臣两重，父兄众强，内党外援以争事势者，可亡也"（《韩非子·亡征》）。至于"主劳臣佚"，申不害说"君设其本，臣操其末；君治其要，臣行其详；君操其柄，臣事其常"（严可均《全上古三代文》卷四），以至于"镜设精，无为而美恶自备。衡设平，无为而轻重自得。凡因之道，身与公无事，无事而天下自极"（同上）。韩非也说"朝廷群下，直凑单微，不敢相逾越。故治不足，而日有余"（《韩非子·有度》）。

人主之所以有"专授之失"，乃是因其被壅塞，故《黄帝四经》言

"三壅"为："内位胜谓之塞，外位胜谓之曋，外内皆胜则君孤特。以此有国，守不固，战不克。此谓一壅。从中令外[谓之]惑。从外令中谓之□，外内遂争，则危都国。此谓二壅。一人主，擅主，命曰蔽光。从中外周，此谓重壅。外内为一，国乃更。此谓三壅。"（《黄帝四经·经法》）而韩非的"五壅"之说则为："臣闭其主曰壅，臣制财利曰壅，臣擅行令曰壅，臣得行义曰壅，臣得树人曰壅。"（《韩非子·主道》）至于"外位胜"乃是由合纵连横而来，韩非极力反对纵横之士，并言纵横之士假外权而造成"国利未立，封土厚禄至矣；主上虽卑，人臣尊矣；国地虽削，私家富矣"（《韩非子·五蠹》）。为了避免"壅塞"，申不害说"是以明君使其臣并进辐辏，莫得专君焉"（严可均《全上古三代文》卷四）。故《黄帝四经》也言，"主得臣□辐属者，王。"（《黄帝四经·经法》）韩非则言"观听不参，则诚不闻；听有门户，则臣壅塞"（《韩非子·内储说上》），故"明君之道，贱得议贵，下必坐上，决诚以参，听无门户，故智者不得诈欺"（《韩非子·八说》）。

要专制法治，不要壅塞，《黄帝四经》还说到："主主臣臣，上下不赿者，其国强。主执度，臣循理者，其国霸昌。"（《黄帝四经·经法》）"执度"就是执法度。"上下不赿"则是要建立一专制的秩序。之所以要建立一秩序乃是因为"立天子[者]，[不使]诸侯疑焉；立正嫡者，不使庶孽疑焉；立正妻者，不使婢妾疑焉。疑则相伤，杂则相方"（《黄帝四经·称》）。此与慎到之言又几乎是完全一样的，慎到说："立天子者，不使诸侯疑焉；立诸侯者，不使大夫疑焉；立正妻者，不使嬖妾疑焉；立嫡子者，不使庶孽疑焉。疑则动，两则争，杂则相伤。"（《慎子·德立》）。韩非子说，"孽有拟适之子，配有拟妻之妾,廷有拟相之臣,臣有拟主之宠,此四者国之所危也"(《韩非子·说疑》)。可见《黄帝四经》或《伊尹》书对专制之见解与法家并无不同。

韩非曾引黄帝言"上下一日百战"(《韩非子·扬权》),虽不见于出土之《黄帝四经》,但《伊尹》书言"专授"、《黄帝四经》言"壅塞",也无不是讲君臣之对立。在这种情形下,《黄帝四经》却言,"主惠臣忠者,其国安"(《黄帝四经·经法》),"惠生正,[正]生静"(同上),"体正信以仁,慈惠以爱人"(《黄帝四经·十大经》)。"仁"和"慈惠"的这种说法,显与法家不合。而更有甚者,《黄帝四经》还说"吾苟能亲亲而兴贤,吾不遗亦至矣"(同上)。"亲亲"更是法家之法治所不许。由此可见,太史公批评法家说,"不别亲疏,不殊贵贱,壹断于法,则亲亲尊尊之恩恩绝矣",这正是黄老家之立场。而法家的立场则是坚决地"明君操权而上重,一政而国治。故法者,王之本也。刑者,爱之自也"(《韩非子·心度》),绝没有什么"亲亲"之"慈惠"的仁政。这也是"黄老"家与法家大体相同中的不同之点。

由于"亲亲""慈惠"和仁政,故由汉初的"黄老"过渡到武帝以后"独崇儒术"的阳儒阴法,不能不说没有其思想上的理由。

第七章　汉代阳儒阴法的形成和确立

　　从西周到秦的变化，并不只是"改朝换代"而已，而是一种社会、政治包括经济的本质的改变。

　　如此一个历史变化的过程，在思想上的反映，有主张保守旧制度而予以改良的儒家，如孔子就说过："周监于二代，郁郁乎文哉！吾从周。"（《论语·八佾》）"述而不作，信而好古。"（《论语·述而》）"我非生而知之者；好古，敏以求之者也。"（同上）由此可知孔子是明白地揭示出"从周"和"好古"的。

　　可是却另外有一批人，认为面对着一个发生本质改变的政治、社会形势，是不能在旧制度的改良中得到改善的，而必须根据着新的形势创造新的制度。这一派的主张者多为后世所称的法家。如商鞅就说过"三代不同礼而王，五霸同法而霸"和"治世不一道，便国不必法古"（《商君书·更法》）。韩非也说："世异则事异……事异则备变。"（《韩非子·五蠹》）因此，可知这些法家是公开反对"法古"而主张"备变"的。

　　自秦统一中国之后，虽然是采纳了法家主张新制度的思想，但是在中央大臣中，也还有人对新制度心存疑虑，而主张恢复旧有的宗法封建制度。如丞相王绾就主张恢复旧有的宗法封建制度，而"请立诸子"（《史记·秦始皇本纪》）。博士淳于越进而攻击新制度是"事不师古",而言"事不师古而能长久者,非所闻也"(《史记·秦始皇本纪》),因而引发了"焚书"之举。再因侯生、卢生的诽谤和逃亡而爆发了"坑儒"事件。

秦始皇过激的政策,再加上大兴土木、北伐匈奴,不但没有把旧制度的残余势力消灭,反而伤害到人民的民生,只知严刑峻法,而终于覆亡。

汉高祖就是结合了不满的人民和寻求复辟的残余势力而取得政权的。如陈涉、吴广的起义就是代表着人民不满的反抗;尔后,六国之后的旗号,正是残余势力的复辟。

汉继承了秦的政治制度,和秦以前的旧政治制度是不合的,并且和支持其获得政权的旧制度残余势力必然发生冲突。然而在其政权稳固之后,为保卫政权,其思想便不能再是激进的和求变的,而是保守的和安定的。因此,又加深了汉代政治思想的矛盾。在先秦,要求渐进、安定,和维护旧制度的是儒家思想;而主张激进、变法,和创立新制度的是法家思想。儒家思想以孔子、孟子为代表,以《诗》《书》《易》《礼》《乐》《春秋》为经典。而韩非厥为法家思想的集大成者。在秦代韩非等法家的思想,几为官方政治的指导原则。但到汉代以后,韩非等法家之名几乎不再被公开提起,即使被提起亦多批评。其原因不外乎:一为号召人民反秦,而必须反对秦对法家"严刑峻法"的实践;如汉高祖"约法三章""余悉除去秦法"[①]。二为结合反秦的复辟势力,不能不在思想上反对伤害彼等

[①] 《史记·高帝本纪》。其后又恢复秦法。《汉书·刑法志》云:"三章之法不足以御奸,于是相国萧何捃摭秦法,取其宜于时者,作律九章。"

的法家思想。三为安定政权,不得不言保守安定的"义",而反对法家所言之激进求变的"利"。因而韩非等法家之名不彰,然彼等之主张却不但被实践着,而且有进一步的发展。相对的儒家的思想也有着进一步的发展和改造。这二种在先秦时代对立的思想,同时存在于汉代,而且有着相互濡化和统一的趋向。[1] 且汉宣帝亦自称:"汉家自有制度,本以霸王道杂之。"[2]因为汉彰儒而隐法,且又儒法并存,故称之"阳儒阴法"[3]。

此处所言的"阳儒阴法"有三个层面的意义。一为以儒家的理论提出而实践上为法家的主张,其中有"儒家化"的法家,也有"法家化"的儒家。二为在政治上以儒家掌"教化",而以法家掌"吏治"。故儒家"言",而法家"行"。三在意识形态上,提倡儒家的理想,而在现实政治上实行法家的制度。

现在所要探究的就是韩非等法家思想在前汉的实践与争论,也是"阳儒阴法"在前汉形成的经过情形。

一、前汉的社会与政治

秦统一中国后,井田制已不存在了。也就是说,旧有的宗法封

---

[1] Derk Bodde & Clareence Morris 认为汉代的法家被儒家所"儒家化"(Confucianization),见 *Law in Imperial China*, pp.27-29, 1971。余英时认为汉代的儒家亦被法家所"法家化",见《反智论与中国政治传统——论儒、道、法三家政治思想的分野与汇流》一文,《历史与思想》,联经出版事业公司 1976 年版,第 1—46 页。

[2] 《汉书·元帝纪》。"霸"即指法家主张,"王"为儒家之主张。

[3] 侯外庐称之为"内法外儒",见其所主编《中国思想通史》卷二,1957 年版,第 63 页。

建的势力,不能垄断农业生产的土地所有权,而失去其经济的基础。汉承秦制,已无井田。田地多为私有,或属官有,而非贵族所有,在田地所有制下,在孝惠、高后之间,已是"衣食滋殖",再在文、景的重农政策下,更是"民人给家足,都鄙廪庾尽满,而府库余财"(《汉书·食货志上》)。

田地私有制则会产生兼并,兼并则发生贫富不均,武帝的拓边战争更使得这项田地私有制的社会危机严重化了。当时董仲舒就上书说自秦"除井田,民得卖买,富者田连仟伯,贫者亡立锥之地",而他提出来的解决之道是"限民名田,以澹不足,塞并兼之路"(同上)。一意拓边的武帝并没有重视这个问题,终于在国内发生农民的叛乱,史载"泰山、琅邪群盗徐勃等阻山攻城,道路不通"(《汉书·武帝纪》)。

这种私田制度及地主与佃农的关系,正是法家韩非所赞言的,他说:"夫卖庸而播耕者,主人费家而美食,调布而求易钱者,非爱庸客也。曰:'如是,耕者且深,耨者熟耘也。'庸客致力而疾耘耕者,尽功而正畦陌畦畤者,非爱主人也。曰:'如是羹且美,钱布且易云也。'"(《韩非子·外储说左上》)至于贫富不均的现象,韩非却为之辩护地说:"今夫人与人相若也,无丰年旁入之利,而独以完给者,非力则俭也,与人相若也,无饥馑疾疚祸罪之殃,独以贫穷者,非侈则惰也。侈而惰者贫,而力而俭者富。今上征敛于富人,以布施于贫家,是夺力俭而与侈惰也,而欲索民之疾作而节用,不可得也。"(《韩非子·显学》)由此可知,法家韩非所拥护的正是这种私有田制下所产生的地主阶级。

武帝末年,停止了拓边的战争,并且以赵过为搜粟都尉,大力普及犁耕,并由国家制作田器,因此改善了生产力,增加了农业产量。产量增加了,社会的危机也缓和了一阵子,但是租佃的生产关系没有改变。因此被缓和了的社会危机在汉元帝以后再度出现,直至前汉被篡。王莽篡位,欲改善这种情形,但却又昧于社会的现实条件,竟恢复井田制,弄得盗贼群起,以至不久即覆亡。

由王莽的恢复井田制亦可以得知,新的私有田制虽然发生了问题,但是却不是宗法封建下的井田制可以解决的。无论王莽等在政治上把儒家的口号喊得如何震天作响,但是解决新社会的问题却是不能用旧制度的办法。

前汉社会情形,除了大地主得以"田连仟伯"外,亦有新兴的大商人。不过,前汉的政策却是重农抑商,高祖时即"令贾人不得衣丝乘车,重税租以困辱之"。孝惠帝及高后时,虽弛商贾之律,但是"市井子孙亦不得为官吏"(《汉书·食货志下》)。商人操纵粮食,宣帝时设"常平仓","令边郡皆筑仓,以谷贱时增其贾而籴,以利农,谷贵时减贾而粜"(《汉书·食货志上》)。铸钱使商人致富,且为诸侯叛乱之资。秦曾中央统一铸钱,景帝以后,钱币又悉由中央铸造且"盗铸者死"(《汉书·食货志下》)。商人因盐铁而富,武帝时,悉收盐铁为国家经营。并于各郡国设均输盐铁官,"令远方各以其物如异时商贾所转贩者为赋,而相灌输"。且行"平准法","尽笼天下之货物,贵则卖之,贱则买之。如此,富商大贾亡所牟大利,则反本,而万物不得腾跃"(同上)。

前汉的重农抑商的政策正是韩非主张的实践。韩非说过:"夫明王治国之政,使其商工游食之民少而名卑,以寡舍本务而趋末作者。"(《韩非子·五蠹》)汉的铸钱、常平仓、盐铁均输、平准法,不正是要务农尚本吗？"贾人不得衣丝乘车""市井子孙亦不得为官吏"，不正是"使其商工游食之民少而名卑"吗？[①]

汉代的政治制度多袭秦制，故言"秦兼天下，建皇帝之号，立百官之职。汉因循而不革，明简易，随时宜也。其后颇有所改。"（《汉书·百官公卿表上》）秦制是沿商君变法而来的，故韩非言："及孝公，商君死，惠王即位，秦法未败也。"（《韩非子·定法》）可知秦制乃是法家思想的实践。法家思想是尊君的，韩非言："人主者，天下一力以共载之，故安；众同心以共立之，故尊。"（《韩非子·功名》）且"夫立名号，所以为尊也"（《韩非子·诡使》）。所以，秦统一天下后称"皇帝"，以示极尊之义；汉袭秦制，亦称"皇帝"。自此中国的皇帝确立了至尊之位。而以儒家思想视之，认为君臣的关系虽有上下之分，但亦是相对的，而不是绝对的。所以，孔子说："君君臣臣，父父子子。"（《论语·颜渊》）孟子进一步发展这种君臣相对说，而言："君之视臣如手足，则臣视君如腹心。君之视臣如犬马，则臣视君如国人。君之视臣如土芥，则臣视君如寇仇。"（《孟子·尽心下》）因此我们可知，汉代称"皇帝"的尊君思想是来自于法家的，非儒家的。

秦不置封建诸侯。建诸侯则天子之权势必旁落，正是韩非所言"人臣之不可借权势也"（《韩非子·备内》）。天子集权，且因集权而尊。汉承秦皇帝之至尊，然却在置郡县之外，又置封建诸侯王，郡县为法家所主张之秦制，封建为儒家所主张周制，故汉所行

[①] 孔仅、东郭咸阳、桑弘羊均为大贾而仕者，然其为官却是"言利事析秋毫"，专门对付商人的。武帝时行盐铁专卖，起用"盐铁家富者为吏"，亦是为对付商人，是抑商而非崇商。事见《汉书·食货志下》。

者为儒法夹杂者。汉初封建的诸侯王有二种：一是异姓功臣封王，一是刘姓诸侯封王。封建诸侯是周制而非秦制，因此"从周"的是儒家。故可知此一封建制度除了现实政治的需要外，其思想当来自儒家。

汉初所封异姓诸侯共十八王，是为儒家思想之实践，然到了文帝之时，异姓诸王却被铲除殆尽（《汉书·异姓诸侯表》）。由此可知，封王乃是分权的"阳儒"，而铲除诸王则是集权"阴法"。"阳儒"的政治背景乃是群雄并争之时，汉并无中央集权的实力基础，故不得不对拥兵自立的群雄作一笼络性的让步，承认彼等的既得权益，并且进而以此为政治的号召，成立其联合战线。正如张良之所言："天下游士离亲戚，弃坟墓，去故旧，从陛下者，徒欲日夜望咫尺之地。"（《汉书·张陈王周传》）然而，这种封建制毕竟是和集权的新制度是冲突的，故而最后成功的还是法家所主张的中央集权。

在铲除封建诸侯的过程中，汉曾经利用同姓诸侯来取代异姓诸侯过，即汉高祖之遗诏："非刘氏而王，天下共击之。"然法家思想的集权则并未因异姓诸侯被铲除而停止，进一步的发展轮到铲除同姓诸侯，于是发生景帝时的"七国之乱"，及武帝时的衡山、淮南之乱。乱平之后，前汉中央集权方才完成。所以自武帝以后，虽然表面上尚维持着分封的制度，然而实际上"诸侯惟得衣食税租，不与政事"；到了哀帝和平帝的时代，诸侯更只是"生于帷墙之中，不为士民所尊，势与富室亡异"（《汉书·诸侯王年表》）。阳封诸侯，阴行集权，这正是前汉政治上呈现的典型"阳儒阴法"的特色。

汉代的中央官制自天子以降，有"三公九卿"之称。"三公"者为相国（或丞相）、太尉和御史大夫，皆为秦时官制。丞相是"掌丞天子助力万机",太尉"掌武事",御史大夫"掌图籍秘书,外督部刺史,内领侍御史员十五人,受公卿奏事,举劾按章"(《汉书·百官公卿表》)。

"九卿"有奉常、郎中令、卫尉、太仆、廷尉、典客、宗正、治粟内史及少府,皆秦时官制,唯名称或有更动。九卿中唯奉常及郎中令的佐属人员中有博士,而郎中令是"掌宫殿掖门户"的,奉常是"掌宗庙礼仪"的。其他之司法、经济、军事、外交,均非儒家的博士所能与闻,唯后来,天子策问,儒家才渐渐影响政治。

除"三公九卿"之外,前汉中央官制中尚有太师、太傅、太保之职,且皆为"古官",即非秦制,太傅于高后时置,时置时省,至哀帝时复置,位在三公之上。太师、太保,至平帝时才置,"太师位在太傅之上,太保次太傅"(同上)。儒家对于这三个"古官"的解释为:太师是帮助天子"论先圣王之德"的,太傅是帮助天子纠正对父母、臣民、诸侯不合礼的行为,太保是帮助天子端正个人言行的。①

太师、太傅、太保在前汉政治上并没有发生什么政治作用。其之所以设立亦当受儒家之鼓吹,且太傅之位在三公之上。依法家秦制而来的"三公九卿"掌有实权,而位在从周制儒家而来的太傅之下,这又是官制上"阳儒阴法"了。

韩非以为"主之所以尊者,权也"(《韩非子·心度》)。法家主张法治,因此最大的权就是立法权。文颖说:"萧何承秦法所作为律令。律,经是也。天子诏所增损,不在律上者为令。"(《汉书·宣

---

① [汉]贾谊:《新书·傅职》。

帝纪》注）韩非说："故治民无常,唯法为治,法与时转则治,治与世宜则有功。"（《韩非子·心度》）事实上,汉代天子并不是不能更动法律,如文帝"除盗铸钱令"（《汉书·文帝纪》）。而到景帝时,却又"定铸钱伪黄金弃市律"（《汉书·景帝纪》）。天子立法及更法,正是法家所言的"夫生法者君也"（《管子·任法》）。

高祖初入关,曾约法三章,但未足以维持政治社会的秩序,故又要萧何根据秦法,及当时条件,作律九章。法家在战国时行严刑峻法用"连相坐之法,造参夷之诛,增加肉刑、大辟,有凿颠、抽胁、镬亨之刑"（《汉书·刑法志》）。即使为最省刑轻罚的约法三章,亦有夷三族之令,为"当三族者,皆先黥,劓,斩左右止,笞杀之,枭其首,菹其骨肉于市。其诽谤詈骂者,又先断舌"（同上）。尔后,虽然高后除三族令,文帝去相坐法,但后来新垣平叛乱发生,又再行三族令。文帝时,虽减轻罪所受之刑,其实却更增加了犯罪者的刑罚,故史称"外有轻刑之名,内实杀人"（同上）。至武帝时律令更苛。由此可见,汉的严刑峻法与《秦律》一脉相传,为法家之精神。文帝的轻刑也只是"阳儒"的一面而已。

与严刑峻法相联系一起法家的主张是"信赏必罚",韩非说："庆赏信而刑罚必"（《韩非子·难一》）。"刑罚必",不但不可阿贵而曲法,并且也不可因同情犯法者而法外施仁,故言："夫重法不欲刑者*,仁也;然而不可不刑者,法也。先王胜其法不听其泣,则仁之不可以为治亦明矣。"（《韩非子·五蠹》）并且说："论囹圄而出薄罪,是不诛过也。"（《韩非子·难二》）汉在实际上行严刑峻法,但却

---

* 原文如此,疑误。或为"夫垂泣不欲刑者"。——编者

在表面上行儒家所标榜的仁政,经常大赦天下。这种大赦天下的政治措施,显然不是法家所赞成的,而是儒家孔子所期望的不要"道之以政,齐之以刑",而要"道之以德,齐之以礼"(《论语·为政》),也是曾子所说的"上失其道,民散久矣。如得其情,则哀矜而勿喜"(《论语·子张》)。

从前汉法律的施为,既严刑峻法又法外施仁,这又正是一个"阳儒"和"阴法"的结合。

二、法家与儒家的分与合

要探讨儒家的"法家化",或法家的"儒家化",就必须先了解由先秦至汉,儒法两家的思想分野,才能认识到彼等在汉相互濡化和统一的意义。

(一)儒法的分野

儒家"法古"的实质目的并不在古,而是在于维护西周以来的宗法封建的制度。法家却认为支持这套宗法封建制度的条件已不存在了,所以宗法封建制度已没有存在的理由。并且,实施这套宗法封建制的历史经验,并不足以作为今日施政的准则,反而会造成现行政治的思想阻碍。宗法封建制的历史记录主要的是《诗》《书》,为了扫除新制度实施的思想障碍,就得要毁灭这些徒扰人心的《诗》《书》,甚至坑杀传播这些《诗》《书》的儒生。这就是儒法二家,"厚古薄今"和"厚今薄古"的历史观的争执。

宗法封建是把亲属结构扩大而为政治结构的一套制度。大夫的政治权力是来自于其与国君的亲属关系。各阶层由"亲亲"而"尊尊"。由"亲亲"派生出来的伦理价值是"仁",是以孟子说:"亲亲,仁也。"(《孟子·告子下》)在一个父系的社会中,亲属关系的纵轴是父子,横轴是兄弟,父子之间的伦理价值是"孝",兄弟之间是"弟",故孔子的学生有子说:"孝弟也者,其为仁之本与。"(《论语·学而》)而具体实践这套伦理价值规范的就是"礼"。因此,"礼"所实践的就是"仁",也就是"亲亲",故孔子说:"克己复礼为仁。"(《论语·颜渊》)因为,宗法封建的政治结构是由亲属结构扩大而来的,所以"礼"不但施行于亲属关系中,也必须贯彻于政治关系中,即孔子所说的"为国以礼"(《论语·先进》)。并且,以天下言则"礼乐征伐自天子出"(《论语·季氏》)。这一切都是正当的,也就是"义"。否定"亲亲"及其派生出来的"仁"和"礼",就是"不义",所以孔子说:"君子义以为上。"(《论语·阳货》)

然而,在春秋、战国时的中国的现实情形,并不如儒家所希望的那么"有道"。周天子需要齐桓公"尊王攘夷"才尊得起来,如此之天子又有何实力足以统率天下？实际上各诸侯国拥有自己独立的主权,不受周天子的干涉。因此,丧失了小宗与大宗的政治权力的授予关系,也就丧失了小宗对大宗的伦理的"孝"道。诸侯间相互侵伐,谁也没想到几百年前的兄弟之情,"弟"因此也就免谈了。诸侯国内的大夫也亦复如此,田氏篡齐,三家分晋,大夫家相阋于国内。"亲亲"已成了历史的名词,而不存在于现实的政治之中。因此,孝悌之道丧,"仁"也就无所依附了,"礼"亦成为徒具形式的躯壳。唯有以力量控制国内政局的国家在激烈的兼并与内乱中,才能脱颖而出,到战国成为七雄的局面。

面对着现实的情势，法家认为"礼"不能再作为政治统治的规范，而必须以"法"来取代之。"法"的实施，正如司马谈所言的"不别亲疏，不殊贵贱，壹断于法，则亲亲尊尊之恩绝矣"(《史记·太史公自序》)。西周以来的"亲亲"的宗法封建，到了"法"的出现，正是走向了自己的反面。

再具体一点地说，"法"的实践，就是不承认"亲亲"的亲属特殊关系。亲属们犯了罪，和平民一样要接受"刑"的处罚。而在宗法封建制下，是"刑不上大夫，礼不下庶人"的(《礼记·曲礼上》)。法家提出这种刑上大夫的"法"之后，儒家便纷纷反对。反对的理由很多，也很堂皇，但一查反对者的身份，发现彼等多身为大夫或为大夫家臣者。如叔向为晋大夫，孔子为鲁大夫之后。另外，孔子子弟，冉求为季氏宰，子路为蒲大夫，宰我为临淄大夫，言偃为武城宰，子贱为单父宰，子羔为费邱宰。孟子更说得明白，"为政不难，不得罪于巨室。巨室之所慕，一国慕之"(《孟子·离娄上》)。"巨室"就是有权力的大夫家。这些大夫或大夫的"宰"，站在其自身立场，"法"实在不是个好东西。然而即使是儒家的学生，一旦所辅助的不是大夫而是国君，或认同于国君者，却又多主张"法"，而成为法家。如子夏的学生李悝事魏文侯，曾参的学生吴起事楚悼王，荀子的学生韩非谏韩王，李斯事秦始皇，却都是闻名的先秦法家。由此，我们也可了解到，立场认同的不同，是儒法二家思想分歧的真正根源。

揭开了儒法二家的立场根源，更可以晓得儒法为什么有"法古"与"变古"之争。在现实中，由于宗法封建制的崩溃，大夫的地位日趋没落，而只有在古代西周的历史上才是辉煌的，故儒家实为保守的理想主义者。反之，国君却在宗法封建制的崩溃中取得了前所未有的独立主权和国内的集权地位,并且还在发展中。所以,法家实为推动此一发展的激进的现实主义者。"法"的实行,不但取消了大夫的"亲亲"特权,并且剥夺了宗法封建制赋予他们的政治权力。所以,孔子在晋"铸刑鼎"之后,不禁为大夫们发出"民在鼎矣,何以尊贵?贵何业之守"(《左传·昭公二十九年》)的疑问。因为以往人民是要服从大夫的,尔后却是只要服从由国君所制定的"法"就可以了。从此大夫没事干了,所以"贵何业之守"。

由这里又派生出一个问题来了,那就是集权和分权的争论。"民在鼎","鼎"由君出,这是集权,"夫生法者君也",这也是"独裁"。"民可使由之,不可使知之"(《论语·泰伯》),民不知"鼎",统治权在"贵"(大夫)手里,这是分权,也是"封建"。站在国君的立场,法家主张"独裁"集权,儒家主张"封建"。"封建"分权是旧制度,是"法古",是"亲亲";"独裁"集权是新制度,是"变古"是不"亲亲"。这项争论在秦发生,也在汉发生。

国君与大夫也由宗法的"亲亲尊尊",转变成为纯粹政治的君臣上下的关系。有"亲亲"的关系故有"孝弟",有"孝弟"故有仁与义,有"亲亲"之"礼"。"亲亲"已不存在,故君臣的关系只剩下势与力,维系此关系的是刑与赏,刑赏的标准和运用是法和术。因此,仁、义、礼和法、术、势,也成为儒法二家争论的焦点。

大夫们本来是"刑不上大夫"的统治者,其反抗是在所难免的。一反抗就犯法,犯法就得被刑。因此,站在大夫的立场,最好是去刑,次者也得轻刑;而站在国君的立场,为镇压具有反抗势力的大夫贵族们,却不得不以严刑峻法以立威,重刑与轻刑也成为儒法两家争论之点,不过在对付反叛的人民这点上并无什么区别。

另外,如利与义、公与私、贤良与耕战、井田与阡陌的问题,也都是环绕在国君与大夫不同立场的争论。反映在哲学上,儒家偏向于理想主义,法家倾向于现实主义;儒家偏向于唯心主义,法家偏向于唯物主义;儒家重旧的经验,法家重新的实证。

虽然重法轻儒,但儒在政治上还有一席之地的。如博士之职,又王绾显系儒家思想者,且任丞相之职。秦不再行宗法封建,大夫家不再存在了,故儒家只好另找老板,依附到中央国君的麾下。秦养这批儒生博士,大致有几项作用。一是祭祀的典礼仪式,如封禅就得找儒生博士讨论(《汉书·郊祀志上》)。二是以备对神仙鬼神的咨询,如"湘君何神?"就得请教博士。进而秦始皇自己要长生不死,当神仙,也找儒生(《史记·秦始皇本纪》)。三是歌功颂德要找儒生,如秦始皇在泰山刻石颂秦德及刻碣石门颂秦德,就得找儒生,五德相始终之说本是邹衍等的学说,所以说:"邹子之徒论著终始五德之运,及秦帝而齐人奏之,故始皇采用之。"(《汉书·郊祀志上》)然邹衍的学说却与儒家思想有一定关系,《盐铁论》中即指出:"邹子以儒术干世主,不用,即以变化始终之论,卒以名显。"(《盐铁论·论儒》)汉儒更是大谈阴阳五行之说,而且各有不同,如董仲舒、刘向、刘歆各有异说(《汉书·五行志上》)。战国以来发展的法家即与道家老子的客观主义哲学有密切的联系,故司马迁以为申不害、韩非"本于黄老"(《史记·老子韩非列传》),且慎到亦"学黄老道德之术"(《史记·孟子荀卿列传》);另外,尚有托黄帝之名为书者。这批法家且将老子的客观主义解释为对现实社会条件的肯定,并将"无为"解释为"法治"。

自汉以后,在初期,法家所担当的在于清除残存在政治上和社会上的宗法封建的旧势力；在后期，便开始寻求保守和安定新政权制度的途径了，因此有"儒家化"的倾向。儒家的老板由大夫换成了中央集权的天子，中央集权制是法家的主张，为了适应政治的现实，儒家也开始"法家化"了。为了进一步的保守政权的存在，儒家的保守思想有了进一步的发展。一直到西汉末年，成帝之时，中央政府被王莽为首的一群儒家把持，政事已不堪问闻，而实际上为汉家统治天下各地的，竟多是一些被诅咒为"酷吏"的法家倾向者。①

（二）儒法的统合

先秦诸子之学到了汉代渐渐形成了两个大的阵营——儒家和法家（或黄老），尔后再统合而为"阳儒阴法"。

当法家所主张之地主阶级渐渐形成而稳固之后，却愈来愈趋向于儒家的意识形态，但实际上他们却不能接受儒家所主张的井田制度。当王莽一旦真地实行他们口称的儒家思想，即儒家所主张的井田制度，却又是"天下謷謷然，陷刑者众"（《汉书·食货志上》）。所以我们可以知道当地主阶级形成以后，已经不是彻头彻尾的先秦儒家了。由于政治形势的改变，儒家的老板由诸侯大夫转而为天下至尊的皇帝，故而其政治思想不得不朝着尊君的方向"法家化"；在社会上，为了维护自己的既得利益，必须支持法家所拥护的私有田制而非儒家所向往的井田制，因此他们的社会思想不得不朝着私有田制的方向"法家化"。再说，无论这些儒家口中

---

① 傅乐成：《西汉的几个政治集团》，《傅故校长斯年先生纪念论文集》，台湾大学1952年版，第63—68页。

是如何的古圣先王,但在现实中不得不遵守骨子里由法家思想所立的法律,这也该是一种行为的"法家化"了。由于社会危机的产生,以往儒家理性的保守主义已不足以作为其保守既得利益的借口。因此,改良主义再度出现外,彼等不得不将先秦儒家思想抽离其宗法封建的制度再结合着古代的自然知识——阴阳五行之说,加以玄学化,进而神学化,而形成了汉儒的谶纬灾异之说。其实"五德相始终"在秦已为官方的政治神话,并且秦还备"候星气象者"以观天象作为进谏之资(《史记·秦始皇本纪》)。汉儒这样子的一个庞杂的思想体系,要保守维护的具体对象不再是儒家所倡导的周制了,而是法家所经营的秦汉之制。此亦儒家之所以能在前汉中叶以后独尊的真正原因。然而这样的一个思想体系,从先秦儒法两家的观点视之,实在只能是一种"阳儒阴法"的形态,而不能是真正的先秦儒家思想。

法家思想发展到汉,由于政治形势的转变和社会阶段发展的变化也有了不同。在法家未取得完全的统治地位以前,如子产就说"吾以救世也"(《左传·昭公六年》)。韩非也为法家的制度辩护说:"立法术,设度数,所以利民萌,便庶众之道也。"(《韩非子·问田》)

汉代的法家,除了一些好申不害、商君、韩非或黄老的刑名之学的人外,还有一大批的吏,而吏晋升又可以为官。这一批吏要为吏必须要学会吏的行事,秦汉以来吏的行事是根据法,汉之所以统治如此大一统帝国的也是法,要执法当然要习法,亦正是韩非所说的"明主之国,无书简之文,以法为教;无先王之语,以吏为师"(《韩非子·五蠹》)。法的精神来自法家,学习了法,实践了法,这不是法家是什么?

法家的制度毕竟不是真正完全能"利民萌,便庶众"的。当他们取得了完全的统治地位之后,社会危机也随着出现了。"富者连田仟伯,贫者亡立锥之地"(《汉书·食货志上》),又岂是以勤俭和奢惰所能辩护得了的? 他们自身也多因为政治的统治地位,进而形成师丹所说的"豪富吏民訾数巨万,而贫弱俞困"(同上)。"訾数巨万"的吏民已由要求"变法"的法家变成了被"变"的对象,再也不愿说"事异则备变"了。法家的政治地位不同了,也就不再具有"事异则备变"的精神了。"阴法"也成了一个必然的趋势,其在思想上也由变革的法家路线朝着求安定的儒家方向开始"儒家化"。

先秦法家求变,要求建立一个具有客观普遍性的法治制度。故韩非所理想的法治是,"明主之国,官不敢枉法,吏不敢为私,货赂不行者,境内之事尽如衡石也"(《韩非子·八说》)。施行时一定要做到"法不阿贵,绳不挠曲"(《韩非子·有度》)。然而"法不阿贵"的"贵"是宗法封建制度下的"贵",一旦法家取得了完全的统治地位之后,自己成了新"贵",是否也能不"枉法",不"为私"呢? 其实这是任何革命之后的"新阶级"走向反革命的一条路径。汉代的吏也走向了这条"新阶级"的道路,因而造成"或罪同而异论。奸吏因缘为市,所欲活则傅生议,所欲陷则予死比"(《汉书·刑法志》)。而将法家思想中客观平等的精神丧失殆尽。

儒家认同宗法封建的立场,本来就不承认有客观普遍性的法治,所以孔子说:"父为子隐,子为父隐,直在其中。"(《论语·子路》)"父为子隐,子为父隐"是亲亲之义,亲亲就是仁,"直在其中"也就可以说是因为"苟志于仁矣,无恶也"(《论语·里仁》)。因此,法家愈向"新阶级"的形态发展,就愈不能遵守法的普遍性了。一是他们对于自己的亲属就不免产生了"父为子隐,子为父隐"的现象。等而下之者,"因缘为市"亦可想而知。因此,汉代虽然实行着具有普遍平等性的法律,但为了维护"新阶级"间的共同利益,故在思想上不得不突出儒家的亲亲观念。至于"罢黜百家,独崇儒术"之后,儒家的思想更影响了法律的判决。以至出现公羊家董仲舒的《春秋决狱》,其中就认为"父为子隐"为无罪。① "苟志于仁矣,无恶也"是一个动机论的判断,董仲舒的《春秋决狱》就是一部动机论的法理学。如主张"君子原心,赦而不诛""无淫行之心"即可无罪等。② 然韩非就公开反对过孔子的"子为父隐"说:"夫君之直臣,父之暴子也……夫父之孝子,君之背臣也。"(《韩非子·五蠹》)并且韩非认为"人行事施予以利为心,则越人易和,以害为心,则父子离且怨"(《韩非子·外储说左上》)。因人都是自利的而不会利他的,所以"圣人之治国,不恃人之为吾善也,而用其不得为非也"(《韩非子·显学》),故"虽有忠信不得释法而不禁"(《韩非子·南面》)。由此可见,韩非是行为论而非动机论者。

孔子根本反对法治的这套制度,故反对"刑鼎",而董仲舒不但接受了这套"刑鼎"的法治制度,且为其提供了儒家的思想为其理论的基础。这固然是董仲舒的"法家化"。然而张汤为狱吏而至廷尉,是典型的法家,而却每决大狱还得要请儒家为其作理论的补充(《汉书·张汤传》)。

这又何尝不是法家的"儒家化"呢?再说,实际上是法家的制

---

① [唐]杜佑:《通典》卷六十九。
② 《太平御览》卷六百四十。

度,而却加上儒家的理论,也正是一种"阳儒阴法"的形态。

秦始皇实行法家思想开阡陌,行峻法,中央集权,君尊臣卑,而焚书坑儒;汉同样是实行法家制度,而却"罢黜百家,独崇儒术"。使得前汉的政治思想趋向于"阳儒阴法"的情形,除了反秦的现实政治的理由外,其真正的理由又安在呢?

凡统治必有其两翼,一为文治,一为武功,以保卫其现实政权和社会政治制度的。秦汉对周的变革不是后来中国历史上的"改朝换代",而是一种社会制度的根本变革。新的社会政治制度,必须要有一套新的"文治"——文化思想与意识形态,来对新制度肯定及合理化,并且要求人民相信和服从这套新的制度。相对地说,就是要人民不相信和不服从那套旧的制度,所以韩非才会说:"明主之国,无书简之文,以法为教;无先王之语,以吏为师。""书简之文"和"先王之语"是代表旧制度的,而"法"与"吏"是代表新制度的。虽然话是如此说,但事实上,深入人心的旧思想并不因新制度一成立就可以一扫而空的。又由于秦除了迷信只会严刑峻法,自然"文治"不足,故陈涉、吴广铤而走险揭竿而起之后,人民就群起附从叛变。汉代得此教训,逐渐认识到"文治"的重要,而到旧制度的经验中——儒家的经典里,寻求"文治"的材料。

虽然韩非辩护其所主张的新制度为"利民萌,便庶众",然而实际上新制度所便利的虽然是"民萌""庶众",但却是"民萌""庶众"中的地主而已。故而致使"庶人之富者累巨万,而贫者食糟糠"(《汉书·食货志上》)。一旦国家有事或战争,其负担就转嫁到地主以下的人民身上了。因而"男子力耕不足粮饷,女子纺绩不足衣服"(同上)。这也是陈涉、吴广会揭竿而起的经济社会原因了,故而汉代不得不实行赦刑、限田等接近儒家的"仁政"。

人民长期以来接受旧制度的"文治"尚存,而被新政权镇压下去的旧制度既得权益者,尚有残存的号召力,如项梁从范增之议立楚怀王的孙子为王,就是因为"自怀王入秦不反,楚人怜之至今"(《史记·项羽本纪》)。另外,与高祖一起打天下的人也具有旧的封建制度的思想,如高起和王陵都说:"陛下使人攻城略地,所降下者因以予之,与天下同利也。"而情愿忍受刘邦君尊臣卑的"慢而侮人"(《史记·高祖本纪》)。为了号召旧制度的势力共同反秦,为了笼络干部效命,汉不得不向旧制度让步,而实行了部分儒家所主张的封建制度。

以往的统治集团是一个亲属系统,为了团结这亲属系统的统治集团,喊出了"亲亲"的口号。在上的亲之所以亲在下的亲有个基本的假设,就是在下的亲会尊在上的亲,此所谓"尊尊"。在政治上,"亲亲尊尊"乃是预设了亲属系统的忠。法家为了打破亲亲的制度,以求现实的政治利益,因此在思想上的逻辑发展不能不产生反对忠的观念。故而,韩非主张"君不仁,臣不忠"(《韩非子·六反》)。这是说,君为了自己的利益而予富贵给臣,而不是为了亲臣,所以是"不仁";臣为了自己的富贵而效力,也不是为了忠君,所以是"不忠"。在先秦,法家君臣的共同利害与宗法封建大夫是冲突的,所以君臣利害是一致的。以利为号召的"君不仁,臣不忠"可以联合所有的非贵族的统治集团。但到了汉以后,大夫消失了,君臣一致对外的冲突没有了,而只有君臣间的利益冲突。所以不能再言利,而必须言仁义,才能团结统治集团的内部。不过事实上,君与统治集团之间的关系不再"亲亲",又何来仁义?所以,"君不仁"是事实,但是却不准"臣不忠"。因此君就得装出一副仁的样子来,然后才能相对地要求臣的忠。所以当汲黯拆穿武帝为"内多欲而外施仁义",而武帝怒曰:"甚矣!汲黯之戆也!"(《汉书·张冯汲郑传》)可见君要是喜欢臣下以为他是仁的,那么相对的臣下就应该对他忠了。

反观儒家却是非常懂得仁义是君臣的两全之道,孟子曾对梁惠王说:"上下交征利,而国危矣!万乘之国,弑其君者必千乘之家;千乘之国,弑其君者必百乘之家。万取千焉,千取百焉,不为不多矣,苟为后义而先利,不夺不餍,未有仁而遗其亲者也,未有义而后其君者也。"(《孟子·梁惠王上》)这是旧制度维持统治集团的政治经验,也就是以仁义来缓和君臣之间的利益冲突。当汉进而发生君臣之间的利益冲突时,儒家的仁义就正好派上了用场。

儒家是认同大夫立场的,孟子的话表面上看起来是维护君,其实骨子里却是维护大夫的。因为当时各国变法,不变法的诸侯不是被灭就是被篡。虽然大夫的势力尚存,而致使法家连遭挫折,但大夫的势力在衰退中也是显而易见的。由于法家的集权,"上下交征利"的结果,虽然有大夫家篡诸侯国,但诸侯国灭大夫家的更多。在不言利的非法家之国倒是多为大夫家篡了诸侯国。孟子的实际意思是,不要言利而集大夫的权,只要君讲仁义维护周制,那么大夫也就不会忘记宗法的"亲"和封建的"君"的。

既然讲仁义,而仁义又是儒家认同封建大夫立场所产生的思想,岂不和绝对的尊君思想发生冲突?那汉代为什么要"阳儒"——"外施仁义"?我们要知道,任何的独裁都不是独裁者一人所能实行的,而必须要有一个统治集团。先秦的统治集团来自贵族阶级。秦汉以后,实行法家的制度,产生了地主,故其集团分子来自地主。儒家所认同的贵族阶级一转而为地主阶级。君之所以言仁义,是希望来自地主的集团分子不再"弑其君",且秦亡也与官吏不拥护中央并生背叛之心有关。而地主的集团分子之所以接受儒家的思想,是希望能享受一些君所赐特权,名之为仁义。为什么中国在极度尊君的汉代以后,却大倡儒家思想,这个谜底一直到宋神宗时才被揭开。宋神宗问:"更张法制,于士大夫诚多不悦,然于百姓何所不便?"当时神宗醉心改革,欲真正施仁政于天下,故文彦博不得不点醒他说:"为与士大夫治天下,非与百姓治天下也!"①君为了要"与士大夫治天下",不得不以至尊之位奉素王(孔子)之庙,原来也有说不出的苦衷啊!这也就是汉以后,行法家制度,而套上儒家思想的最大原因。思想与制度总是相互影响的,法家的制度之所以未发展成为极端的反面,实为儒家思想在其中发生了团结和调节的作用,在新的生产技术没有突破性的发展以前,中国文化就这样子地存在了。

三、前汉阳儒阴法的发展

前汉政治与思想的发展可分为五个阶段:一是高帝、惠帝及高后称制的三朝;二是文帝与景帝的"文景之治";三是武帝时期;四是昭帝与宣帝时期;五是元帝、成帝、哀帝与平帝的前汉末期。

在思想上面,汉大体沿袭先秦的思想学派。第一阶段,多开国元勋,为现实政治的反映,如在群雄逐鹿,楚汉相争之时,亦曾有过

---

① [宋]李涛:《续资治通鉴长编》,神宗熙宁四年三月。

纵横家的思想人物,大一统之后,也就消失了。第二阶段,文帝为刘姓诸侯所拥立,这一方面表示诸侯与中央的利益结合。二方面表示诸侯势力的强大,一时间中央亦无所作为,故有"黄老"之称。但新制度的发展,在时间上是有利于中央的,故景帝时爆发"七国之乱",一举而消灭了诸侯势力。第三阶段,也是前汉发展的最高峰,一切的社会、政治条件臻于成熟,进而要求维护成熟了的新权益,故在思想上"罢黜百家,独崇儒术"。第四阶段,承武帝开边,国力受损之后,守成有余,进取不足,然亦"霸王道杂之"。第五阶段,前汉开始没落,反映在思想上,保守的成分愈来愈重,终于覆亡。

(一) 高帝、惠帝与高后时期

在这段时期中,高祖统合各种势力,把秦推翻了,更主要的是打倒了项羽而取得天下,这是现实政治斗争的一面。

尤其是为了打倒项羽,他不得不与要求旧制度复辟的势力相妥协,因而在郡县之外,还分封了许多功臣为王。但当时政治的形势,是往中央集权的趋势发展的。所以终于发生中央与诸侯之间的冲突,而将异姓诸侯铲除了。这正是由儒家所主张的分权走向法家的集权。在消灭异姓诸侯之后,又大封刘姓诸侯,这似乎又是一个法家思想的反动,其实不然,相对于各地尚未平复的地方势力。刘姓诸侯却是中央的代表,其在初期与中央的利益是相一致的。然而这毕竟是一分权的形式,势必与中央冲突。这个问题,在这一时期尚未尖锐化亦未解决。

除了封建部分的诸侯王外,这时候汉的制度、法律大体都是承袭秦制。为了稳定刚刚获得的政权,在现实政治的基础上,汉开始要求缓和与各种政治势力的冲突。另外,为了进一步做到新制度的"文治",儒家思想又开始抬头了。

惠帝为时甚短,无所作为,其相亦皆高祖时人物。而高后称制之后,大体政策还是承袭高祖的余业,唯因引进吕氏势力,而与刘氏势力发生冲突。高后因其个人之长期政治地位所建的权威,故其在位时刘姓诸侯尚不敢妄动。高后一死,终于引起倒吕的诸侯运动,以分权的诸侯势力将中央的吕氏势力消灭。这不能不说是一个分权对集权的反击。虽然刘氏重新掌握了政权,却种下了刘姓诸侯被镇压的根源。

高祖出身为秦吏,不喜欢儒者是众所周知的,故史载:"沛公不喜儒,诸客冠儒冠束者,沛公辄解其冠,溺其中。与人言,常大骂。"(《汉书·郦陆朱刘叔孙传》)但他也任用过几个儒家,任用儒家,并不表示他真的相信儒家思想。他任用郦食其"常为说客,驰使诸侯"(同上),是有利于他现实政治的政策。但郦食其真的提出儒家的主张,恢复封建,复立六国之后,高祖又大骂:"竖儒,几败乃公事!"(《汉书·张陈王周传》)

高祖还曾用过一个儒家叫陆贾,也是在群雄并争之际,用他去做说客的。当陆贾向高祖进儒家的《诗》《书》之言,高祖就不禁得大骂:"乃公居马上得之,安事《诗》《书》!"不过,陆贾却说:"马上得之,宁可以马上治乎?且汤武逆取而顺守之,文武并用,长久之术也。昔者吴王夫差、智伯极武而亡,秦任刑法不变,卒灭赵氏,乡使秦以并天下,行仁义,法先圣,陛下安得而有之?"(《汉书·郦陆朱刘叔孙传》)后来陆贾把秦之败亡及古代帝王兴亡的历史,分析出原因来才使得高帝称善。由此可知,汉代儒家为刘家天下所做的贡献是"顺守之",但所"顺守"的,不再是先秦的周制,而是承秦以来的汉制,此亦为汉代"阳儒阴法"的滥觞。

另外,还有个儒家叫叔孙通,是一个秦博士,后附高祖。高祖憎儒服,他就换穿短的楚服,以讨好高祖。在群雄争斗之时,他向高祖所推荐的人都不是儒家。当高祖统一了天下之后,他开始向高祖进言说:"夫儒者难与进取,可与守成。臣愿征鲁诸生,与臣弟子共起朝仪。"且言:"五帝异乐,三王不同礼。礼者,因时世人情为之节文者也。故夏、殷、周礼所因损益可知者,谓不相复也。臣愿颇采古礼与秦仪杂就之。"叔孙通为高祖创制朝仪后,高祖不禁说:"吾乃今日知为皇帝之贵也"(《汉书·郦陆朱刘叔孙传》)。

叔孙通的话正是以后中国儒家在政治上的写照——"夫儒者难与进取,可与守成",这也就是文彦博说的"为与士大夫治天下"。然"五帝异乐,三王不同礼",根本是法家"三代不同礼而王,五霸不同法而霸"的历史观,而不是儒家的"信而好古"。因而当他到鲁邀儒生为汉制礼,就有二个人批评他说是:"公所为不合古,吾不行,公往矣,毋污我!"(同上)鲁儒生与叔孙通同往者三十余人,唯二人拒往。由此可见,叔孙通以儒家名义制礼,但所表现的精神"不合古"。而以儒家思想最盛的鲁地,也只有二个儒生拒往而已,故汉儒亦多"因时世人情"者也。由此可知,儒家的礼已是徒具形式,而实质上却是法家的君尊臣卑了。

萧何出身秦吏,正是"以法为教,以吏为师"的法家背景,入咸阳后又收秦的图书律令而藏之,熟悉《秦律》、秦制,且采《秦律》而为《汉律九章》,正是一个法家思想的实践者,且是高祖最得力的助手。高祖曾对萧何说:"吾闻李斯相秦皇帝,有善归主,有恶自予。"(《汉书·萧何曹参传》)由此不但可知高祖以法家之君的秦始皇自许,而且要求萧何做到如法家之臣的李斯。在法家的理论上,我们没有看到萧何有什么阐述,然而他正是汉初第一个"阴法"的人物。

曹参也出身秦吏,和萧何一起拥护高祖于沛起兵反秦的,可谓高祖的心腹人物。曾任韩信的左丞相,及高祖长子齐王肥的相国,并且还曾以齐相国领军镇压叛变。由曹参的经历可知,高祖虽分封异姓或同姓诸侯王,但诸侯国的相却是中央派去的,且有领兵之权;又如张苍也曾任代、赵、越南等王的相。这和春秋战国时的诸侯王有独立之主权截然不同,表面上是儒家的分封,实际里是中央控制,是法家的集权。曹参在萧何之后任丞相,而有"萧规曹随"之称,可见曹参在基本上与萧何相同。

张良为韩相之后,其先人曾相韩昭侯,昭侯为一好术之君,精通《太公兵法》。陈平是一精通黄老之术者,此二人为高祖身边的"智术之士"。

张良与陈平的"术"一方面用之于军事,一方面用之于为高祖统御群臣和剪除重臣。于后者,在政治的意义上,正是韩非所言:"智术之士,必远见而明察,不明察不能烛私……智术之士,明察听用,且烛重人之阴情。"(《韩非子·孤愤》)汉高祖在不得不行分权的封建之余,终能铲除拥兵自重的功臣王,与张良、陈平这二位"智术之士"当有密切的关系。

韩非说:"术者,藏之于胸中,以偶众端,而潜御群臣者也。故法莫如显,而术不欲见……用术,则亲爱近习莫之得闻也。"(《韩非子·难三》)史载张良"数以太公兵法说沛公,沛公喜,常用其策。良为它人言,皆不省。良曰:'沛公殆天授'"(《汉书·张陈王周传》)。固然,这是张良的"有善归主",但也不能不说是"术不欲见"。陈平亦复如此,故"奇计或颇秘,世莫得闻也"(同上)。故知张、陈二人的表现虽非韩非所说的"能法之士",但却是"智术之士",也应该是属于法家的人物。

惠帝即位共七年。前二年,萧何为相,曹参再继之为相三年,后又以陈平、王陵为相。实际的制度,并无变更,而在"阳儒"方面有几件措施。一是薄敛,恢复十五税一的田租制。二是减刑,有功王侯的子孙一律减刑,平民则可买爵以免死罪。三除《挟书律》,挟书律为秦焚书以后的禁令,其时汉初执行已不严格了,否则郦食其、陆贾、叔孙通何以能言儒术?四为举民孝悌力田者复其身,亦在于安定社会秩序。这些措施多为缓和政治冲突而设者,即陆贾所言之"顺守之"。所以班固称惠帝"可谓宽仁之主"(《汉书·惠帝纪》)。

高后称制八年,大赦天下,再省刑罚除三族罪及妖言令,且置孝悌力田二千石者一人。这些政策或为"顺守之"而近乎儒家,然孝悌力田者复其身,或置二千石,亦有法家思想的成分。商君在秦变法,实行"致帛粟多者复其身"(《史记·商君列传》)。《商君书》亦言:"按兵而农,粟爵粟任,则国富。"(《商君书·去强》)只是因为要"阳儒",所以在力田之外再戴上了一顶孝悌的帽子。

高后称制引进了吕氏的政治势力,而与刘氏诸侯发生冲突,终于在吕后死后,吕氏被灭。从高帝铲平异姓诸侯之后,统治集团中的利害冲突没有爆发,社会的危机也没有显露。所以,孝惠、高后之时,"君臣俱欲无为,故惠帝拱己,高后女主制政,不出房闼,而天下晏然,刑罚罕用,民务稼穑,衣食滋殖"(《汉书·高后纪》)。

（二）文帝与景帝时期

文帝是高祖的中子，被封于代，是为代王。高祖旧臣与刘氏诸侯以文帝"仁孝宽厚"（《史记·吕太后本纪》），而拥之为帝。"仁孝"或为"阳儒"的饰辞，"宽厚"即不至行激烈的法家集权，而刻薄诸侯。由于文帝主观的"宽厚"和诸侯的拥护，故君臣大体相安无事。

刘氏诸侯的政治作用正是宋昌所言："高帝王子弟，地犬牙相制，所谓盘石之宗也，天下服其强。"（《汉书·文帝纪》）这也就是说，刘氏诸侯的政治作用乃在于镇压异姓的反对势力。然高祖又恐彼等危及中央，所以又由中央派相，但汉的统治愈来愈稳定之后，异姓的反对势力渐消失，诸侯的政治作用也渐消失，代之而起的，不再是中央刘氏与诸侯刘氏的团结而是冲突。于是至景帝时，开始有削诸侯之议，引起了"七国之乱"，乱后，又更进一步巩固了汉的中央集权制。文景之治大致可说承袭惠帝与高后时代，由于政权的渐次稳固，所以刑罚有减轻的趋向。但对于威胁其政权的势力，确实毫不容情地镇压。如周勃在文帝时下狱，其子周亚夫屡有军功，然却以"君纵不欲反地上，即欲反地下耳"（《汉书·张陈王周传》）为理由，于景帝时下狱而死。

这一阶段的主要工作还是安定社会，故大力提倡孝悌、力田等"文治"的教化和整饬吏治。之所以如此，文帝说是"孝弟，天下之大顺也。力田，为生之本也。三老，众民之师也。廉吏，民之表也"（《汉书·文帝纪》）。

除了安定社会之外，还求安定政治，如济北王反，赦降者；吴王不朝,而赐几杖;对淮南王一再忍让而不诛,后又封淮南王子四人。这固然是为了达到"天下服其强"的政治作用,但也表现了儒家的"亲亲"之仁。

另外,文帝时除盗铸钱令,以至于让吴王得以"即山铸钱,煮海水为盐","乱天下币",甚至还号召诸侯说:"寡人节衣食之用,积金钱,修兵革,聚谷食,夜以继日,三十余年矣……寡人金钱在天下者往往而有,非必取于吴,诸王日夜用之弗能尽。有当赐者告寡人,寡人且往遗之。"(《史记·吴王濞列传》)故景帝于"七国之乱"后,定铸钱黄金弃市律,更进一步地在财政上实行中央集权。

由于文景之间,力求社会与政治的安定,故班固称文帝"专务以德化民,是以海内殷富,兴于礼义,断狱数百,几致刑措,呜呼,仁哉!"(《汉书·文帝纪》)且"孝景遵业,五六十载之间,至于移风易俗,黎民醇厚"(《汉书·景帝纪》)。司马迁亦引孔子的话——"必世然后仁。善人之治国百年,亦可以胜残去杀"——来称赞文帝(《史记·文帝本纪》)。

文帝曾去帑相坐律令,除肉刑法,废三族罪及枇言令,这是所谓的儒家仁政和法家所言的"严刑峻法"不合。但三族罪,在新垣平谋反时,又重新复用,可见汉是以严刑来镇压动摇政权的反叛。当政权稳定时,才可以轻刑而仁,而一旦政权发生动摇,严刑又复起用。韩非在论及严刑的时候说:"夫严刑者,民之所畏也,重罚者,民之所恶也。故圣人陈其所畏,以禁其邪,设其所恶,以防其奸。是以国安而暴乱不起。"(《韩非子·奸劫弑臣》)韩非主张严刑无非是因为"国安而暴乱不起",以防统治集团之外的人反叛,三族罪就是防止被镇压的反对者反叛。到文帝时,刘姓已将异姓镇压得没有反抗的能力,而政治的冲突转向刘氏统治集团的内部,即中央与诸侯的冲突,反叛者多刘家宗室,若行三族令,则天子自己岂不亦该当诛？故诸侯反,除非与事者,余皆赦,此乃缓和统治集团内部的冲突,以能团结而使"天下服其强"。但新垣平又不同,他是异姓,所以重用三族罪,以防异姓的"暴乱"之起。故文帝之仁其实是对刘姓统治集团的仁。当诸侯的政治作用消失后,士大夫要求天子行仁政,其实也是要求这种对统治集团内部的仁。

文景之治虽被称仁,近乎儒家的思想,而实际上却是重用法家人物。

张释之,文帝时官至廷尉,执法以公正称。如当时天子与梁王不守宫廷之法,张释之强行依法制止,且劾彼等不敬。直至文帝免冠而谢,太后使使承诏特赦,然却因此为文帝所看重。这正是法家"王子犯法,庶人同罪"的精神。也正是韩非所言："法不阿贵,绳不挠曲。"(《韩非子·有度》)

另外,文帝乘舆有人犯跸,张释之依法罚金,而文帝以为罪轻而怨,然张释之却言："法者,天子所与天下公共也,今法如是,更重之,是法不信于民也。且方其时,上使使诛之则已。今已下廷尉,廷尉,天下之平也,壹倾,天下用法皆为之轻重,民安所错其手足？"(《汉书·张冯汲郑传》)而文帝以为是。有人盗高庙座前玉环,文帝怒欲族之,而张释之依法仅判弃市,文帝与太后言,又以张释之为当。由是可知,(1)文帝对诸侯仁,不见得对人民也仁。(2)文帝能以张释之为当,是表示遵从法家精神的,也就是韩非所说："释法术而任心治,尧不能正一国。"(《韩非子·用人》)故文帝只好释怒而从法。

晁错是一个法家,学申商刑名于张恢先,但后又学儒家的《尚书》于伏生。在文帝时,"以《书》称说",又"言削诸侯事"(《史记·袁盎晁错列传》)。《书》是儒家的经典,用以"称说",是"阳儒"的一面。"削诸侯",行集权又是"阴法"的另一面。文帝虽不从错言,但却"奇其材"。景帝时,从错之言削诸侯,引起"七国之乱",结果以错为牺牲。

晁错上书文帝说:"人主之所尊显功名扬于万世之后者,以知数术也。……窃观上世之君,不能奉其宗庙而劫杀于其臣者,皆不知术数者也。"(同上*)"数术"就是法术,"奉其宫庙"就是维护政权。因此,错言乃是说,维护政权的必要条件就是要"知术数"。韩非也说过:"人主无法术以御其臣,虽长年而美材,大臣犹将得势擅事主断,而各为其私急。"(《韩非子·奸劫弑臣》)

另外,晁错主张重农抑商。劝农务本,以及信赏必罚等多为法家思想的继承。

此外,最值得注意的是他分析秦亡的因素,汉人论秦亡多从仁义立论,而晁错论秦亡却说:"夫国富强而邻国乱者,帝王之资也,故秦能兼六国,立为天子。当此之时,三王之功不能进焉。"这是对秦统一六国的肯定,"三王之功不能进焉"实为极称之辞。接着又说:"及其末涂之衰也,任不肖而信谗贼;宫室过度,耆欲亡极,民力罢尽,赋敛不节,矜奋自贤,群臣恐谀,骄溢纵恣,不顾患祸;妄赏以随喜意,妄诛以快怒心,法令烦憯,刑罚暴酷,轻绝人命,身自射杀,天下寒心,莫安其处。奸邪之吏,乘其乱法,以成其威,狱官主断,生

---

* 原文如此,疑误。《史记》未记此,当语出《汉书·表盎晁错传》。——编者

杀自恣。上下瓦解,各自为制。秦始乱之时,吏之所先侵者,贫人贱民也,至其中节,所侵者富人吏家也;及其末涂,所侵者宗室大臣也,是故亲疏皆危,外内咸怨,离散逋逃,人有走心。"(《汉书·袁盎晁错传》)这段话,归纳起来可以分二部分:一是"耆欲亡极",而"民力罢尽";二是君、吏不以法守,君则"矜奋自贤",吏则"生杀自恣"。

韩非子说过:"征赋钱粟,以实仓库,且以救饥馑,备军旅也。"(《韩非子·显学》)而秦却是"宫室过度",至"民力罢尽"。韩非子说过:"故舍已能而。因法数、审赏罚。先王之所守要,故法省而不侵。"(《韩非子·有度》)然秦却是"矜奋自贤",赏罚由喜怒之心出。韩非还说:"法者,宪令著于官府,刑罚必于民心,赏存乎慎法,而罚加乎奸令者也,此臣之所师也。"(《韩非子·定法》)而秦吏却是"生杀自恣"不以法为度。故晁错论秦亡,是从法家的观点视之的。

晁错是文景时代的法家,虽然他在议论时也说了一些儒家的忠孝,及天人感应之说,但那只不过是些饰辞而已。或者说是法家的"儒家化"吧!

文帝时主张中央集权的除晁错外,还有贾谊。晁错主张削诸侯,而贾谊却主张众建诸侯。贾谊以儒家称于世,主张仁义之道,但仁义在他看来只是天子的集权武器,他说:"屠牛坦一朝解十二牛,而芒刃不顿者,所排击剥割,皆众理解也。至于髋髀之所,非斤则斧。夫仁义恩厚,人主之芒刃也,权势法制,人主之斤斧也。今诸侯王皆众髋髀也,释斤斧之用,而欲婴以芒刃,臣以为不缺则折。胡不用之淮南、济北?势不可也。……长沙乃在二万五千户耳,功少而最完,势疏而最忠,非独性异人也,亦形势然也。……欲天下之治安,莫若众建诸侯而少其力。力少则易使以义,国小则亡邪心。"

(《汉书·贾谊传》)历来学者皆以贾谊为儒家,《汉书·艺文志》亦载贾谊五十八篇于儒家类,殊不知贾谊以上所言实为法家的势论。

先秦法家曾言:"明主在上位,有必治之势,则群臣不敢为非。是故群臣之不敢欺主者,非爱主也,以畏主之势也。……故明法曰:尊君卑臣,非计亲也,以势胜也。"(《管子·明法解》)"众建诸侯"乃"少其力",即弱其势,诸侯势弱,天子势力强,则"无邪心"。有此之势,则天子可用仁义恩厚的芒刃,而不必用权势法制的斧斤,这也是势之使然。再说,诸侯"无邪心"的势不是目前所存在的,而是要经过"众建诸侯"才能达成的。要达成诸侯"无邪心"的势,必须运用天子的势,所以贾谊所言正是韩非所主张的"人为之势"(《韩非子·难势》)。贾谊所讲的礼,已不再是先秦儒家分权的礼而是集权之势的礼了。

为什么贾谊要主张儒家的仁义、忠孝、礼节?这乃是因为"夫礼者禁于将然之前,法者禁于已然之后"(《汉书·贾谊传》)。礼不但为禁造成一种势,而且他在《新书》中认为,"曩者为秦者,今转而为汉矣",而"今者何如进取之时,去矣,并兼之势,过矣"。所以,"胡(故?)以孝弟循顺为善,书而为吏耳,胡(故?)以行义礼节为家,富而出官耳"(《新书·时变》)。贾谊的这段话,揭露了汉代"阳儒"的真面目,乃是怕"曩者为秦者,今转而为汉矣",故不得不先作提防,提倡儒家思想,让大家"未有仁而遗其亲者也,未有义者而后其君者也"。

贾谊满口仁义道德,不能不说是儒家,但是他却用势把儒家思想"法家化",而为汉家保守属于法家的制度。

司马迁说儒家在"孝文时颇征用,然孝文帝本好刑名之言,及至孝景,不任儒者,而窦太后又好黄老之术,故诸博士具官待问,未有进者"(《史记·儒林列传》)。

(三) 武帝时代

汉初以来被称为良政,但由于兼并之烈,繁荣的另一面却是一般人民的悲苦,正如贾谊说:"失时不雨,民且狼顾,岁恶不入,请卖爵、子。既闻耳矣,安有为天下阽危者若是而上不惊者!"(《汉书·食货志上》)由此可知,新的私有田制所造成对人民的酷烈,已经危及了汉政权的安定。文帝也了解贾谊所言的严重性,所以想用增加生产来解决这项社会的危机,因而"始开籍田,躬耕以劝百姓"(同上)。

生产制度发生了社会问题,且北境匈奴时时为患亦不得解决。因此,晁错进一步主张殖民政策,他说预防匈奴"不如选常居者,家室田作,且以备之。以便为之高城深堑,具蔺石、布渠答,复为一城其内,城间百五十步。要害之处,通川之道,调立城邑,毋下千家,为中周虎落。先为室屋,具田器,乃募罪人及免徒复作令居之,不足,募以丁奴婢赎罪及输奴婢欲之拜爵者;不足,乃募民之欲往者,皆赐高爵,复其家。予冬夏衣,廪食,能自给而止"(《汉书·袁盎晁错传》)。另外,配合着贫富悬殊的社会危机,又主张富人"入粟于边"说:"夫得高爵与免罪,人之所甚欲也。使天下人入粟于边,以受爵免罪不过三岁,塞下之粟必多矣。"(《汉书·食货志上》)富人为高爵和免罪而"入粟于边",也可以减轻一般人民的租税。所以,"至武帝七十年间,国家亡事,非遇水旱,则民人给家足,都鄙廪庾尽满,而府库余财"(同上),总算缓和了日益严重的社会危机。

以往汉对匈奴因国力不足总是不断让步，至武帝时，对匈奴问题来个总解决，已是形势之所趋了。

由社会问题演变而为对外战争，由于农业民族对游牧民族战争的劣势，故战争不断延长，又似乎有蹈秦的覆辙之势。终而导致武帝"罢黜百家，独崇儒术"，以期以礼将人民的反抗"禁于将然之前"，因而武帝时代的法家多"儒家化"，而起用之儒家为适应当前之实际条件也多"法家化"。

社会危机因战争而尖锐化，盗贼公然叛乱，因而刑罚不得不加重，中央大倡儒家的仁义，而地方官吏所执行的却是法家的严刑峻法。这些酷吏中，虽然有"斩伐不避贵势"的尹齐和"直法行治，不避贵戚"的义纵（《汉书·酷吏传》），坚守着韩非的"法不阿贵，绳不挠曲"的法家原则，但更有一批酷吏开始执法而曲法，如周阳由之"所爱者，挠法活之；所憎者，曲法灭之"，王温舒也是"有势家，虽有奸如山，弗犯；无势，虽贵戚必侵辱"（同上）。

在中央的情形，法家也开始有变化了。

张汤治陈皇后巫蛊狱，"深竟党与"，与赵禹共定律令，"务在深文拘守职之吏"（《汉书·张汤传》）。"深竟党与"正是韩非所说"知术之士，必远见而明察，不明察，不能烛私"（《韩非子·孤愤》）。韩非特重吏治，言"故明主治吏不治民"（《韩非子·外储说右下》）。且治吏必以法，故言："法者……臣之所师也……臣无法，则乱于下。"（《韩非子·定法》）"务在深文拘守职之吏"正是韩非思想的实践。张汤也就是因能实践法家的思想原则，故而官至廷尉，但因汉武帝表面上好儒术，所以他在决大狱的时候，除了根据具有法家精神的汉律来判案外，还找些儒生来以附会些儒家的理论，这正是法家"儒家化"的"阳儒阴法"也无可厚非。

另一方面,张汤就不再如张释之一般"守天下之平"了,而是秉承君主的主观意志曲法枉法。张汤执法乃是"所治及上意所欲罪,予监吏深刻者;即上意所欲释,予监吏轻平者"(《汉书·张汤传》)。继张汤之后的廷尉杜周,更是如此,因此,有人责备他说:"君为天下决平,不循三尺之法,专以人主意指为狱,狱者固如是乎?"而杜周却答以:"三尺安出哉?前主所是著为律,后主所是疏为令;当时为是,何古之法乎?"(《汉书·杜周传》)由此,也暴露了兼有立法、司法与行政权于一身的专制,是无法贯彻法家之法治精神的事实,并且也暴露了法家兼倡法治与专制的矛盾。

张汤、杜周承君主之意决狱,是尊君,尤其杜周为自己的辩护看来似乎是法家的思想,但其实不然。法家的尊君是以法尊君,所以韩非说,"大臣有行则尊君",但"法之所外,虽有难行,不以显焉"(《韩非子·八经》)。尊君必以"三尺法"尊之,"法之所外"就不能算是尊君了。张、杜的承君意决狱,正是法家由以法尊君转向了尊君坏法。之所以会有这样的转变,一方面是因为在新制度尚未稳定之时,君必须以法才得以尊,至政权稳定后,君已不需以法来使其尊了;另外一方面,法家所主张的法治毕竟是专制的,立法权掌握在君的手里,以致君得以运用立法权来破坏已有的法律。杜周之言,虽不符合法家守法的精神,但却是当时专制事实的反映。

公孙弘原本是狱吏出身,四十岁才学《春秋》杂说,六十岁于武帝时以儒家姿态出现,故《汉书·艺文志》儒家类有公孙弘十篇。班固说公孙弘是"习文法吏事,缘饰以儒术"及"外宽内深"(《汉书·公孙弘卜式兒宽传》)。"文法吏事"是法家之学,而儒术只是作为"缘饰";"外宽"是儒家的宽惠,"内深"是法家的深刻。这正是"阳儒阴法"或"外儒内法"的写照。

武帝对儒学之蔚为风气,一是接受董仲舒"罢黜百家,独崇儒术"的建议,另一个原因乃是接受公孙弘置学官之议。

学官的制度乃是一套由中央至地方的教育系统,公孙弘认为其功用乃是为天子达成"昭至德,开大明,配天地,本人伦,劝学兴礼,崇化厉贤,以风四方,太平之原也"(《汉书·儒林传》)的目的。

"劝学兴礼"之所以为"太平之原"公孙弘认为乃是因为"夫虎豹马牛,禽兽之不可制者也,及其教驯服习之,至可牵持驾服,唯人之从"(《汉书·公孙弘卜式兒宽传》)。先秦儒家认同于大夫立场,从来没有把自己看成虎豹马牛之类的禽兽,好让国君去"驾服"。甚至孟子还说出"民为贵,社稷次之,君为轻"(《孟子·尽心下》)的话。所以公孙弘所劝的学和所兴的礼,绝不是儒家的,而是近于法家的。倒是韩非说过:"鲁哀公,下主也,南面君国,境内之民莫敢不臣。……故仲尼反为臣,而哀公顾为君,仲尼非怀其义,服其势也。"(《韩非子·五蠹》)韩非是要以法、势、术让臣下驯服,而公孙弘却是以"劝学兴礼"让人民在精神上驯服。

另外,公孙弘说:"致利除害,兼爱无私,谓之仁;明是非,立可否,谓之义;进退有度,尊卑有分,谓之礼;擅杀生之柄,通壅塞之涂,权轻重之数,论得失之道,使远近情伪必见于上,谓之术。凡此四者,治之本,道之用也。"(《汉书·公孙弘卜式兒宽传》)这是他"劝学兴礼"的具体内容,即仁、义、礼、术。但此四者中的术,根本就不是儒家的主张,而是公孙弘在"习文法吏事"之余挟带进来的。

再说,儒家的仁是"亲亲"而不是"兼爱无私""兼爱"是墨子的口号,还曾引起孟子的大骂:"杨氏为我,是无君也,墨氏兼爱,是无父也;无父无君是禽兽也。"(《孟子·滕文公下》)"无私"也不是儒家的思想,而是法家的主张,韩非曾说:"夫立法令者,所以废私也;法令行,而私道废矣。"(《韩非子·诡使》)另外,韩非说过:"故明主使其群臣,不游意于法之外,不为惠于法之内,动无非法。"(《韩非子·有度》)这不正是公孙弘"明是非,立可否"的"义"吗?"进退有度"不也就是韩非所说的"治不逾官"(《韩非子·定法》)吗?"尊卑有分"也当是法家所主张的"君尊臣卑"了。因此公孙弘只是一个善"缘饰以儒术"者,一点也不错。

公孙弘能以仁义为武帝驯服人民,又能以仁义为武帝歌功颂德,怪不得当他上书请求退休时,武帝不禁地说:"守成尚文,遭遇右武,未有易此者也。朕宿昔庶几获承尊位,惧不能宁,惟所与共为治者,君宜知之。"(《史记·平津侯主父列传》)由武帝的话中,可以知武帝独崇那向往"郁郁乎文哉"的儒家思想,乃是因为"守成尚文"。并且,也了解到治天下需要一个统治集团,要"为与士大夫治天下",而公孙弘乃是以后天子"惟所与共为治"的士大夫典型。因为他能把法家的专制利用儒家思想发展出一套"文治"的饰辞。

董仲舒和公孙弘同为武帝时的两个大儒,公孙弘为君主提供了一个饰以儒家思想的尊君方法,而董仲舒完成了一套玄学体系。但武帝时,汉的国力方殷,尚无须天人感应的灾异之说作为维护其政权的理论,故董仲舒反因著《灾异之记》险些被处死。在政治上,他曾为江都相,事易王;因《灾异之记》获罪后,再相胶西王,恐久获罪而以病免,回家专事著述,故其在政治上并不得意。

董仲舒的思想是把儒家的理论和阴阳家的学说结合而成一玄

学体系,如他所说:"春者天下之所生也,仁者君之所以爱也;夏者天之所以长也,德者君之所以养也;霜者天之所以杀也,刑者君之所以罚也。由此言之,天人之征,古今之道也,孔子作春秋,上揆之天道,下质诸人情,参之于古,考之于今。故春秋之所讥,灾害之所加也;春秋之所恶,怪异之所施也。"(《汉书·董仲舒传》)所以司马迁说他是"以春秋灾异之变,推阴阳所以错行,故求雨闭诸阳,纵诸阴,其止雨反是"(《史记·儒林列传》)。

他这套天人感应的灾异之说虽不得意于当世,但却对后代有深远的影响,成为人臣进谏天子的根据,也成为人臣相互倾轧的借口,最后成为天子诛杀大臣的理由和争夺天子之位的号召。虽然这套学说打着孔子的招牌,但"子不语怪力乱神"(《论语·述而》),而董仲舒言的却是"灾异"和"怪异"!

董仲舒虽言"灾异",但是毕竟主张儒家的仁义教化,而他主张教化的理由乃是"凡以教化不立,而万民不正也。夫万民之从利,如水之走下,不以教化提防之不能止也"(《汉书·董仲舒传》)。"教化"是"德","德"的另一面是"刑",他说:"阳为德,阴为刑……天使阳出布施于上而主岁功,使阴入伏于下而时出佐阳;阳不得阴之助,亦不能独成岁。"(同上)"德"是儒家的主张,"刑"是法家的主张,"阳为德,阴为刑"正是"阳儒阴法"!

另外,在他所著的《春秋繁露》中,其政治思想与法家的理论多有雷同。如他说:"民无所好,君无以权(劝)也;民无所恶,君无以畏也。无以权,无以畏,则君无以禁制也。……务致民,令有所好。有所好然后可得而劝也,故设赏以劝之。有所好,必有所恶。有所恶然后可得而畏也,故设罚以畏之。"(《春秋繁露·保位权》)这不是韩非所言"凡治天下必因人情,人情者有好恶,故赏罚可用"(《韩非子·八经》)吗?董仲舒说:"故为人主者,以无为为道……心不自虑,而群臣效当,故莫见其为之而功成矣,此人主之所以法天之行也。"(《春秋繁露·离合根》)而韩非亦言:"明君无为于上……使智者尽其虑,而君因以断事,故君不穷于智……臣有其劳,君有其成功,此之谓贤主之经也。"(《韩非子·主道》)

由此可见,董仲舒所言"阳德阴刑"并非虚辞,在他自己的思想中就是"阳德阴刑"的,也就是"阳儒阴法"的。

(四)昭帝和帝的时期

前汉政治思想之发展,至公孙弘和董仲舒出现后,"阳儒阴法"的形态已经完成。"阳儒"也者,就是仁义和礼乐加上天人感应的灾异之说;"阴法"也者,就是实际政治的施为。

昭帝八岁继位,共十二年(前86—前74年),实际的政权掌握在霍光手中,霍光为武帝旧臣,其政策大体继武帝时代无所更动。

在这段时期,政治思想上发生了一件大事,乃是由对武帝时代伐匈奴战事的检讨,爆发了一次大论战。辩论的记录后由桓宽辑为《盐铁论》。由于辩论的尖锐及论题的广泛,前汉的"阴法"们不得不撕开"阳儒"的面具,公开为法家的立场辩护。并且,由于贤良文学的攻击,也把这些专制"新阶级"的真面目在历史上作了一次大暴露。

整个来说,这次的争论是由盐铁开采的问题和均输平准的问题,涉及征伐匈奴的问题,以桑弘羊为首的法家都采肯定的态度,而贤良文学的儒家们都采否定的态度。所以,最后归结到对儒法两家基本立场的评价问题。

桑弘羊等对儒家的批评归纳起来有：

(1)不知世变："抱枯竹,守空言,不知趋舍之宜,时世之变,议论无所依,如膝痒而搔背。"(《盐铁论·利议》)并且,"说西施之美无益于容,道尧舜之德无益于治。今文学不言所为治,而言以治之无功,犹不言耕田之方,美富人之囷仓也"(《盐铁论·遵道》)。

(2)虚言乱实："饰虚言以乱实,道古以害今。从之,则县官用废,虚言不可实而行之。"(同上)丞相史并引晏子言："儒者华于言而寡于实,繁于乐而舒于民。……称往古而訾当世,贱所见而贵所闻。"(《盐铁论·论诽》)

(3)不事生产："今儒者释耒耜而学不验之语,旷日弥久而无益于理,往来浮游,不耕而食,不蚕而衣,巧伪良民,以夺农妨政。"(《盐铁论·相刺》)

这些对儒家的批评正是韩非思想的翻版。韩非早就说过："今世儒者之说人主,不言今之所以为治,而语已治之功;不审官法之事,不察奸邪之情,而道上古之传誉,先王之成功。"(《韩非子·五蠹》)"故举先王,言仁义者盈廷,而政不免于乱。……今修文学,习言谈,则无耕之劳而有富之实,无战之危而有贵之尊。"(同上)所以说"儒以文乱法!"(同上)

面对着这样的批评,贤良文学也提出了对儒家的辩护。

对于不知世变的批评,他们提出了一个超越的"道"的观念说："圣王之治世,不离仁义。故有改制之名,无变道之实,上自黄帝,下及三王,莫不明德教,谨庠序,崇仁义,立教化。此百世不易之道也。"(《盐铁论·遵道》)

至于虚言乱实的问题,他们辩称:"毛嫱,天下之姣人也,待香泽脂粉而后容。周公,天下之至圣人也,待贤师学问而后通。"及"西子蒙以不洁,鄙夫掩鼻;恶人盛饰,可以宗祀上帝。"(《盐铁论·殊路》)把儒学当成"香泽脂粉"的"盛饰",由此亦可知儒学在贤良文学的心目中也不过是现实政权合理化的饰辞而已。

至于他们对自己不事生产的辩辞乃是"非君子莫治小人,非小人无以养君子,当不耕织为匹夫匹妇也,君子耕而不学,则乱之道也"(《盐铁论·相刺》)。虽然在这次辩论中,贤良文学以为民请命的姿态出现,但还是局限在"君子莫治小人"的框框中。

桑弘羊等批评儒家,基本上是站在法家的立场,所以他们在批评儒家之余,不得不以法家的理论和人物来支持其论点。因此也展开辩论:

(1)商鞅——大夫曰:"昔商君相秦也,内立法度,严刑罚,饬政教,奸伪无所容。外设百倍之利,收山泽之税,国富民强,器械完饰,蓄积有余。是以征敌伐国,攘地斥境,不赋百姓而师以赡。"然文学辩称:"今商鞅弃道而用权,废德而任力,峭法盛刑,以虐戾为俗,欺旧交以为功,刑公族以立威,无恩于百姓,无信于诸侯,人与之为怨,家与之为仇,虽以获功见封,犹食毒肉愉饱而罹其咎也。"(《盐铁论·非鞅》)另外,还有"商鞅有独智之虑,世不独见之证,文学不足与权当世,亦无负累之殃也"(《盐铁论·遵道》),也该是对文学的异议。

(2)韩非——御史曰:"执法者国之辔衔,刑罚者国之维楫也。……韩子疾有固(国)者,不能明其法势,御其臣下,富国强兵,以制敌御难,惑于愚儒之文词,以疑贤士之谋,举浮淫之蠹,加之功赏之上,而欲国之治,犹释阶而欲登高,无衔橛而御捍马也。今刑法设备而民犯之,况无法乎？其乱必也!"文学反驳说:"韩非非先王而不遵,舍正令而不从,举陷陷阱,身幽囚,客死于秦。"(《盐铁论·刑德》)

(3)李斯——大夫曰:"李斯入秦,遂取三公,据万乘之权以制海内,切侔伊、望,名巨太山。"然文学曰:"方李斯之相秦也,始皇任之,人臣无二……无仁义之德而有富贵之禄,若蹈坎阱,食于悬门之下,此李斯之所以伏五刑也。"(《盐铁论·毁学》)

另外,文学还说到"商鞅、吴起以秦、楚之法为轻而累之,上危其主,下没其身"(《盐铁论·周秦》)。

从对法家人物的争论中来看,有一点值得注意的就是,文学强调了法家个人的下场,而桑弘羊等强调的是富国强兵的功效。个人下场是臣下的立场,而富国强兵是君主的立场。贤良文学本是一些未能进入权力核心,只拿来作为教化工具的儒生而已,而桑弘羊等却是权力核心的人物。从这里也看出立场的不同,其对事务的观点也不同。汉代的儒家由认同大夫立场,转而认同臣下立场。

秦汉以后实行田地私有制,大有利于地主阶级,贤良文学多是"非小人无以养"的"君子",其实他们的臣下立场在社会上就是地主。掌有田地的地主进一步的发展就是掌有更多的生产资源和商业的经营。但在法家的中央集权下,实行盐铁官卖和均输平准,大大地阻碍了地主们进一步的发展。这一种统制经济的政策,只有在高度中央集权的帝国才能做得到的。因为这种统制的政策,在古代中国一直无法形成高度自由经济的资本主义。

由于统制的经济政策,造成产品品质的低落和市场供需的不调，这乃是官僚主义下统制经济的通病。所以贤良就指出："故民得占租、鼓铸、煮盐之时，盐与五谷同卖，器和利而中用，今县官作铁器，多苦恶，用费不省，卒徒烦而力作不尽，家人相一，父子勤力，各务为善器。器不善者不集，农事急，挽运衍之仟伯之间。民相与市买，得以财货五谷新币易货，或时贳民，不弃作业。置田器各得所欲，更繇省约。……今总其原，壹其贾，器多坚礊，善恶无所择。吏数不在，器难得。……铁官卖器不售，或颇赋与民，卒徒作不中呈，时命助之，发征无限，更繇以均剧，故百姓疾苦之。"（《盐铁论·水旱》）

在统制的经济政策下，也就会产生官商勾结的情形，故文学就指出："贵人之家，云行于涂，毂击于道，攘公法，申私利，跨山泽，擅官市。"（《盐铁论·刺权》）彼等之生活亦极其腐败奢侈。

法家官僚一旦成为既得利益者，法律亦成为其维护既得利益的工具，而丧失了法的平等意义。故文学揭发彼等为"亲近为过不必诛，是锄不用也；疏远有功不必赏，是苗不养也，故不患无法；而患无必行之法也"（《盐铁论·申韩》）。这是文学以法家的思想来批评桑弘羊等的施政。由此可见，文学等也不是不讲法，反而希望以法来求得与当权的法家官僚利益均沾，所以要实施盐铁民营，废止平准均输，由此可知，盐铁之争实为当时地主与官僚的一次争论。

虽然参加辩论的贤良文学道古言德，但也提出了他们具体的政治意见，还是"阳儒阴法"。文学说："天道好生恶杀，好赏恶罚。故使阳居于实而宣德施，阴藏于虚而为阳佐辅。阳刚阴柔，季不能加孟。此天贱冬而贵春，申阳屈阴。……严刑以治国，犹任秋冬以成谷也。故法令者治恶之具也，而非至治之风也。"

(《盐铁论·论灾》)

盐铁之争后,只把酒的官卖取消,盐铁照旧官卖,贤良文学照旧为汉行儒家思想的教化。

宣帝乃戾太子之子,因戾太子事件,幼年流落民间,昭帝死,无子,故由其继承帝位。

宣帝深知民间疾苦,亦深知"阳儒阴法"的道理,故言"汉家自有制度,本以霸王道杂之",且批评儒家是"不达时宜,好是古非今,使人眩于名实,不知所守,何足委任!"(《汉书·元帝纪》)

宣帝因知民间疾,知形成专制"新阶级"的吏对人民的压迫。所以对贫困之民特别宽惠,并格外要求吏治清平。这也是对汉代制度的一种改良的政策。

根据《汉书·宣帝纪》,他对吏治改良的措施主要的有:

(1) 遣使以问。使中央得以直接了解吏治的情形。

(2) 亲闻狱事。重大案件要"丞相御史课殿最以闻",不让官吏得以枉法。

(3) 平反冤狱。即"举冤狱,察擅为苛禁深刻不改者"。

(4) 刑名相当。即"今吏或以不禁奸邪为宽大,纵释有罪为不苛;或以酷恶为贤,皆失其中"。故令"御史察计簿,疑非实者,按之,使真伪毋相乱"。

(5) 去逾法吏。"用法或持巧心,析律贰端,深浅不平,增辞饰非,以成其罪。奏不如实,上亦无繇知。"因此要"二千石各察官属,勿用此人"。

宣帝这整个的政策正是韩非所言"故明主治吏不治民"。他遣使持节以问吏治,亲闻狱事,平反冤狱,就是要"使真伪毋相乱"。

韩非也说过:"人主诚明于圣人之术……循名实而定是非,因参验而审言辞。是以左右近习之臣,知伪诈之不可以得安也……百官之吏,亦知为奸利之不可以得安也……安危之道若此其明也,左右安能以虚言惑主?而百官安敢以贪渔下?是以臣得陈其忠而不弊,下得守其职而不怨。"(《韩非子·奸劫弑臣》)刘向《别录》还说宣帝好观申子《君臣》篇。① 因此,可知实际上,宣帝不但不好儒,而且好的是儒家的对头法家。

宣帝除了"阴法"外,也大事"阳儒",此乃因"导民以孝,则天下顺"(《汉书·宣帝纪》),在连坐法中废止子匿父,妻匿夫,孙匿大父母的罪律。这正是孔子"子为父隐"的实践。除此之外,还"诏诸儒讲五经同异","上亲称制临决",以示重视,并增加梁丘易,大小夏侯尚书,及谷梁春秋博士。

宣帝之治实"阳儒"与"阴法"并行,故班固赞曰:"孝宣之治,信赏必罚,综核名实,政事文学法理之士咸精其能,至于技巧工匠器械,自元、成间鲜能及之。亦足以知吏称其职,民安其业也。"(同上)

(五)元、成、哀、平的时期

从元帝即位(前48年)到王莽篡汉(5年)共53年,前汉已至末期,由私有田制造成的兼并及官商勾结造成的剥削日益严重,社会危机也日益尖锐。

在武帝时期,汉的社会危机就已经尖锐了,致使盗贼蜂起,后

---

① 《汉书·宣帝纪》,颜师古注引。

停止对匈奴的战争,并以赵过来改善生产技术,才使这项危机缓和下去。这段时期从武帝末期直至宣帝,危机虽然缓和了,但并没有消除,所以不时尚有盗贼之警。宣帝虽然在吏治上大加改革,但是仍然有"河东霍徵史等谋反"(《汉书·宣帝纪》),"久之,渤海左右郡岁饥,盗贼并起,二千石不能禽制"(《汉书·循吏传》)。

人民在现行的制度下沦而为盗,汉并没有能力在制度上作一根本改革,其有的改良主义的办法不外乎赈灾、轻赋、减刑,然后就是教化——教人民不要造反。社会危机愈来愈重,教化的需要就愈来愈强。史称元帝"柔仁好儒",其实这不仅是元帝个人好不好儒的问题,而是一个时势所趋的必然。

从"七国之乱"之后,诸侯的叛乱不旋踵就被扑灭,大臣的叛乱也立刻就被镇压下去。但是自武帝以后,在国内威胁汉政权的叛乱不再是诸侯和大臣,而是人民。如武帝时,泰山琅琊的群盗可以"阻山攻城";宣帝时,渤海盗贼,致使"二千石不能禽制"。元帝以后,情况更形严重。盗贼的严重,实际上是民生的严重。如元帝时,"齐地饥……民多饿死,琅邪郡人相食"(《汉书·食货志上》)。

诸侯的势力消失了,代之而起的是一批在乡为绅、在朝为官的统治集团。面对着日益严重的人民反抗,统治集团内部的团结也日趋重要,而仁义又是团结统治集团的凝结剂,所以元帝以后,仁义之风大兴。

元帝"柔仁好儒",也是一个政治上的庸君,连汉廷所称之"谒者召致廷尉"为下狱都不知道(《汉书·萧望之传》)。在他身旁的儒者说"盐铁官及北假田官、常平仓可罢,毋与民争利",他也就把这些汉廷中央及财政来源的设施废止了。废止了之后,又因"用度不足",所以又恢复盐铁官(《汉书·食货志上》)。他也许真以为这样做是"毋与民争利"的仁爱,但却不知道这只是仁爱了地主阶级,让他们得以发展经济上的利益,但却苦了更下层的广大人民。

成帝以后,既得利益的地主阶级和官僚阶级的生活,愈来愈奢侈腐化。在农业社会匮乏经济的情形下,这种奢侈的浪费又都转嫁到下层人民的身上。故在号称"安乐"的成帝时期,一旦发生水灾,也就演出了"人相食"的惨剧。

宣帝时,匈奴问题获得解决,不再来犯。至哀帝时正是"累世承平",但师丹却说:"豪富吏民訾数巨万,而贫弱俞困。"孔光、何武奏请限制诸侯王、列侯、公主及吏民名田,并限制彼等的奴婢数。哀帝也同意了,诏书也下达了,但终因统治集团的内部反对,而不得实行。(同上)

平帝九岁为帝(前1年),十四岁死(5年),朝政皆操于王莽之手。

在这段时期里,社会制度是法家的田地私有制和统制经济政策;教化人民的是儒家思想。政治上实行的是中央集权制,而大臣们向天子的进言,及天子政策施为的原则,却都是以儒家为名附会着天人感应的灾异之说。因此,这段时期还是脱离不了"阳儒阴法"的模式。

深知老子辩证法的韩非早就说过:"时移而法不易者乱,世变而禁不变者削。故圣人之治民也,法与时移,而禁与能变。"(《韩非子·心度》)汉至末期,法不能移,禁不能变,耍着"阳儒"的闹剧,自欺欺人,但却欺不了野心家王莽,也欺不了"人相食"的人民。终于汉家政权为王莽所夺,而王莽政权后又被人民推翻。

四、阳儒阴法的影响

汉代的"阳儒阴法"形成之后,且成为二千年来中国政治与思想的一个模式,在历史的发展中虽有量的变化,但一直未能造成本质上的不同。

追溯"阳儒阴法"的起源,当可以韩非的老师荀子为其端。身为大儒的荀子曾说:"故明君临之以埶(势),道之以道,申之以命,章之以论,禁之以刑,故其民之化道也如神。"(《荀子·正名》)"禁之以刑"就"齐之以刑",不正是孔子所反对的法家思想吗?虽然他在前面加上了"道之以道,申之以命,章之以论",但其最高原则是"临之以埶"。"临之以埶"不正是他学生韩非所说的"君执柄以处势……势者,胜众之资也"(《韩非子·八经》)吗?

荀子认为臣下应该"不敢有以私抉择也,不敢有以私取与也。以顺上为志,是事圣君之义"(《荀子·臣道》)。这不正是法家以法(公)尊君之义吗?所以,近代学者谭嗣同说:

> 二千年来之政,秦政也,皆大盗也;二千年来之学,荀学也,皆乡愿也。惟大盗利用乡愿,唯乡愿工媚大盗。[①]

"阳儒阴法"实为二千年来中国专制帝制的政治思想形态,以近代民主斗士谭嗣同视之,实为大盗与乡愿。汉以后的制度是承

---

① [清]谭嗣同:《仁学》卷下。

秦制,故曰"秦政";荀子是"阳儒阴法",汉以后的政治思想也是"阳儒阴法",故曰:"荀学"。

不过,荀子的"阳儒阴法"与汉以后的"阳儒阴法"有本质上的不同。这个不同是来自于具体历史条件的不同。荀子时,法家并没有取得显学的地位,法家的政策屡遭挫折;吴起被杀,商鞅车裂。而秦汉以后,申、商、韩、黄老之徒比比皆是,且整个制度、政策都是法家思想的具体实践。所以荀子的"阳儒阴法"是要求变革的,是"法后王"的;而汉以后的"阳儒阴法"是要求保守的,是"法先王"的。这实为不可忽略的区别。

由于汉以后的中国是"阳儒阴法",实际的制度形式是法家的中央集权,在经济上实施统制经济的政策。盐铁官卖限制了私人掌握更大生产资源的可能性,也没有近代资本主义酷烈的剥削。虽然田地私有造成兼并,但本着"阳儒"的改良主义精神,适时的赈灾、减租、济贫、赦刑及开放籍田或移民实边,也都能缓和兼并所产生的社会危机。万一这政权缓和不了社会危机,则只有用改朝换代以资缓和,也就是利用内战来推翻一些大的田地所有者。虽然汉末发生过盐铁工人反叛的事件,但工人毕竟是人口中的少数,所以还是动摇不了根本的社会制度。

另外,对人民思想教育的成功和统治集团内部的团结,也是使得这个制度得以继续的一个重大原因。这也就是说,儒家思想对于这社会制度的安定,其功厥伟。君主以仁义教育人民安分守己,却又以仁义"为与士大夫治天下"利益均沾;使得秀异分子脱离群众而投靠君主。虽然有些秀异分子要"为生民立命",但是因脱离了群众,终而"秀才造反三年不成"。

由于统制经济的政策,中国产生不了高度资本主义,也产生不了资本主义的民主政治。但归根结底地说,中国在漫长的二千多年不能产生民主政治,不是由于儒家思想,而是来自法家的统制经济和中央集权。儒家充其量只不过因"法家化"而做了一个利益均沾的"帮手"而已,虽然这个"帮手"是不可或缺的。另一方面,"阳儒"也成了"阴法"的制衡力量,清议与朝政的制衡,而减低了中国专制制度的危害性。

二千多年来,中国也不是没有民主政治的思想,虽然其与西方近代的形态不同,但还是存在的。儒家的"民本"思想也许不是近代的民主,但是毕竟也不是以认同专制主义为其立场的。其"法家化"而尊君为的是利益均沾,目的还是在己不在君。一旦自觉"为与士大夫治天下"绝了缘的儒家,经常就是一个中国形态的民本主义者。下焉者为了避免现实政治的压迫,他们只好躲到老庄或佛家的形上学世界中去。脱离了群众的士大夫,再受到"不才明主弃"的遭遇,他们除了自渎式的满足以外是没有希望的。所以魏晋以后,中国知识分子谈的道家是出世的老庄,不再是入世的黄老,而且佛学开始流行。

因汉代的"阳儒阴法",在显性模式上确立了儒家的地位,而在隐性模式上也确立了法家的地位。所以韩非的法家思想虽对汉以后的中国政治和思想有深远的影响,但都湮没在儒家的仁义道德的下面。

名词对照表

本卷译名	现通行译名
安那托利亚（Anatolia）	安那托利亚
巴登人（Pathans）	普什图人，也称帕坦人
伯里克里斯（Pericles）	伯利克里
德拉瓦州（Delaware）	特拉华州
杜兰（Will Durant）	杜兰特
佛罗伦斯（Firenze）	佛罗伦萨
福利得（Morton H. Fried）	弗里德
福瑞德尔（John Friedl）	弗里德尔
霍布士（Thomas Hobbes）	霍布斯
吉赫梯（Hittie）	赫梯
美索不达美亚（Mesopotamia）	美索不达米亚
坡里尼西亚（Polynesia）	玻利尼西亚
婆罗洲（Borneo）	加里曼丹岛
三毛亚（Samoa）	萨摩亚
沙监（Sachen）	酋长
锡兰（Sri Lanka）	斯里兰卡

休加佩（Hugues Capet）	于格·卡佩
亚尔贡钦人（Algonkin）	阿尔贡金人
亚里斯多德（Aristotle）	亚里士多德
伊罗葛联邦（Iroquois Confederacy）	易洛魁联盟
印卡（Inca）	印加